新编21世纪高等职业教育精品教材 财务会计类

第二版

行业会计比较

主　编／孙秀梅　王　华　白玉翠
副主编／董维娜　王　巍　刘　蕾　安立明
参　编／高红卫　马　静　陈　冉

中国人民大学出版社
·北京·

图书在版编目（CIP）数据

行业会计比较/孙秀梅，王华，白玉翠主编．--2版．--北京：中国人民大学出版社，2021.9
新编21世纪高等职业教育精品教材．财务会计类
ISBN 978-7-300-29719-4

Ⅰ.①行… Ⅱ.①孙…②王…③白… Ⅲ.①部门经济-会计-对比研究-高等职业教育-教材 Ⅳ.①F235-03

中国版本图书馆CIP数据核字（2021）第160168号

新编21世纪高等职业教育精品教材·财务会计类
行业会计比较（第二版）
主　编　孙秀梅　王　华　白玉翠
副主编　董维娜　王　巍　刘　蕾　安立明
参　编　高红卫　马　静　陈　冉
Hangye Kuaiji Bijiao

出版发行	中国人民大学出版社		
社　　址	北京中关村大街31号	**邮政编码**	100080
电　　话	010－62511242（总编室）		010－62511770（质管部）
	010－82501766（邮购部）		010－62514148（门市部）
	010－62515195（发行公司）		010－62515275（盗版举报）
网　　址	http://www.crup.com.cn		
经　　销	新华书店		
印　　刷	固安县铭成印刷有限公司	**版　　次**	2018年9月第1版
开　　本	787 mm×1092 mm　1/16		2021年9月第2版
印　　张	15.5	**印　　次**	2025年1月第4次印刷
字　　数	372 000	**定　　价**	38.00元

第二版前言

“行业会计比较”课程是高职高专财会专业及经管专业的拓展课程。目前，会计专业教学中的专业课程主要以“财务会计”为核心，对体现各行业特点的行业会计涉及较少。为拓展学生对各行业领域的认识，了解各行业会计的核算特点，以便更好地胜任不同行业会计工作的需要，进一步拓宽学生的就业渠道，我们编写、修订了本书。

本书以习近平新时代中国特色社会主义思想为指导，全面融入党的二十大精神，始终把提高学生的思想道德素质与专业素养融为一体，培养学生诚实守信、爱岗敬业等优秀品质，为中国式现代化建设提供高技能人才支撑。本书结合各行业会计核算的具体要求，按照高职高专院校会计人才的培养目标，依据国家最新颁布的相关法规和制度编写而成。

由于各行业企业经营活动具有不同特点，因而各行业会计也存在明显差异。本书以学生就业为导向，根据市场对人才培养的需求，重点选取了商品流通企业、施工企业、房地产开发企业、交通运输企业、旅游服务业、餐饮及宾馆服务业六个行业，确定为六个项目，每个项目下又分解为若干个学习任务，依据典型工作任务选取经济业务，省略各行业共性业务处理部分，针对每个行业典型的经济业务进行系统描述和讲解。

教材在总体布局上本着“理论够用，案例翔实，课后实训资料丰富”这一宗旨，注重对学生实际动手能力和综合素质的培养，具有较强的可操作性和实用性。

本书与同类教材相比，具有以下特点：

1. 突出各行业典型经济业务会计处理的特殊性。各项目重点阐述各行业会计典型业务的处理，便于学生掌握各行业会计的核算特点及方法。

2. 突出“比较”。每个项目的最后一个学习任务是与工业企业典型业务核算比较。将会计核算内容、会计处理方法与工业企业进行比较，突出不同之处，便于学生在比较的基础上重点掌握。

本教材可供高职高专财会及经管专业学生学习使用，也可以作为财经类其他专业学生的选修教材或在职会计人员的自学用书。

本教材第一版自 2018 年 9 月出版以来，得到了广大师生及社会读者的认可。由于我国的会计制度和税收法律有新的调整，为了更好地服务于教学、服务于广大读者，因此对原教材进行了修订。

具体修订内容为：

1. 各项目中“典型业务案例”部分均调整为自 2019 年 4 月以来新的增值税税率。
2. 更新各项目中过时的内容，增强教材的时效性。
3. 新增“综合练习”模块，增强教材的实用性。

参与本教材编写、修订的人员均为多年从事本课程教学的一线“双师型”教师，对本课程研究深入、知识点把握准确。

本书由石家庄信息工程职业学院孙秀梅、王华、白玉翠老师任主编，董维娜、王巍、刘蕾、安立明老师任副主编，高红卫、马静、陈冉老师参与了本书的编写与修订。全书由孙秀梅总体规划、总纂与审定，具体分工如下：导论由孙秀梅、安立明合作编写；项目一由王华编写；项目二由白玉翠编写；项目三由董维娜编写；项目四由孙秀梅编写；项目五由刘蕾编写；项目六由王巍编写；综合练习（一）由高红卫编写、综合练习（二）由马静编写。安立明、陈冉负责部分资料的收集与整理。

本书在编写、修订过程中吸收了目前国内同类教材的优点，得到了有关领导和同行的帮助，同时相关公司财务专家（河北宏泰会计师事务所注册会计师郭志永、石家庄士轩财务咨询有限公司财务经理安红静等）也给予了大力支持和协助，在此我们一并表示诚挚的感谢。

由于编者水平有限，书中难免有不当或遗漏之处，恳请读者批评指正，并提出宝贵意见。

编者

目　录

CHAPTER

导论

行业会计比较概述

知识目标

- 了解国民经济中的各行业
- 理解行业会计比较的意义
- 掌握行业会计比较的内容及方法

能力目标

- 培养针对不同行业的特殊业务采用专门方法的思路
- 会对各行业核算内容及核算方法进行比较

情境导入

陈丽就读于某高职院校会计专业，在学习了基础会计、企业会计核算、成本核算与分析、纳税核算与申报等专业课程后，第五学期开设的课程中又多了一门行业会计比较。陈丽心想："行业会计比较是什么课程？与以往学习过的会计类课程有什么联系和区别呢？"

"行业会计"指哪些行业的会计？"比较"指从哪些方面比较，比较什么呢？带着这些疑问开始我们的学习吧！

任务一 行业及行业会计

在社会经济活动中，人们都以不同的职业为生，从事某种职业活动的人们由于地理、社会环境及职业技能等原因相对固定，便逐渐形成了具有不同劳动、不同管理模式的行业。

行业是指从事国民经济中同性质的生产或其他经济社会活动的经营单位或者个体构成的组织结构体系，如林业、汽车业、银行业等。不同行业的划分主要是在实践中由不同的习惯形成的。

一、国民经济中的各行业

一个国家在经济运行中存在许多行业。产业划分，世界各国不完全一致，但基本划分为三大类：第一产业、第二产业和第三产业，我国产业划分同此。第一产业为农业，主要包括农业、林业、牧业、渔业等。第二产业为工业，主要包括采矿业、制造业、电力、燃力、热力、水生产和供应业及建筑业等。第三产业包括除上述第一产业和第二产业以外的其他各业，可分为两大部分，一是流通领域；二是服务领域。具体又可分为四个层次：第一层次包括交通运输业、邮电通信业、商业、饮食业、物资供销业和仓储业等，是流动部门；第二层次包括金融保险业、地质普查业、房地产开发业、公用事业、居民服务业、信息咨询业和综合技术服务业，农、林、牧、渔、水利服务和水利业，公路、内河航道养护业等，是为生产和生活服务的部门；第三层次包括教育、文化、广播电视事业，科学研究事业，卫生、体育和社会福利事业等，是为提高科学文化水平和居民素质服务的部门；第四层次包括国家机关、政党机关、社会团体及军队和警察等，是为社会公共需要服务的部门。

国民经济的各个部门包括经济部门和非经济部门。

（一）经济部门行业的分类

我国经济部门的行业分类如下。

1．工业

工业，主要包括采矿业、制造业、电力、燃力、热力、水生产和供应业及建筑业等。工业企业在我国的国民经济中起主导作用，是国民经济生产的物质技术基础。

2．农业

农业，主要包括农业、林业、牧业、渔业等。农业不仅为人类提供赖以生存的农副产品，而且也为经济建设提供物资保障，是国民经济的基础。

3．商品流通业

商品流通业，主要包括商业、粮油业、供销业、医药及图书发行等行业。它是联系生产、分配和消费之间的桥梁和纽带，在国民经济中起着十分重要的作用。

4．交通运输业

交通运输业，主要包括铁路、公路、航空、水路及管道等。只有通过交通运输企业，社会生产企业生产的产品才能到达消费者手中，企业生产所需的原料才能送达企业，它是生产在流通领域的延续，是社会再生产的前提和条件。

5．建筑安装业

建筑安装业，主要包括建筑公司、工程公司、安装公司和装饰公司等。它是国民经济中的重要的支柱产业。

6．房地产开发业

房地产开发业，主要包括从事房地产开发、经营、管理和服务的企业。它是国民经济中的综合性行业，为人们社会生活中的政治、经济、文化、生活等提供了重要的物质保障。

7. 金融保险业

金融保险业，主要包括银行、证券和保险等公司。通过金融保险业的货币信贷业务，可以提高全社会的资金利用率，满足国民经济快速发展对资金的需求。

8. 旅游饮食服务业

旅游饮食服务业，主要包括旅游、餐饮、宾馆等服务业。它是一个集商业、工业、交通运输业等为一体的行业。旅游饮食服务业加强了各地区人们的往来，带动了消费，促进了相关行业的发展。

9. 其他行业

其他行业，从事不属于以上业务的行业。

(二) 非经济部门行业的分类

我国的非经济部门包括：一是为提高科学文化水平和居民素质服务的部门，主要指教育、文化等部门；二是为社会公共需要服务的部门，主要指国家机关、政党机关等。

上述几大行业在国民经济发展中各自发挥着它们的作用。这些行业既有共性又有个性，只有按照各行业的生产技术特点和所从事的经营活动特点建立一套与之相适应的管理制度、核算体系，才能促进行业经济乃至整个国民经济的健康快速发展。

二、行业会计

行业会计是指以货币为主要计量单位，采用专门的方法对本行业的经济活动进行核算和监督的一项管理活动，是反映、监督不同行业生产及业务活动的专门会计。

(一) 行业会计的分类

通俗来讲，行业会计是国民经济中各行业的细分会计。不同行业具有不同的经济活动和经营特点，这决定了其会计核算与监督的内容也有所不同。总的来说，行业会计可以分为企业会计和非企业会计两类。

1. 企业会计

企业会计指从事各种生产经营业务活动的企业所运用的专门会计。它以企业的经营资金运动为对象，是旨在提高企业经济效益的一种管理活动。企业会计主要包括工业企业会计、农业企业会计、商品流通企业会计、施工企业会计、房地产开发企业会计、交通运输企业会计、旅游饮食服务企业会计、对外经济合作企业会计、铁路运输企业会计、民用航空运输企业会计、邮电通信企业会计、金融企业会计、保险企业会计等。

2. 非企业会计

非企业会计指从事总预算和事业单位预算会计事务核算与监督的专门会计。在我国主要有总预算会计、事业单位会计、行政单位会计等。

(二) 行业会计的特点

一个企业总是要从属于一个行业的，而本行业的特点直接影响着这个企业会计方法的设计和选择。行业会计的特点是由其所反映、监督的不同行业的特点决定的，这是行业会计的个性。行业会计的特点主要表现在以下几个方面。

1. 会计研究对象多样性

会计研究对象是会计核算与监督的内容。行业不同，会计核算与监督的对象必定有所差异，不同行业会计研究对象的多样性表现在：商品流通企业的购、销、存业务与其他行业的经济业务有着明显的差异；交通运输企业的核算对象与房地产开发企业的核算对象不相同；旅游饮食服务企业会计与事业单位会计的核算对象也不相同等。

2. 会计核算的一般原则不同

会计核算的一般原则是进行会计核算的指导思想和衡量会计工作成败的标准。如企业会计核算采用权责发生制；行政单位会计核算采用收付实现制；事业单位会计核算经营业务采用权责发生制，其他业务采用收付实现制核算。

3. 会计核算方法不同

会计核算方法是指会计对已经发生的经济活动进行连续、系统、全面反映和监督所采用的方法。各行业经济事项不尽相同，在具体会计核算方法上，需结合本行业的特点，采用适合本行业会计核算的方法。如商品流通企业中，批发商品存货核算采用数量进价金额核算，而零售商品存货核算采用售价金额核算，在对其成本进行计算时，批发商品销售成本与零售商品销售成本的计算方法又不相同等。

当然，作为核算不同行业的专门会计，必须始终都要以基本准则作为共同规范，这是行业会计的共性，也是其进行会计核算的基本要求。

（三）行业会计准则与《企业会计准则》的关系

行业会计准则与《企业会计准则》共同存在，并不矛盾。《企业会计准则》是对各行业共性的部分制定的一套通用的、统一的会计准则，对会计确认、计量、记录、报告全过程做出了规范。尽管在强调企业会计核算共性要求的同时，适度地兼顾了一些行业特色，但它无法兼顾到所有行业特殊业务的会计核算。行业会计准则是在遵循统一的《企业会计准则》前提下，根据本行业的经营特点及强化内部管理的要求，来研究如何对特有的业务进行核算的。因此，只要国民经济中存在着各行各业的经济实体，行业会计的区别就永远存在。

任务二 行业会计比较

我国的行业会计比较是在 20 世纪 60 年代国外会计比较研究与发展的基础上形成的。行业会计比较是比较会计学的一个分支，通过不同行业会计特殊核算内容和特殊核算方法的比较，阐明其相同、相似和相异之处，以提高不同行业特殊业务的会计信息的相关性。比较会计学是以世界各国会计理论和实务为对象，运用比较的方法研究两个或两个以上国家的会计之间的异同，促进会计发展的学科。将其原理运用于一个国家范围内不同行业之间会计的比较，即行业会计比较。

一、行业会计比较的内容

各行各业的经营活动存在差异，作为会计核算需要进行比较的内容很多，现在主要从理论方面对行业会计比较的内容给予介绍，以便针对行业的典型业务活动，学习使用特定业务处理方法。

（一）行业会计核算对象的比较

行业不同，会计核算对象必然存在一定的差异。有的行业存在的差异较大，如企业会计的会计核算对象是经营活动或其资本运动；而非企业会计的会计核算对象是非营利业务活动或其预算资金运动。各行各业业务活动在范围上也有区别，如工业企业有生产环节，而商业企业则没有生产环节等。正确认识不同行业的不同情况，进一步理解行业会计核算对象的多样性是充分发挥行业会计经济管理职能的关键所在。

（二）行业会计特殊业务的比较

各行业处于整个国民经济的不同环节，具体经济活动的差异非常明显，导致在会计核算与管理方法上，存在的差异也是不可回避的。如商品流通零售企业的售价核算是其内部控制的“实物负责制”所决定的。运输企业的轮胎核算、燃料核算，施工企业的周转材料和临时设施核算，房地产开发企业的开发成本核算，保险企业的财产保险业务、人寿保险业务和再保险业务的核算等，都是其本行业所特有的，充分显示了行业经营业务的个性，但在宏观上又表现出一定的联系。如施工企业的工程价款是房地产开发企业开发成本的重要组成部分，保险企业保费收入构成其他投保企业的成本与费用等。因此，通过对各行业会计特殊业务的比较，认识区别、理解联系，不仅有助于加强会计核算，而且在对短时间内掌握各行业会计的核算技能起到事半功倍的效果。

（三）行业会计运用会计方法程序的比较

《企业会计准则》对各行业经济活动核算做了共性的规范，使会计信息具有可靠性、可比性。但由于各行业经营业务的特殊性，在具体核算中必然会有一些独特的会计处理方法与程序。如零售商业存货，要实现管理上责任到人的要求，就要使用售价金额法等特殊的计量、计价方法。又如，建筑安装业的一般材料物资的保管比较特殊，材料的计量、计价方法也与其他行业有所差异。通过行业会计特殊的会计方法、程序的应用与比较，可以更好地实现行业经营业务的科学核算。

二、行业会计比较的意义

行业会计比较作为比较会计学的一个分支，它的任务主要是以分析各行业经济业务的特殊性为起点，以会计科目设置、会计方法使用、会计程序执行和会计具体原则的比较为前提，以典型、特殊的经济业务处理为重点，求同存异，为提高各行业经济效益服务。

通过比较，求同存异，本着增强行业间会计的统一性，缩小行业间会计处理差别的原则，对于不同行业会计存在的非本质的、非主要的差异，可考虑采用统一的原则和处理方法；对于不同行业固有的、本质的特点，则为更好适应各行业的经济活动特点和管理要求，可分别采用特定的原则和处理方法。这样，在一个企业内部多元化业务活动中，能够做到高度统一与特别对待的有效结合，这也是行业会计的职责所在。

三、学习行业会计比较课程的意义

对会计专业的学生开展行业会计比较教学可以进一步拓展其专业知识。

（一）提高学习效率

各行业在会计工作中有普遍共性。如资产、负债等的核算，任何一个行业中的一个单位都有这些核算内容。为提高学习效率、避免重复，如果再分别开设“商品流通企业会计”“交通运输企业会计”等课程，共性内容将占一定时间，行业会计比较将针对差异进行重点讲解，指出各行业会计间不同之处及其存在的理由，让学生从宏观层面上有针对性地掌握不同行业会计的特点。

（二）提高会计工作水平

随着企业生产经营内容的日益多样化，企业联合经营形式的不断扩展，以及企业集团的发展，在一个经济主体内往往需要同时运用若干种行业会计。通过各行业之间业务不同的比较，需要会计人员提高对不同行业特殊业务的处理能力，这就要求会计人员具备更为广泛的针对各行各业的会计知识。行业会计比较课程的开设，对提高学生今后整合会计工作的能力是十分有帮助的。

（三）扩大就业渠道

行业会计比较课程的学习能使学生掌握更多的会计知识，学习针对不同行业典型的经济业务进行特殊技术处理的方法，扩大毕业生的就业渠道。学习行业会计比较是会计人员适应市场经济发展的迫切需要。

四、行业会计比较的方法

行业会计比较方法分为横向比较法和纵向比较法。

（一）横向比较法

横向比较法是对两个不同行业会计中的相同的会计要素进行比较，研究它们在会计核算上的共性与个性，并对个性加以阐述。横向比较法重点突出相对比的两个行业会计间的差异。

（二）纵向比较法

纵向比较法是将某一行业的会计核算逐一与工业企业比较，提示该行业与工业企业会计核算的共性与个性，重点突出每个行业会计与工业企业会计间的差异。

作为一门学科，行业会计比较应包括共性与个性两个方面的内容。本书采用的是纵向比较方法，将各行业会计核算中共性的部分作为已知的知识省略，重点介绍各行业特殊业务的会计核算方法。这些业务是各行业之间会计核算的主要区别，由此也能比较出各行业会计的个性所在。国民经济中存在诸多行业，理解和掌握各行业特殊业务的核算，对研究和学习行业会计具有十分重要的意义。

知识拓展

预测未来主导世界经济的五个行业

1. 互联网金融

互联网金融是传统金融机构与互联网企业利用互联网技术和信息通信技术实现资金融通、支付、投资和信息中介服务的新型金融业务模式。互联网与金融深度融合是大势所趋。

2. 大数据+云计算

云计算简化了软件、业务流程和访问服务。不仅是金融及医疗行业，随着人工智能热潮的兴起，大数据应用已经在很多垂直行业都有出现，从金融到医疗健康、零售、甚至农业、制造业等第一、二产业。随着技术及基础设施的不断成熟，大数据将更广泛地渗透在各行各业。

3. 跨境电商

跨境电商开启了世界商店时代，也正在促进和影响中国出口贸易，同时还将催生新的中国品牌。此外，跨境电商还使外贸产业链由原来的“外贸公司＋工厂”结构，逐步转变为现在的“跨境电子商务平台＋综合型供应链服务商＋全球卖家”结构，跨境电商的形态也将越来越多不同类型的企业整合在一起，扩大市场版图。

4. 旅游度假

近几年来，中国在线旅游行业复合增长率超过三成，使得传统旅行社越来越看重在线旅游市场的力量。从未来发展趋势看，中国在线旅游行业会持续保持快速增长态势，因此可以明确的是，市场对于旅游体验师/定制师的需求会越来越大。未来，用户体验将会是旅游行业最关注的重点之一。

5. 未来医院

随着“互联网＋医疗”的深度融合，病人看病也相对变得简单。挂号、缴费、查报告等均可通过手机完成。“未来医院”目标绝不仅仅是“卖药”，而是要改造传统的医院就医流程甚至整个生态，甚至纳入人工智能的体检体系。

思考题

1. 国民经济中都有哪些行业？
2. 什么是行业会计？我国目前主要有哪些行业会计？
3. 什么是行业会计比较？
4. 为什么学习行业会计比较？
5. 行业会计比较比的是什么？举例说明行业会计比较方法的应用。

业务实训

一、单项选择题

1. 我国的行业会计比较是在20世纪（　　）年代国外会计比较研究与发展的基础上形成的。

A. 40　　B. 50　　C. 60　　D. 70

2. （　　）是指以从事各种生产经营业务活动的企业所运用的专门会计。

A. 行政单位会计　　B. 企业会计

C. 非企业会计　　D. 总预算会计

3. 在社会经济活动中存在的各行各业，简称（　　）。

A. 职业　　B. 企业　　C. 公司　　D. 行业

4. （　　）是联系生产、分配和消费之间的桥梁和纽带，在国民经济中起着十分重要的作用。

A. 工业　B. 农业　C. 商品流通业　D. 交通运输业

5. 不同行业的划分，主要是在（　）中由不同习惯形成的。

A. 生活　B. 实践　C. 工作　D. 娱乐

6.（　）在国民经济中起主导作用，是国民经济生产的物资技术基础。

A. 工业　B. 农业　C. 商品流通企业　D. 交通运输企业

二、多项选择题

1. 行业会计比较方法有（　）两种方法。

A. 对比分析　B. 定性分析　C. 横向比较　D. 纵向比较

2. 行业会计可以分为（　）和（　）两大系统。

A. 财务会计　B. 企业会计　C. 非企业会计　D. 管理会计

3. 在我国，非企业会计主要有（　）等。

A. 行政单位会计　B. 房地产开发企业会计

C. 事业单位会计　D. 总预算会计

4. 行业会计的特点主要表现在（　）。

A. 会计研究对象的统一性　B. 会计研究对象的多样性

C. 会计核算一般原则的不同　D. 会计核算方法的不同

5. 我国一般将各行各业划分为三大类，即第一产业、第二产业、第三产业。第一产业主要包括（　）等。

A. 农业　B. 林业　C. 牧业　D. 渔业

三、判断题

1. 纵向比较法是对两个不同行业会计中的相同的会计要素进行比较，研究它们在会计核算上的共性与个性，并对个性加以阐述。重点突出相对比的两个行业会计间的差异。（　）

2. 行业会计比较作为一门学科，应包括共性与个性两个方面的内容。（　）

3. 行业会计比较课程的开设是十分必要的，通过行业会计特殊的会计方法、程序的应用与比较，可以更好地实现行业经营业务的科学核算。（　）

4. 各行业在会计工作中有普遍共性。因此，各高校在开设了行业会计比较课程后，开设商品流通企业会计、房地产开发企业会计等专项会计课程是十分错误的。（　）

5. 通过各行业经济业务比较，求同存异，本着增强行业间会计的统一性，缩小行业间会计处理差别的原则，对于不同行业会计存在的非本质的、非主要的差异，可考虑采用统一的原则和处理方法。（　）

6.《企业会计准则》对各行业经济活动核算做了共性的规范，涵盖了行业会计制度，使会计信息具有可靠性、可比性。（　）

7. 正确认识不同行业的不同情况，进一步理解行业会计核算对象的多样性是充分发挥行业会计经济管理职能的关键所在。（　）

8. 行业会计比较是比较会计学的一个分支，通过不同行业会计特殊核算内容和特殊核算方法的比较，阐明其相同、相似和相异之处，以提高不同行业特殊业务的会计信息的相关性。（　）

9. 国民经济中的各行各业在业务活动范围上也有区别，如工业企业有生产环节，而

商业企业则没有生产环节。( )

10. 金融保险业可以提高全社会资金的利用率，从而加强各地区人们的往来，带动消费，促进相关行业的发展。( )

11. 国民经济中存在着各行各业的经济实体，行业会计的区别无法回避，所以行业会计准则可在不遵循统一《企业会计准则》的前提下，根据本行业的经营特点及强化内部管理的要求，来对本行业的经济业务进行核算。( )

12. 行业会计是指以货币为主要计量单位，采用专门的方法对本行业的经济活动进行核算和监督的一项管理活动，是反映、监督不同行业生产及业务活动的专门会计。( )

13. 行业是指从事国民经济中同性质的生产或其他经济社会活动的经营单位或者个体构成的组织结构体系。( )

14. 我国国民经济中的第三产业可分为两大部分，一是生产领域，二是流通领域。( )

CHAPTER

项目一

商品流通企业会计

知识目标

- 了解商品流通企业的概念
- 了解商品流通企业商品存货的核算方法
- 掌握商品批发企业典型业务的会计核算方法
- 掌握商品零售企业典型业务的会计核算方法
- 理解商品流通企业和工业企业会计核算的异同

能力目标

- 会进行商品批发企业典型业务的会计核算
- 会进行商品零售企业典型业务的会计核算
- 能区分商品流通企业与工业企业会计核算的差异
- 能胜任商品流通企业会计岗位的工作

情境导入

王磊毕业后在一家工业企业从事会计工作，最近跳槽到一家大型商品零售企业。上班第一天企业发生了一笔商品购进业务，在观察会计编写商品验收入库分录的过程中，王磊发现了商品零售企业与工业企业会计核算上的一些不同，比如这家零售企业商品按售价验收入库，同时开设“商品进销差价”科目，而工业企业购进材料按进价成本验收入库。这引发了王磊的进一步思考：“商品流通企业与工业企业在会计核算方面的异同有哪些呢？”

任务一　走进商品流通企业

一、商品流通企业概述

商品流通指以货币为媒介的连续不断的商品交换。如果商品生产过程是劳动过程与价值形成过程的统一，商品流通过程则是价值实现和使用价值替换的统一，也是商品价值流通过程与商品实体流通过程的统一。商品流通企业是指所有独立从事商品流通活动，通过低价格购进商品、高价格出售商品的方式实现商品进销差价，以此弥补企业的各项费用和支出，获得利润的企业。我国的商品流通企业包括：商业、粮食、物资、供销、外贸、医药商业、石油商业、烟草商业、图书发行以及从事其他商品流通的企业。商品流通企业通过商品购进、销售、调拨、储存（包括运输）等经营业务实现商品流转，其中购进和销售是完成商品流通的关键业务，调拨、储存、运输等活动都是围绕商品购销展开的。和工业企业等其他行业企业的经营活动相比较，商品流通企业有三个特点：

（1）经营活动的主要内容是商品的购进和销售。

（2）商品资产在企业全部资产中占有较大的比例，是企业资产管理的重点。

（3）企业营运中资金活动的轨迹为“货币—商品—货币”。

二、商品流通企业的主要类型

根据商品流通企业在社会商品流通中所处的地位，商品流通企业主要可以分为商品批发企业和商品零售企业。

（一）商品批发企业

商品批发企业是指从制造企业或者其他批发企业那里购买商品，然后再把商品转售给零售企业或者其他批发企业的企业。它处于社会商品流通的中间环节。

（二）商品零售企业

商品零售企业是指从制造企业或者批发企业那里购买商品，然后再将商品转售给最终消费者（包括个人和社会团体）的企业。按其经营商品种类的多少，商品零售企业又可以分为专门经营某一类或几类商品的专业性零售企业和所经营商品种类齐全的综合性零售企业。

三、商品流通企业商品存货的会计核算方法

商品存货在商品流通企业全部资产中占有较大的比例，是企业资产管理的重点。在对商品存货进行核算时，既要反映商品的使用价值，又要反映商品的价值。商品流通企业商品存货的会计核算方法按照价值标准的不同可以分为进价法和售价法两种。

（一）进价法

进价法是指以库存商品的购进价格来反映和控制商品购进、销售和储存情况的一种会

计处理方法。这种方法又可以分为数量进价金额核算法和进价金额核算法。

1. 数量进价金额核算法

数量进价金额核算法是指对库存商品总账和明细账除均按进价金额核算外，同时明细账还要反映商品实物数量的一种核算方法。

数量进价金额核算法的核算重点包括以下几点：

（1）进价记账。

会计部门对库存商品总账和明细账的进、销、存金额均按进价记载。总分类账反映库存商品的进价金额，明细分类账反映库存商品的实物数量和进价金额。库存商品的数量核算采用永续盘存制。

（2）分户核算。

在库存商品总账控制下，按商品的品名、规格、等级和编号分户进行明细核算。

（3）设置类目账。

如果商品流通企业经营品种繁多，还应设置库存商品类目账，以核算大类商品的进、销、存情况和控制所属各明细账。

（4）结转成本。

根据经营商品的不同特点和业务经营的不同需要，采用适当方法随时或定期结转销售商品成本。

数量进价金额核算法能全面反映各种商品进、销、存的数量和金额，便于从数量和金额两个方面进行控制。但是这种方法要求每笔购销业务都要反映商品的数量和金额，并按商品品种逐笔登记明细分类账，因此核算工作量较大，手续较烦琐。这种方法一般适用于规模较大、经营金额较大、批量较大但交易笔数不多的大中型批发企业。

2. 进价金额核算法

进价金额核算法是指库存商品的总分类账户和明细分类账户都只反映进价金额、不反映实物数量的一种核算方法。

进价金额核算法的核算重点包括以下几点：

（1）商品购进时，库存商品总账和明细账，都一律只记进价金额，不记数量。

（2）平时商品销售时，只核算销售收入，不结转商品销售成本。

（3）期末必须通过对库存商品的实地盘点计算出期末结存金额，才能倒算出已销商品的销售成本。其计算公式为：

$$\text{本期销售成本}=\text{期初结存商品进价金额}+\text{本期购进商品进价金额}-\text{期末结存商品进价金额}$$

进价金额核算法核算工作量较小，手续简单。但是这种方法由于缺乏商品实物数量的记载，不能及时反映商品进、销、存的数量；而且由于这种方法月末以盘存计销，容易将商品损耗和事故差错挤入销售成本，不易发现企业经营管理中存在的问题。这种方法只适用于经营鲜活商品的零售企业。

（二）售价法

售价法是指以库存商品的销售价格来反映和控制商品购进、销售和储存情况的一种会计处理方法。这种方法又可以分为数量售价金额核算法和售价金额核算法。

1. 数量售价金额核算法

数量售价金额核算法是指对库存商品总账和明细账除均按售价金额核算外，同时明细账还要反映商品实物数量的一种核算方法。

数量售价金额核算法的具体内容如下：

(1) 售价记账。

库存商品的总分类账和明细分类账统一按售价记账。总分类账反映库存商品的售价总额，明细分类账反映各种商品的实物数量和售价总额。

(2) 分户核算。

库存商品的明细分类账按商品的编号、品名、规格、等级分户，按商品的收、发、存分栏记载数量和金额。

(3) 设置“商品进销差价”账户。

该账户记载库存商品售价金额与进价金额之间的差额，定期分摊已销商品的进销差价，计算已销商品的进价成本和期末结存商品的进价金额。

数量售价金额核算法能全面反映各种商品进、销、存的数量和金额，便于从数量和金额两个方面进行控制。但是这种方法每逢商品售价变动，就要盘存库存商品，调整商品金额和商品进销差价，因此核算工作量较大。这种核算方法适用于小型批发企业和经营贵重商品的零售企业。

2. 售价金额核算法

售价金额核算法是指按库存商品的售价来反映商品进、销、存的一种核算方法。

售价金额核算法的具体内容如下：

(1) 建立实物负责制。企业将所经营的全部商品按品种、类别及管理的需要划分为若干实物负责小组，确定实物负责人，实行实物负责制度。实物负责人对其所经营的商品负全部经济责任。

(2) 售价记账、金额控制。库存商品总账和明细账都按商品的销售价格记账，库存商品明细账按实物负责人或小组分户，只记售价金额不记实物数量。

(3) 设置“商品进销差价”科目。由于库存商品是按售价记账，对于库存商品售价与进价之间的差额应设置“商品进销差价”科目来核算，并在期末计算和分摊已售商品的进销差价，从而正确反映销售商品和结存商品的进价成本。

(4) 定期实地盘点商品。实行售价金额核算必须加强商品的实地盘点制度，对实物和负责人履行经济责任的情况进行检查。

售价金额核算法核算工作量较小。但是这种方法由于缺乏商品实物数量的记载，不能及时反映商品进、销、存的数量，不易发现企业经营管理中存在的问题。这种方法适用于一般零售企业。

任务二　商品批发企业典型业务核算

商品批发企业是指从制造企业或者其他批发企业那里购买商品，然后再把商品转售给零售企业或者其他批发企业的企业。它处于社会商品流通的中间环节。与商品零售企业相比，商品批发企业的经营特点是商品储备量较大，品种较少，交易次数不太频繁，交易量和交易额比较大，交易范围比较大。在我国，一般商品批发企业通常采用数量进价金额核算法进行存货的核算。

下面以数量进价金额核算法为例介绍商品批发企业主要会计核算。

一、批发企业商品购进的核算

（一）账户设置

批发企业商品购进环节主要设置“在途物资”“应交税费——应交增值税”“库存商品”等账户进行核算。根据企业采用的结算方式不同，还应该设置“银行存款”“其他货币资金”“预付账款”和“应付账款”等对应账户。

1.“在途物资”账户

本账户属于资产类账户，用来核算企业购入时货款已付尚未验收入库的在途物资的采购成本。该账户借方登记企业购入材料、商品的实际采购成本；贷方登记已验收入库材料、商品的实际成本；期末余额在借方，表示货款已付尚未验收入库的材料、商品的实际成本。

2.“库存商品”账户

本账户属于资产类账户，用来核算企业库存的各种商品的实际成本。该账户借方登记已经验收入库的各种商品的成本；贷方登记已经出售的各种商品的成本，期末余额在借方，反映企业期末库存的各种商品的成本。应按产成品的品种、规格或类别设置明细分类账户。

（二）批发企业商品采购的核算

1. 同城购进商品的核算

同城购进是指商品流通企业从本地的企业购进商品。同城购进商品一般采用送货制和提货制。货款结算一般采用支票、银行本票、委托收款等方式。同城购进商品首先由采购部门根据购货计划与供货单位签订合同组织进货，并取得由供货单位开具的增值税专用发票。当商品运到时，经与合同核对相符后，一方面填制一式多联的“收货单”送交储运部门收货；另一方面，将增值税专用发票送交财务部门做商品购进处理。

【典型业务案例】

案例 1-1 东方贸易有限责任公司（以下简称“东方公司”）为增值税一般纳税人，2020 年 12 月 5 日从同城的康佳公司购进电视机 100 台，每台 3 000 元，增值税专用发票上注明价税合计 339 000 元，其中货款 300 000 元，增值税 39 000 元。东方公司开出一张支票支付全部货款。货物已经运到并验收入库。

12 月 5 日财务部门根据业务部门转来的增值税专用发票、支票存根和收货单应编制会计分录如下：

借：库存商品——康佳电视机	300 000	
应交税费——应交增值税（进项税额）	39 000	
贷：银行存款		339 000

2. 异地购进商品的核算

异地购进是指商品流通企业从本地企业之外的其他地区的生产企业或批发企业购进商

品。异地购进商品一般采用发货制。货款的结算方式一般采用托收承付或委托收款结算。异地商品购进，当供货单位根据购货合同发出商品后就可以委托银行向购货单位收取货款。商品流通企业在收到银行转来的托收凭证和增值税专用发票等单据时，与购销合同核对无误后，由采购部门填制“收货单”送交储运部门。然后财务部门根据审核无误的托收凭证支付货款。当商品到达时，储运部门将随货同行的增值税专用发票与“收货单”进行核对无误后将商品验收入库，留下一联“收货单”据以登记商品保管账，另外一联“收货单”连同增值税专用发票送交财务部门入账。

商品流通企业在采购商品过程中发生的运输费、装卸费、保险费以及其他可归属于存货采购成本的费用等进货费用，应当计入存货采购成本；也可以先进行归集，期末根据所购商品的存销情况进行分摊，对于已售商品的进货费用，计入当期损益，对于未售商品的进货费用，计入期末存货成本；企业采购商品的进货费用金额较小的，可以在发生时直接计入当期损益。

异地购进商品时，结算付款单据到达的时间与商品到达的时间不可能完全一致，有时两者同时发生，有时结算单据先到而商品后到，有时商品先到而结算单据后到。结算付款单据到达的时间与商品到达的时间一致的情况与同城购进的情况相似，这里就不再举例。下面将后两种情况的会计核算方法举例说明。

（1）结算单据先到而商品后到。

【典型业务案例】

案例 1-2　东方贸易有限责任公司为增值税一般纳税人，2020 年 12 月 7 日从异地的中兴贸易公司（以下简称“中兴公司”）购进笔记本电脑 1 000 台，每台 4 000 元，增值税专用发票上注明价税合计 4 520 000 元，其中货款 4 000 000 元，增值税 520 000 元。中兴公司代垫运费共计 1 090 元（增值税专用发票注明运费 1 000 元，增值税 90 元）。采用托收承付结算方式。货物尚未运到。本题运费计入商品采购成本。

1）12 月 7 日东方公司对托收承付结算凭证、增值税专用发票和运单审核无误后，编制会计分录如下：

借：在途物资——笔记本电脑（中兴公司）	4 001 000	
应交税费——应交增值税（进项税额）	520 090	
贷：银行存款		4 521 090

2）12 月 9 日，东方公司收到商品验收入库，根据收货单编制会计分录如下：

借：库存商品——笔记本电脑	4 001 000	
贷：在途物资——笔记本电脑（中兴公司）		4 001 000

（2）商品先到而结算单据后到。

对于商品先到但是结算单据尚未到达的业务，企业平时可暂不入账。待有关单据到达后再一并进行账务处理。但是月终，为了真实反映企业资产的情况，对于尚未收到结算单据的商品，应当估价入账，借记“库存商品”账户，贷记“应付账款——暂估应付账款”账户。下月初用红字冲回估价入账的分录，等待结算单据到达时再进行账务处理。

【典型业务案例】

案例 1-3　东方贸易有限责任公司为增值税一般纳税人，2020 年 11 月 7 日从异地的中兴贸易公司购进笔记本电脑 1 000 台，货物已经运到并验收入库，但是直到 11 月 30 托收承付结算单据尚未到达。

1）11 月 7 日东方公司收到商品时暂时不进行账务处理。

2）11 月 30 日，东方公司仍未收到结算单据，按每台电脑 3 800 元估价入账，编制会计分录如下：

借：库存商品——笔记本电脑　　3 800 000

　贷：应付账款——暂估应付账款　　3 800 000

3）12 月 1 日，做相反分录（或者红字）冲回上月暂估入账分录，编制会计分录如下：

借：应付账款——暂估应付账款　　3 800 000

　贷：库存商品——笔记本电脑　　3 800 000

4）12 月 7 日 1 000 台笔记本电脑结算单据运到，增值税专用发票上注明价税合计 4 520 000 元，其中货款 4 000 000 元，增值税 520 000 元。中兴公司代垫运费共计 1 090 元（增值税专用发票注明运费 1 000 元，增值税 90 元）。东方公司支付全部货款。本题运费计入销售费用。编制会计分录如下：

借：库存商品——笔记本电脑　　4 000 000

　　销售费用　　1 000

　　应交税费——应交增值税（进项税额）　　520 090

　贷：银行存款　　4 521 090

3. 购进商品发生溢余和短缺的核算

企业在每批商品购进后，都应严格验收数量和质量，在验收时如果发现实收数量少于或多于应收数量，即为购进商品短缺或溢余。

发生短缺或溢余情况时，必须查明原因按规定处理。购进商品发生短缺或溢余的主要原因有：在运输途中由于自然条件和商品本身性能等因素，使商品发生损耗或溢余；运输单位的失职造成的事故或商品丢失；供货单位工作上的疏忽造成少发或多发商品；自然灾害造成的商品损失。

在验收商品时，如果发现商品短缺或溢余，必须会同有关部门进行核对，做好鉴定证明，并填制“商品短缺、溢余报告单”作为有关部门清查和处理的依据。

（1）购进商品发生短缺的核算。

购进商品发生短缺时，在查明原因前，应先通过“待处理财产损溢”账户进行核算。查明原因后，如果是供货单位少发商品，经联系后，可由其补发商品或退款处理；如果是管理不善等原因造成的损失，则应作为“管理费用”列支；如果是应由运输单位或责任人承担经济责任的，则应作为“其他应收款”处理；如果是由不可抗力造成的损失，报经批准后，在“营业外支出”账户列支。因管理不善造成的商品被盗、丢失、霉烂变质等损失，增值税进项税额不得抵扣。

“待处理财产损溢”账户用于核算企业已发生而尚未查明原因或虽已查明原因而尚需等待批准处理的各项财产物资的盘亏、盘盈、短缺、溢余、收益或损失。发生盘亏、短缺、损失以及转销盘盈、溢余、收益时，记入借方；发生盘盈、溢余、收益以及转销盘亏、短缺、损失时，记入贷方。该账户期末没有余额。该账户下应分别设置“待处理流动资产损溢”和“待处理固定资产损溢”明细分类账户。

【典型业务案例】

案例 1-4　东方贸易有限责任公司为增值税一般纳税人。2020 年 12 月 3 日从华星公司购进 2 000 支电池，单价 3 元，货款 6 000 元，增值税 780 元。采用托收承付结算方式结算了货款。12 月 5 日商品运到，经点验，实收数量为 1 950 支，短缺 50 支，计价 150 元，原因待查。12 月 8 日经查明原因，上项电池短缺为华星公司少发货造成，经过与华星公司协商，华星公司同意退回多收货款，并开来红字增值税专用发票。

1）12 月 3 日收到银行转来的托收凭证付款通知，编制会计分录如下：

借：在途物资——电池（华星公司）　　6 000

　　应交税费——应交增值税（进项税额）　　780

　贷：银行存款　　6 780

2）12 月 5 日根据收货单编制会计分录如下：

借：库存商品——电池　　5 850

　　待处理财产损溢——待处理流动资产损溢　　150

　贷：在途物资——电池（华星公司）　　6 000

3）12 月 8 日根据红字增值税专用发票和银行收款通知编制会计分录如下：

借：银行存款　　169.5

　贷：待处理财产损溢——待处理流动资产损溢　　150

　　　应交税费——应交增值税（进项税额）　　19.5

（2）购进商品发生溢余的核算。

购进商品发生溢余时，在查明原因之前，应通过“待处理财产损溢”账户进行核算。查明原因后，如果属于运输途中的自然升溢，应冲减“管理费用”账户；如果是供货单位多发货造成的，可与销货方联系补做商品购进或退货处理。

【典型业务案例】

案例 1-5　东方贸易有限责任公司为增值税一般纳税人。2020 年 12 月 14 日从华星公司购进电池 3 000 支，单价 3 元，货款 9 000 元，增值税 1 170 元。采用托收承付结算方式结算货款。12 月 16 日商品运到，经点验，实收数量为 3 050 支，溢余 50 支，计价 150 元，原因待查。12 月 17 日经查明原因，上项电池溢余为华星公司多发货造成，经过与华星公司协商，华星公司开来增值税专用发票，东方公司补付了货款。

1）12 月 14 日收到银行转来的托收凭证付款通知，编制会计分录如下：

借：在途物资——电池（华星公司）　　9 000

　　应交税费——应交增值税（进项税额）　　1 170

　贷：银行存款　　10 170

2）12 月 16 日根据收货单编制会计分录如下：

借：库存商品——电池　　9 150

　贷：在途物资——电池（华星公司）　　9 000

　　　待处理财产损溢——待处理流动资产损溢　　150

3）2 月 17 日根据增值税专用发票和银行付款通知编制会计分录如下：

借：待处理财产损溢——待处理流动资产损溢　　150

　　应交税费——应交增值税（进项税额）　　19.5

贷：银行存款　　169.5

4. 拒付货款和拒收商品的核算

批发企业购进商品时，在接到银行转来的结算凭证或者收到供货方发来的商品时，应与合同或者随货同行的增值税发票核对，检查商品的品种、数量、规格、价格等是否与协议相符。如果发现有不符的现象，批发企业可以按规定全部或部分拒付货款和拒收商品。

(1) 拒付货款的核算。

批发企业拒付货款时应填制“拒绝承付理由书”，拒付全部或部分款项。由于拒付货款，批发企业的资金未发生变化，故不做账务处理。

(2) 拒收商品的核算。

企业接到银行转来的结算单据，经与合同核对无误后已经全数承付货款并已经入账。当商品到达验收时发现商品与合同规定的品种与规格或者价格不符，企业可以向供货方提出拒收全部或部分商品。

【典型业务案例】

案例1-6 东方贸易有限责任公司为增值税一般纳税人。2020年12月15日从美的公司购进电风扇200台，单价100元，货款20 000元，增值税进项税额2 600元。东方公司已经支付了所有货款。12月20日商品运到，经检验发现200台电风扇型号与合同不符，经与美的公司协商，东方公司拒收所有商品，美的公司于12月25日退回所有款项并开来红字增值税专用发票。

1) 12月15日东方公司支付货款时，编制会计分录如下：

借：在途物资——电风扇（美的公司）　　20 000
　　应交税费——应交增值税（进项税额）　　2 600
　贷：银行存款　　22 600

2) 12月20日商品到达后，根据拒收理由书，编制会计分录如下：

借：应收账款——美的公司　　20 000
　贷：在途物资——电风扇（美的公司）　　20 000

同时，在备查账簿“代管商品物资”中借记“代管商品物资——美的公司——电风扇”200台。

3) 12月25日东方公司收到美的公司退回的货款和红字增值税专用发票时，编制分录如下：

借：银行存款　　22 600
　贷：应收账款——美的公司　　20 000
　　　应交税费——应交增值税（进项税额）　　2 600

5. 进货退出的核算

批发企业购进商品并验收入库后，可能会发生商品质量、规格不符等问题，经与供货方协商，可作进货退出业务处理。批发企业进货后已支付货款，或者未支付货款但已做账务处理，原增值税专用发票税款抵扣联已无法退回。此时发生退货，批发企业必须取得当地主管税务机关开具的“进货退出证明单”送交供货方，作为供货方开具红字增值税专用发票的依据。购货方在退货后应将原账务处理冲回。

【典型业务案例】

案例 1-7　东方贸易有限责任公司为增值税一般纳税人。2020 年 11 月 3 日从北京某厂购进电饭煲 50 个，单价款 300 元，总价款为 15 000 元，增值税进项税额为 1 950 元，商品验收无误后入库。款项以银行存款支付。1 个月后，东方公司发现 20 个电饭煲质量不符合合同要求，经与北京某厂商议，对方同意退货，退货手续已办，商品已发出，款项尚未收到，东方公司已收到红字增值税专用发票。

(1) 11 月 3 日根据收货单和银行付款单，编制会计分录如下：

借：库存商品——电饭煲　　15 000

　　应交税费——应交增值税（进项税额）　　1 950

　贷：银行存款　　16 950

(2) 12 月东方公司财务部门收到北京某厂退货的红字增值税专用发票，并根据业务部门转来的"进货退出单"编制会计分录如下：

借：应收账款——北京某厂　　6 780

　贷：库存商品　　6 000

　　　应交税费——应交增值税（进项税额）　　780

6. 购进商品退补价的核算

批发企业采购商品验收入库后，由于供货方计价错误或计算差错等原因，可能会发生商品退价或补价业务。

(1) 购进商品退价的核算。

购进商品退价是指商品的实际进价低于原结算的进价，由供货方退还一部分货款给进货企业。如果发生进货退价的商品尚未出售，则按其供货单位转来的红字增值税专用发票冲减库存商品成本和增值税进项税额；如果发生进货退价的商品已出售并已经结转销售成本，则按其所退的价款贷记"主营业务成本"。

【典型业务案例】

案例 1-8　东方贸易有限责任公司为增值税一般纳税人。2020 年 12 月 7 日从格力空调公司购入空调 100 台，单价 3 100 元，共计价款 310 000 元，应支付增值税进项税额为 40 300 元，价税合计 350 300 元。东方公司已经支付全部货款并将商品验收入库。12 月 10 日东方公司接格力空调公司通知，100 台空调单价每台进价多计 100 元，增值税每台多计 13 元，收到卖方的红字增值税专用发票及"销货更正单"，款项同时退回收存银行。100 空调尚未销售。

1) 12 月 7 日根据增值税专用发票、托收凭证付款通知和收货单等有关单据，编制会计分录如下：

借：库存商品——空调　　310 000

　　应交税费——应交增值税（进项税额）　　40 300

　贷：银行存款　　350 300

2) 12 月 10 日根据收到的卖方的红字增值税专用发票及"销货更正单"等单据，编制会计分录如下：

借：银行存款　　11 300

　贷：应交税费——应交增值税（进项税额）　　1 300

库存商品——空调　　10 000

【典型业务案例】

案例 1－9　东方贸易有限责任公司为增值税一般纳税人。增值税税率为 13%。2020 年 12 月 7 日从格力空调公司购入空调 100 台，单价 3 100 元，共计价款 310 000 元，应支付增值税进项税额为 40 300 元，价税合计 350 300 元。东方公司已经支付全部货款并将商品验收入库。12 月 10 日东方公司接格力空调公司通知，100 台空调单价每台进价多计 100 元，增值税每台多计 13 元，收到卖方的红字增值税专用发票及“销货更正单”，款项同时退回收存银行。100 台空调按每台 3 500 元已经全部销售。

1）12 月 7 日根据增值税专用发票、托收凭证付款通知和收货单等有关单据，编制会计分录如下：

借：库存商品——空调　　310 000
　　应交税费——应交增值税（进项税额）　　40 300
　贷：银行存款　　350 300

2）销售 100 台空调，同时结转成本时，编制会计分录如下：

借：银行存款　　395 500
　贷：主营业务收入　　350 000
　　　应交税费——应交增值税（销项税额）　　45 500

同时结转成本：

借：主营业务成本　　310 000
　贷：库存商品——空调　　310 000

3）12 月 10 日根据收到的卖方的红字增值税专用发票及“销货更正单”等单据，编制会计分录如下：

借：银行存款　　11 300
　贷：应交税费——应交增值税（进项税额）　　1 300
　　　主营业务成本　　10 000

（2）购进商品补价的核算。

购进商品补价是指原结算货款的进价低于实际进价，由购货单位补付货款差额给供货单位。发生进货补价的商品若已经出售并已经结转销售成本，则按其所补的价款借记“主营业务成本”；若该商品还未出售或已经出售但未结转销售成本，则应按其所补的价款借记“库存商品”。

【典型业务案例】

案例 1－10　东方贸易有限责任公司为增值税一般纳税人。增值税税率为 13%。2020 年 12 月 10 日从格力空调公司购入空调 100 台，单价 3 100 元，共计价款 310 000 元．应支付增值税进项税额为 40 300 元，价税合计 350 300 元。东方公司已经支付全部货款并将商品验收入库。12 月 15 日东方公司接格力空调公司通知，100 台空调每台少计 200 元，增值税共少计 2 600 元。东方公司收到格力公司开来的增值税专用发票和“销货更正单”并补付货款。经盘点查明，50 台空调保留并已结转销售成本，另外 50 台在库。

1）12 月 10 日根据增值税专用发票、托收凭证付款通知和收货单等有关单据，编制会计分录如下：

借：库存商品——空调　　310 000
　　应交税费——应交增值税（进项税额）　　40 300
　贷：银行存款　　350 300

2）12 月 15 日，根据有关凭证编制会计分录如下：

借：库存商品——空调　　10 000
　　主营业务成本　　10 000
　　应交税费——应交增值税（进项税额）　　2 600
　贷：银行存款　　22 600

二、批发企业商品销售的核算

（一）一般批发企业销售业务的核算

批发企业的商品销售业务一般是指根据购货单位提出的要货计划，有计划地组织商品供应的业务，主要包括发出商品和货款结算两个环节。批发企业销售商品业务主要涉及供货企业内部的业务、储运、物价、财务等部门，各部门之间相互配合，共同完成。按照销售地区不同可分为同城销售和异地销售。

同城商品销售主要是将商品销售给同城的零售企业、生产企业等。同城商品销售的交接方式一般采用“送货制”或“提货制”，货款结算方式一般采用转账支票结算，也有采用银行本票和现金结算的。同城商品销售，一般是由购货单位提出要货计划，由企业业务部门根据购货单位选定的商品品种和数量，填制增值税专用发票一式数联，业务部门自留一联外，将其余各联交与采购员，据以向财务部门结算组办理结算。办好结算后，结算组在专用发票各联上加盖“货款收讫”戳记，留下记账联，将其余各联退还给采购员。采购员凭提货单和出库单向储运部门提运商品或委托其送货，增值税专用发票“发票联”和“抵扣联”由采购员带回入账。

批发企业的异地商品销售主要是将商品销售给其他地区的批发企业、生产企业或者零售企业，一般采用发货制交接货方式。其业务处理程序为：供货单位的业务部门填制增值税专用发票一式数联；商品发运时，储运部门将增值税专用发票的发票联、税款抵扣联及商品发运证明、垫付运杂费清单一并交给买方。对于异地商品的销售业务，运费一般由销售方先垫付，实际上由购货单位承担。

与同城销售相比，异地销售货款的结算方式主要有汇兑、银行汇票、商业汇票、托收承付、委托收款等。业务处理与本地销售基本相同。批发企业在销售商品后，若收取的是转账支票、银行本票，在存入银行时，借记“银行存款”账户；若收取的是商业汇票，借记“应收票据”账户；若尚未收取货款的，借记“应收账款”账户。按增值税专用发票列明的货款贷记“主营业务收入”账户，按列明的增值税税额贷记“应交税费”账户。当计算出销售商品的进价成本，予以结转时，借记“主营业务成本”账户，贷记“库存商品”账户。在实际工作中，如果商品种类繁多，每次计算结转销售成本的工作量较多的情况下，商品销售成本可以在月末结转。

【典型业务案例】

案例 1-11　东方贸易有限责任公司为增值税一般纳税人。2020 年 12 月 6 日销售康佳电视机 50 台，单价 4 000 元。计货款 200 000 元，增值税销项税额 26 000 元，价税合计

226 000 元，收到银行承兑汇票一张。商品已经发出，东方公司按单价 3 000 元结转商品成本。

（1）12 月 6 日根据销售发票记账联编制会计分录如下：

借：应收票据　226 000
　贷：主营业务收入　200 000
　　应交税费——应交增值税（销项税额）　26 000

（2）同时根据出库单结转商品销售成本，编制会计分录如下：

借：主营业务成本　150 000
　贷：库存商品——电视机　150 000

（二）特殊销售业务的核算

1. 直运商品销售的业务程序及其核算

直运商品销售是指批发企业购进商品后，不办理入库，直接从供货单位发运给购货单位的一种销售方式。批发企业采用直运商品销售，可以将商品及时供应购货单位，加速商品流转，降低商品损耗，节约商品流通费和仓储费，运营效率更高，是一种较高等级的商业批发销售模式。

直运商品销售涉及购销单位、供货单位和购货单位三方，并且三方不在同一地点，因此，直运商品的核算包括两个部分：一是批发企业从供货单位购进商品的核算；二是批发企业向购货单位销售商品的核算。两者的结合，才完成一次直运商品销售业务。直运商品销售通常有两种业务方式：一种是批发企业委托供货单位代办商品发运，另一种是批发企业派驻采购员在供货单位办理商品发运等事项。

采用直运商品销售，商品购进与销售同时进行，商品不通过购销企业仓库的储存环节，因此，可以不通过“库存商品”科目，而直接在“在途物资”科目核算。商品销售成本可以按照实际进价成本分销售批次随时进行结转。

【典型业务案例】

案例 1-12　东方贸易有限责任公司为增值税一般纳税人。2020 年 11 月 8 日向海尔公司购进电冰箱 100 台，进货单价为 2 500 元，进价金额共计 250 000 元，进项税额为 32 500 元。电冰箱直运销售给飞环贸易公司，销售单价为 3 000 元，销项税额共计 39 000 元。根据合同规定，运费 400 元由东方贸易有限责任公司负担，货款已经通过银行转账支付，东方公司的业务员以现金支付运费 400 元（运费计入销售费用），并办理了委托收取货款的手续向飞环贸易公司收取款项。

（1）东方公司支付货款和运费（运费计入销售费用）时，编制会计分录如下：

借：在途物资——电冰箱（海尔公司）　250 000
　　应交税费——应交增值税（进项税额）　32 500
　　销售费用　400
　贷：银行存款　282 900
　　库存现金　400

（2）东方公司办理好委托收款手续时，编制会计分录如下：

借：应收账款——飞环贸易公司　339 000
　贷：主营业务收入　300 000

应交税费——应交增值税（销项税额） 39 000

（3）东方公司同时结转商品销售成本，编制会计分录如下：

借：主营业务成本 250 000

贷：在途物资——电冰箱（海尔公司） 250 000

2. 采用支付手续费方式委托代销商品的会计处理

采用支付手续费方式委托代销商品，是指委托方和批发企业（受托方）签订合同或协议，委托方根据合同或协议约定向批发企业计算支付代销手续费，批发企业按照合同或协议规定的价格销售代销商品的销售方式。在这种销售方式下，委托方在发出商品时，企业向客户转让商品的对价未达到“很可能收回”收入确认条件，所以通常不应确认销售商品收入，而应在收到批发企业开出的代销清单时才能确认销售商品收入，同时将应支付的代销手续费计入销售费用；批发企业在代销商品销售后，按合同或协议约定的方法计算确定代销手续费，确认劳务收入。

采取支付手续费方式代销商品的，委托方已经发出但尚未确认销售收入的商品成本可以通过“发出商品”等科目核算。受托方可通过“受托代销商品”“受托代销商品款”等科目对受托代销商品进行核算。

【典型业务案例】

案例 1-13 东方贸易有限责任公司为增值税一般纳税人。2020 年 8 月 10 日东方公司受海尔公司委托代销电视机 200 台，该商品每台成本 1 500 元。合同约定东方公司按每台 2 000 元的价格对外销售，海尔公司按销售价格的 10%向东方公司支付手续费。8 月 30 日东方公司实际对外销售 100 台电视机，开出的增值税专用发票上注明的销售价款为 200 000 元，增值税税额为 26 000 元，款项已经收到。海尔公司收到东方公司开具的代销清单时，向东方公司开具一张相同金额的增值税专用发票。假定海尔公司发出商品时纳税义务尚未发生，东方公司采用进价核算代销商品成本。

海尔公司（委托方）的会计处理如下：

（1）8 月 10 日发出商品时，根据出库单编制会计分录如下：

借：发出商品 300 000

贷：库存商品——电视机 300 000

（2）8 月 30 日收到东方公司的代销清单开出增值税专用发票时，编制会计分录如下：

借：应收账款——东方公司 226 000

贷：主营业务收入 200 000

应交税费——应交增值税（销项税额） 26 000

借：主营业务成本 150 000

贷：发出商品 150 000

借：销售费用 20 000

贷：应收账款——东方公司 20 000

（3）收到东方公司代销款时，编制会计分录如下：

借：银行存款 206 000

贷：应收账款——东方公司 206 000

东方公司的会计处理如下：

（1）收到代销商品时，编制会计分录如下：

借：受托代销商品　400 000

　贷：受托代销商品款　400 000

（2）对外销售 100 台电视机，根据增值税专用发票和收款单据，编制会计分录如下：

借：银行存款　226 000

　贷：应付账款——海尔公司　200 000

　　应交税费——应交增值税（销项税额）　26 000

（3）8 月 30 日根据出库单注销代销商品，编制会计分录如下：

借：受托代销商品款　200 000

　贷：受托代销商品　200 000

（4）计算代销手续费并支付代销款（假定手续费收入不考虑相关税费），编制会计分录如下：

借：应付账款——海尔公司　200 000

　应交税费——应交增值税（进项税额）　26 000

　贷：其他业务收入　20 000

　　银行存款　206 000

3. 销售折让的核算

销售折让是指由于所售出的商品在质量、规格等方面不符合合同或协议的要求，销货方同意在商品价格上给予的减让。在核算时，已经确认收入的商品在发生销售折让时，应当冲减当期商品销售收入。当开具了红字增值税专用发票时，才可以冲减增值税销项税额。

【典型业务案例】

案例 1-14　东方贸易有限责任公司为增值税一般纳税人。2020 年 12 月 7 日销售一批电风扇给华丰电器公司，增值税专用发票注明的售价为 4 000 元，增值税税额为 520 元，该批商品的成本为 3 500 元。12 月 11 日货到后，华丰电器公司发现商品质量与合同要求不符，经协商，东方公司同意给予华丰电器公司 5%的销售折让并开出红字增值税专用发票。12 月 15 日东方公司收到货款。

（1）12 月 7 日东方公司根据增值税专用发票编制会计分录如下：

借：应收账款——华丰电器公司　4 520

　贷：主营业务收入　4 000

　　应交税费——应交增值税（销项税额）　520

（2）12 月 7 日东方公司根据出库单编制会计分录如下：

借：主营业务成本　3 500

　贷：库存商品——电风扇　3 500

（3）12 月 11 日，东方公司同意销售折让时编制会计分录如下：

借：主营业务收入　200

　应交税费——应交增值税（销项税额）　26

　贷：应收账款——华丰电器公司　226

（4）12 月 15 日东方公司收到款项时编制会计分录如下：

借：银行存款　　4 294

　　贷：应收账款——华丰电器公司　　4 294

4．商业折扣的核算

商业折扣是指企业为促进商品销售而在商品标价上给予的价格扣除。商业折扣通常用百分数来表示，如10%、20%等。商业折扣在销售时已经发生，所以应当按照扣除商业折扣以后的净额作为商品的实际销售价格确认主营业务收入。

【典型业务案例】

案例1-15　东方贸易有限责任公司为增值税一般纳税人。增值税税率为13%。2020年10月11日销售一批电视机给日盛电器公司，该批商品的成本为200 000元，售价为300 000元。由于是成批销售，东方公司给予日盛电器公司5%的商业折扣并开出增值税专用发票。东方公司收到支票一张存入银行。

（1）10月11日东方公司根据增值税专用发票编制会计分录如下：

借：应收账款——日盛电器公司　　322 050

　　贷：主营业务收入　　285 000

　　　　应交税费——应交增值税（销项税额）　　37 050

10月11日东方公司根据出库单编制会计分录如下：

借：主营业务成本　　200 000

　　贷：库存商品　　200 000

（2）东方公司收到转账支票存入银行时编制会计分录如下：

借：银行存款　　322 050

　　贷：应收账款——日盛电器公司　　322 050

5．现金折扣的核算

现金折扣是指销货方为鼓励购货方在规定的期限内付款而向购货方提供的一种折扣优惠。现金折扣一般用符号“折扣率/付款期限”表示，例如，“2/10，1/20，n/30”表示：销货方允许客户最长的付款期限为30天，如果客户在10天内付款，销货方可按商品售价给予购货方2%的折扣；如果客户在11天至20天内付款，销货方可按商品售价给予购货方1%的折扣；如果客户在21天至30天内付款，将不能享受现金折扣。

在发生现金折扣的情况下，销货方应收账款的入账确认有两种方法可供选择：一种是总价法，另一种是净价法。我国目前在会计实务中，所采用的是总价法。总价法是将未扣除现金折扣的金额作为应收账款入账。销货方实际给予购货方的现金折扣则属于一种理财费用，在会计上作为财务费用处理。

在计算现金折扣时，还应注意销售方提供的现金折扣是否是包含着增值税的价款。例如一件产品售价为1 000元，增值税税额为160元，购货方如在折扣期付款享有1%的现金折扣。如果购销双方约定计算现金折扣时不考虑增值税，则购买方应享有的现金折扣金额为10元；如果购销双方约定计算现金折扣时考虑增值税，则购买方享有的现金折扣金额为11.6元。两种情况下购买方享有的现金折扣金额不同。

【典型业务案例】

案例1-16　东方贸易有限责任公司为增值税一般纳税人。2020年7月15日赊销一批电饭煲给乙公司，增值税专用发票上注明售价为120 000元，增值税销项税额为15 600

元。销售合同中规定现金折扣条件为1/10，n/20。假定计算现金折扣时不考虑增值税。产品交付并办妥托收手续，该批商品的成本为100 000元。东方公司7月20日收到货款。

（1）7月15日东方公司根据增值税专用发票编制会计分录如下：

借：应收账款——乙公司　　135 600

　贷：主营业务收入　　120 000

　　　应交税费——应交增值税（销项税额）　　15 600

借：主营业务成本　　100 000

　贷：库存商品——电饭煲　　100 000

（2）7月20日东方公司根据银行收款单据编制会计分录如下：

借：银行存款　　134 400

　　财务费用　　1 200

　贷：应收账款——乙公司　　135 600

6. 销售退回的核算

批发企业在销售商品后，由于商品品种、质量、规格不符合购销合同规定，购货单位可能会要求部分或全部退货。经批发企业同意后，可以办理退货手续。退货时，由批发企业开出红字增值税专用发票。在会计处理上，本月发生的销售退回，不论是属于本年度还是以前年度销售的，均应冲减发生销售退回当月的主营业务收入和增值税销项税额。如果已经结转商品销售成本，还要冲减商品销售成本。

【典型业务案例】

案例1-17　东方贸易有限责任公司为增值税一般纳税人。2020年6月6日销售给银座商厦电热杯1 000个，售价每个30元，增值税税率为13%，货款已经收到并存入银行，商品已发出，成本为每个250元。7月20日购货方发现其中400个电热杯质量不好，要求退货。经东方公司业务部门同意，商品已退回，并验收入库，开出红字增值税专用发票和转账支票一张，金额为13 560元，系支付退货款及退还增值税税额。

（1）6月6日根据增值税专用发票、银行收款单东方公司编制会计分录如下：

借：银行存款　　33 900

　贷：主营业务收入　　30 000

　　　应交税费——应交增值税（销项税额）　　3 900

根据商品出库单编制分录如下：

借：主营业务成本　　250 000

　贷：库存商品　　250 000

（2）7月20日根据东方公司红字增值税专用发票支付货款时，编制会计分录如下：

借：主营业务收入　　12 000

　　应交税费——应交增值税（销项税额）　　1 560

　贷：银行存款　　13 560

如果退回的商品已经结转了销售成本，那么，还应借记“库存商品”账户，贷记“主营业务成本”账户。本题根据商品入库单，编制会计分录如下：

借：库存商品　　100 000

　贷：主营业务成本　　100 000

7. 销售商品退补价的核算

批发企业在销售商品后，由于计算差错或者销售价格尚未确定，从而造成多计或少计货款，需要办理退价或补价手续。

销售商品退价是指实际售价低于原结算的售价，其差额应由商品批发企业退还给购货单位。销售商品补价是指实际售价高于原结算售价，其差额应由购货单位补给商品批发企业。

发生退价时，应由商品批发企业开出红字增值税专用发票；发生补价时，应由商品批发企业开出蓝字增值税专用发票。同时填制“销货更正单”作为附件，财务部门据以办理收款或付款手续。因为退、补价是销售金额的调整，不涉及商品数量，只需增加或减少“主营业务收入”账户和增值税销项税的数额，不调整“库存商品”和“主营业务成本”账户的数额。

【典型业务案例】

案例 1-18　东方贸易有限责任公司为增值税一般纳税人。2020 年 12 月 6 日销售给国美电器公司 100 台志高空调，其单位成本为 3 500 元，销售单价为 4 800 元，增值税税率为 13%。东方公司商品已经出库并收到货款。12 月 30 日东方公司发现单价开错，该机单价应为 4 780 元。经协商，东方公司开出红字增值税专用发票，应退对方货款 2 000 元、增值税税额 260 元，东方公司签发转账支票付讫。

(1) 2020 年 12 月 6 日东方公司根据增值税专用发票以及银行收款单据，编制会计分录如下：

借：银行存款　　542 400

　贷：主营业务收入　　480 000

　　　应交税费——应交增值税（销项税额）　　62 400

同时根据商品出库单，编制会计分录如下：

借：主营业务成本　　350 000

　贷：库存商品——空调　　350 000

(2) 12 月 30 日，东方公司根据开出的红字增值税专用发票和转账支票存根，编制会计分录如下：

借：主营业务收入　　2 000

　　应交税费——应交增值税（销项税额）　　260

　贷：银行存款　　2 260

【典型业务案例】

案例 1-19　假设在案例 1-18 中，东方贸易有限责任公司 2020 年 12 月 6 日销售给国美电器公司 100 台志高空调，其单位成本为 3 500 元，销售单价为 4 800 元，增值税税率为 13%。东方公司商品已经出库并收到货款。假设 12 月 30 日东方公司发现单价开错，该机单价应为 4 850 元。经协商，东方公司开出增值税专用发票，应补收对方货款 5 000 元，增值税税额 650 元，东方公司收到转账支票一张存入银行。

(1) 2020 年 12 月 6 日东方公司根据增值税专用发票以及银行收款单据，编制会计分录如下：

借：银行存款　　542 400

贷：主营业务收入　480 000
　　应交税费——应交增值税（销项税额）　62 400

同时根据商品出库单，编制会计分录如下：

借：主营业务成本　350 000
　贷：库存商品——空调　350 000

(2) 12 月 30 日，东方公司根据开出的增值税专用发票和银行收账通知，编制会计分录如下：

借：银行存款　5 650
　贷：主营业务收入　5 000
　　应交税费——应交增值税（销项税额）　650

三、批发企业商品销售成本的计算与结转

批发企业在商品销售后，一方面要核算取得的商品销售收入；另一方面还要计算并结转商品销售成本。商品销售成本应包括已销商品的实际成本。也就是说，商品销售成本应包括已销商品的购入价，以及其在运输途中发生的运费、保管费、包装费等。但在有些商业企业，为了简化核算手续，批发企业的商品销售成本只限于已销商品的购入价，而其在流通领域中继续追加的费用，则作为销售费用处理。

按照商品销售成本结转的时间分为逐日结转和定期结转。逐日结转是逐日计算出商品销售成本后，逐日从“库存商品”账户上转销，故又称随销随转。这种方法能随时反映库存商品的结存金额，但工作量大。定期结转是在月末集中计算商品销售成本后，从“库存商品”账户上一次转销，故又称月末一次结转。这种方法工作量较小，但不能随时反映库存商品的结存金额。

商品批发企业计算商品销售成本的方法，主要有个别计价法、月末一次加权平均法、先进先出法、毛利率推算法等。一旦确定了计算商品销售成本的方法后，在同一会计年度内不得随意变更。

（一）个别计价法

个别计价法又称个别认定法、具体辨别法。采用这一方法是假定商品的实物流转与成本流转相一致，按照每一件或者每一批商品的实际进价，计算该件或该批商品销售成本的一种方法。采用个别计价法，应对每件或每批购进的商品分别存放，并分户登记库存商品明细账。对每次销售的商品，应在增值税专用发票上注明进货件别或批次，便于按照该件或该批的实际购进单价计算商品销售成本。

采用个别计价法计算商品销售成本，可以逐日结转商品销售成本。用这种方法计算的商品销售成本最为准确，但计算起来工作量最为繁重。此方法适用于能分清进货件别或批次的比较贵重的商品。

（二）月末一次加权平均法

月末一次加权平均法是月末综合计算每种商品的加权平均单价，再乘以商品的销售数量，从而计算商品销售成本的一种方法。其计算公式如下：

$$加权平均单价=\frac{月初结存商品实际成本+本期购入商品实际成本}{月初结存商品数量+本期购入商品数量}$$

本期商品销售成本＝本期商品销售数量×加权平均单价

月末结存商品成本＝月末结存商品数量×加权平均单价

或者：

月末结存商品成本＝月初结存商品实际成本＋本期购入商品实际成本－本期销售商品实际成本

采用加权平均法计算出来的商品销售成本较为均衡，也较为准确，核算方法比较简单。但是平时无法从账上查看发出和结存存货的单价和金额，不利于商品的日常管理与控制。这种方法一般适用于经营品种较少，或者前后购进商品的单价相差幅度较大，并定期结转商品销售成本的企业。

（三）先进先出法

先进先出法是以先购进的商品先发出为假设，商品销售成本的核算过程是先按最早购进商品的进价计算，待其销售完毕后，再按第二批购进商品的进价计算，并依此类推。

【典型业务案例】

案例 1-20　下面采用先进先出法计算东方贸易有限责任公司 2020 年 7 月份的 A 商品销售成本。A 商品库存明细账，如表 1-1 所示。

表 1-1　A 商品库存明细账

2020 年 7 月份　　　　单位：元

日期	摘要	收入			发出			结存		
		数量（件）	单位成本	总成本	数量（件）	单位成本	总成本	数量（件）	单位成本	总成本
1 日	期初余额							400	200	80 000
8 日	购入	300	210	63 000				400 300	200 210	80 000 63 000
14 日	销售				400 100	200 210	80 000 21 000	200	210	42 000
18 日	购入	500	220	110 000				200 500	210 220	42 000 110 000
25 日	销售				200	210	42 000	500	220	110 000
31 日	购入	400	205	82 000				500 400	220 205	110 000 82 000
合计		1 200		255 000	700		143 000	500 400	220 205	110 000 82 000

采用先进先出法，期末商品成本较接近现行的市价。但是日常的工作量比较大，并且当物价持续上涨时，会高估企业当期利润和期末结存商品的价值；反之，会低估企业当期利润和期末结存商品的价值。先进先出法一般适用于收、发货次数不多的企业。

（四）毛利率推算法

毛利率推算法是根据本期商品销售收入乘以上季度或上年度的实际毛利率，或上季度的计划毛利率，推算出本期商品销售毛利，进而推算本期商品销售成本的一种方法。其算公式如下：

本期商品销售毛利＝本期商品销售收入×上季度(或上年度)毛利率

本期商品销售成本＝本期商品销售收入－本期商品销售毛利

根据上述计算公式，可以得出下列公式：

本期商品销售成本＝本期商品销售收入×[1－上季度(或上年度)毛利率]

采用毛利率推算法，不是按库存商品品名、规格逐一计算商品销售成本的。同一类别内商品的毛利率基本相同，而按商品类别进行计算，大大简化了企业的计算工作。但是这种方法计算出来的商品销售成本不够准确，每个季末需要进行调整。毛利率法一般适用于经营商品品种较多，按月计算商品销售成本有困难的企业。

【典型业务案例】

案例 1－21 东方贸易有限责任公司为增值税一般纳税人。2020 年 3 月期初结存 B 商品成本为 800 000 元，本期购进 B 商品成本为 200 000 元。本期的 B 商品销售收入总额为 500 000 元，要求使用毛利率推算法计算本月的 B 商品销售成本和期末结存 B 商品的成本。(使用上年度的毛利率 20%)

3 月的 B 商品销售成本＝500 000×(1－20%)＝400 000(元)

3 月末结存 B 商品的成本＝800 000＋200 000－400 000＝600 000(元)

四、批发企业商品储存的核算

为了加强对商品储存的核算与管理，批发企业财务部门必须与有关各部门密切配合，做到库存商品保管完好、收发制度严密、定期盘点商品，以达到账实相符，并正确计算和结转商品销售成本，保证企业利润核算的准确性。为此，批发企业一般实行库存商品总账、库存商品类目账、明细账的三级控制，另外还需要设置库存商品保管账和调拨账。

（一）库存商品账户的设置

1. 库存商品类目账

库存商品类目账又称大类账，是指按商品类别分户设置，登记商品大类收入、发出与结存情况的账簿。一般采用数量金额式账页，它是处于总账与明细账之间的二级账户。通过类目账可以加强对商品明细账的数量和金额的双重控制，有利于账账核对，如果出现问题方便查找。而且通过商品类目账还可以集中计算某一大类商品的销售成本，这样就简化了工作量，同时还有利于掌握各类商品的毛利状态。

2. 库存商品明细账

库存商品明细账是指按商品的品名、规格分户设置，登记其收入、发出与结存情况的账簿。一般采用数量金额式账页，以反映和控制每一种商品的数量和金额。

3. 商品保管账

商品保管账是仓储部门按不同货号、品名、规格和等级分户，记载保管商品收、发、存数量的明细账。只登记数量，不登记金额，商品保管账反映的是保管库存。保管库存以商品验收入库作为商品收入，不论货款是否结算，以商品出库作为商品发出。储运部门通过保管库存，掌握仓库中商品收、发、存的数量，明确物资保管责任。

4. 商品调拨账

商品调拨账是业务部门按不同货号、品名、规格和等级分户，登记可供调拨销售商品收、发、存数量的明细账。只登记数量，不登记金额。商品调拨账反映的是可以调拨的库存数量。可以调拨的库存以商品验收入库为商品收入，不论商品是否出库，货款是否结算，以开出发票作为商品发出。

综上所述，财务、仓储和业务三个部门都从自身的需要出发，都承担了库存商品明细核算的责任。在实际工作中，为了简化核算，财务部门和业务部门也可以合并设置一套库存商品明细账，实行“二账合一”。

（二）商品盘点溢余和短缺的核算

批发企业的商品在储存过程中，由于自然因素或人为原因，可能会引起商品盘盈或者盘亏，为了保护商品的安全，保证账实相符，批发企业必须建立健全商品盘点制度，定期或不定期开展库存商品的盘点。盘点结束，填制“商品盘点表”，以反映商品盘点的结果。“商品盘点表”账存数与实存数如果不相符，应填制“商品盘点短缺溢余报告单”。等查明原因后，报经批准后再区别不同情况进行处理。

商品盘盈，是指商品的实存数大于账存数。当发生盘盈时，应该先用“待处理财产损溢”账户处理，在按照管理权限报经批准后，再转入“管理费用”账户。

商品盘亏，是指商品的实存数小于账存数。当发生盘亏时，应该先用“待处理财产损溢”账户处理，在按照管理权限报经批准后，应根据商品盘亏的不同原因进行处理：若属于商品正常损耗，经批准后记入“管理费用”账户；若属于非正常损耗，报经批准后，应由责任人或者保险公司赔偿的部分，记入“其他应收款”账户；应由责任人或者保险公司赔偿后的净损失，属于企业管理不善原因造成的，记入“管理费用”账户；属于自然灾害原因造成的损失，记入“营业外支出”账户。另外，因管理不善造成的商品被盗、丢失、霉烂变质等损失，增值税进项税额不得抵扣。

【典型业务案例】

案例 1-22　东方贸易有限责任公司为增值税一般纳税人。2020 年 6 月 30 日对库存商品进行盘点，发现溢余康佳电视机 2 台，金额共计 6 000 元。经查属于收发计量方面的差错。

（1）6 月 30 日东方公司根据商品盘点短缺溢余报告单，编制会计分录如下：

借：库存商品——康佳电视机	6 000	
贷：待处理财产损溢——待处理流动资产损溢		6 000

（2）报经批准后，编制会计分录如下：

借：待处理财产损溢——待处理流动资产损溢	6 000	
贷：管理费用		6 000

【典型业务案例】

案例 1-23　东方贸易有限责任公司为增值税一般纳税人。2020 年 6 月 30 日对库存商品进行盘点，发现盘亏海尔洗衣机 4 台，金额共计 12 000 元，增值税 1 560 元。经查属于仓库保管员张华管理不善造成的损失。经研究决定，由张华赔偿 5 000 元，其余的损失计入管理费用。

(1) 6月30日东方公司根据商品盘点短缺溢余报告单，编制会计分录如下：

借：待处理财产损溢——待处理流动资产损溢　12 000
　贷：库存商品——康佳电视机　12 000

(2) 报经批转后，编制会计分录如下：

借：其他应收款——张华　5 000
　　管理费用　8 560
　贷：待处理财产损溢——待处理流动资产损溢　12 000
　　　应交税费——应交增值税（进项税额转出）　1 560

任务三 商品零售企业典型业务核算

商品零售企业是指从制造企业或者批发企业那里购买商品，然后再将商品转售给最终消费者（包括个人和社会团体）的企业。按其经营商品种类的多少，商品零售企业又可以分为专门经营某一类或几类商品的专业性零售企业和所经营商品种类齐全的综合性零售企业。商品零售企业经营的商品品种、款式繁多；交易次数频繁而且交易数量零星；销售对象主要是广大的消费者；销售时一般是“一手交钱，一手交货”；售货部门对其所经销的商品负有物资保管责任。

为了适应一般零售企业的经营特点，提高工作效率，简化核算，一般商品零售企业采用售价金额核算法。售价金额核算法的主要特点为：实行实物负责制度，实物负责人对其所经营的商品负全部经济责任；库存商品总账和明细账都按商品的销售价格记账；设置“商品进销差价”科目来核算库存商品售价与进价之间的差额；加强商品的实地盘点制度，对实物和负责人履行经济责任的情况进行检查。

下面以售价金额核算法为例介绍商品零售企业主要会计核算。

一、零售企业商品购进的核算

（一）账户设置

1. “库存商品”账户

本科目属于资产类账户，用来核算商品零售企业商品的含税售价。该账户借方登记已经验收入库的各种商品的含税售价；贷方登记已经出售的各种商品的含税售价；期末余额在借方，反映企业期末库存的各种商品的含税售价。本账户应按商品所属的柜组或者商品部设置明细分类账户。

2. “商品进销差价”账户

本科目属于“库存商品”的调整账户，用来核算商品含税售价与进价之间的差价。结转已销商品进销差价、商品短缺、削价及调价减值等而注销差价时，记入账户借方；商品购进、溢余及调价增值发生差价时，记入账户贷方。期末余额在贷方，反映企业期末库存的各种商品的进销差价。本账户应按商品所属的柜组或者商品部设置明细分类账户。期末“库存商品”账户余额，减去“商品进销差价”账户余额，就是库存商品的进价金额。

（二）商品正常购进业务的核算

商品购进时，财务部门根据采购员交来的结算凭证和核价人员送来的增值税专用发票（发票联），复核无误后，按其所列明的货款借记“在途物资”账户；按其所列明的增值税税额，借记“应交税费”账户；按价税合计贷记“银行存款”“应付票据”“其他货币资金”等账户。根据实物负责小组送来的商品验收入库凭证，复核无误后，按售价金额借记“库存商品”账户，按进价金额贷记“在途物资”账户；售价金额与进价金额之间的差额，则贷记“商品进销差价”账户。

【典型业务案例】

案例 1-24 盛元商场为增值税一般纳税人。2020 年 12 月 6 日从北京纺织品公司购进羊毛衫 100 件，单价 800 元，总进价 80 000 元，增值税进项税额 10 400 元，价税合计为 90 400 元，运费 2 000 元，增值税 180 元（运费计入盛元商场销售费用账户）。所有货款及运费以银行存款支付。12 月 11 日商品由针织品柜组如数验收。该羊毛衫含税销售单价为 1 200 元。

（1）12 月 6 日根据增值税专用发票、银行转账凭证等编制会计分录如下：

借：在途物资——羊毛衫（北京纺织品公司）	80 000	
应交税费——应交增值税（进项税额）	10 580	
销售费用	2 000	
贷：银行存款		92 580

（2）12 月 11 日根据收货单等编制会计分录如下：

借：库存商品——针织品组	120 000	
贷：在途物资——羊毛衫（北京纺织品公司）		80 000
商品进销差价——针织品组		40 000

值得注意的是，如果库存商品不按照含税售价入账，就会造成商品标签上的标价与库存商品账面上的价值不符，也违背了零售企业实行售价金额核算和实物负责制的本意，造成各个柜组清点库存的不便。

（三）商品非正常购进业务的核算

1. 进货退出的核算

零售企业购进商品，一般是整件整箱地验收入库的，事后如果发现商品的品种、规格与增值税专用发票所列不符，或质量不符合要求等情况，应及时与供货单位联系，经其同意后，由供货单位开出退货的红字增值税专用发票，办理退货手续，然后将商品退还供货单位，做进货退出处理。

【典型业务案例】

案例 1-25 盛元商场为增值税一般纳税人。2020 年 12 月 20 日家电组发现 11 月 8 日从长沙商贸公司购进的 50 台饮水机存在质量问题。该商品购进单价为 240 元，增值税税率为 13%，含税销售单价为 350 元。经过协商，对方同意退货。12 月 26 日收到长沙商贸公司开来退货的红字增值税专用发票。货款尚未收到。

（1）11 月 8 日盛元商场根据增值税专用发票以及银行付款凭证，编制会计分录如下：

借：在途物资——饮水机（长沙商贸公司）　12 000
　　应交税费——应交增值税（进项税额）　1 560
　贷：银行存款　13 560

（2）11 月 8 日盛元商场根据商品入库单，编制会计分录如下：

借：库存商品——家电组　17 500
　贷：在途物资——饮水机（长沙商贸公司）　12 000
　　　商品进销差价——家电组　5 500

（3）12 月 20 日盛元商场根据商品退货单编制会计分录如下：

借：应收账款——长沙商贸公司　12 000
　　商品进销差价——家电组　5 500
　贷：库存商品——家电组　17 500

（4）12 月 26 日根据红字增值税专用发票编制会计分录如下：

借：应收账款——长沙商贸公司　1 560
　贷：应交税费——应交增值税（进项税额）　1 560

2. 商品购进退补价的核算

零售企业购进商品后，有时会收到供货单位开来的更正发票，更正其开错的商品货款。由于只更正购进价格，没有影响到商品的零售价格，因此，核算时应调整“商品进销差价”账户，而不用调整“库存商品”账户。

若供货单位退还货款，则零售企业根据红字增值税专用发票借记“应收账款”账户，贷记“商品进销差价”账户和“应交税费”账户；若供货单位补收货款，则零售企业根据蓝字增值税专用发票借记“商品进销差价”账户和“应交税费”账户，贷记“应付账款”账户。

【典型业务案例】

案例 1-26　盛元商场为增值税一般纳税人。2020 年 12 月 5 日从上海五金公司购进钢丝钳 1 000 把，每把购进单价 10 元，增值税税率 13%。含税零售单价 12 元，商品已由五金柜验收入库。货款已付。12 月 10 日收到上海五金公司开具的红字增值税专用发票，列明红字价款 200 元，红字增值税税额 32 元，钢丝钳的零售价不变。

（1）12 月 5 日盛元商场根据增值税专用发票以及银行付款凭证，编制会计分录如下：

借：在途物资——钢丝钳（上海五金公司）　10 000
　　应交税费——应交增值税（进项税额）　1 300
　贷：银行存款　11 300

（2）12 月 5 日盛元商场根据商品入库单，编制会计分录如下：

借：库存商品——五金柜　12 000
　贷：在途物资——钢丝钳（上海五金公司）　10 000
　　　商品进销差价——五金柜　2 000

（3）12 月 10 日根据上海五金公司开具的红字增值税专用发票，编制会计分录如下：

借：应收账款——上海五金公司　226
　贷：商品进销差价——五金柜　200
　　　应交税费——应交增值税（进项税额）　26

二、零售企业商品销售业务的核算

由于商品零售企业的商品实行实物负责制，所以其商品的进、销、存过程主要是在企业的二级核算单位即商品部进行的。商品销售的业务程序，根据企业的规模、经营商品的特点、经营管理方式不同而有所不同。

零售企业的收款方式有分散收款和集中收款两种。分散收款是营业员直接收款，除了企事业单位外，一般不填制销售凭证，手续简便，交易迅速，但销货与收款由营业员一人经手，容易发生差错和舞弊行为；集中收款是指设立收款台，由营业员填制销货凭证，消费者据以向收款台交款，然后由消费者凭盖有收款台“现金收讫”印章的销货凭证向营业员领取商品。如果采用集中收款的形式，每日营业结束后，营业员应根据销货凭证计算出销货总金额，并与收款台实收金额进行核对，以检查收款是否正确。这种方式钱货分管，职责分明，因此不易发生差错，但是手续比较烦琐。

（一）商品正常销售业务的核算

1. 平时销售业务的核算

零售企业不论采用哪一种收款方式，均要在当天解缴销货款。解缴的方式有分散解缴和集中解缴两种。分散解缴是每天营业结束后，由解缴负责人按其所收取的销货款填制解缴单，将现金直接解存银行，取得解款单回单后，将其送交财务部门。集中解缴是每天营业结束后，若采取分散收款，由各营业柜组或门市部安排专人负责；若采取集中收款，则由收款员负责，两种收款方式都按其所收的销货款，填制“商品销售收入缴款单”（其格式见表 1－2）。一式两联，连同销货款一并送交财务部门，财务部门当面点收无误后加盖“收讫”戳记，一联退还缴款部门，作为其缴款的依据；一联留在财务部门，作为收款的入账凭证。财务部门将各营业柜组或门市部的销货款集中汇总后，将销货收入现金全部解存银行。

表 1－2　商品销售收入缴款单

缴款部门：服装部　　　　2020 年 12 月 11 日　　　　单位：元

币种	张数	金额	支票和信用卡	张数	金额
100 元	500	50 000.00	信用卡签单	10	36 800.00
50 元	320	16 000.00	转账支票	2	6 700.00
20 元	80	16 00.00			
10 元	600	6 000.00			
5 元	200	1 000.00			
2 元	180	360.00			
1 元	150	150.00			
5 角	60	30.00			
2 角	120	24.00			
1 角	60	6.00			
合计		75 170.00	合计		43 500.00
缴款金额：人民币（大写）壹拾壹万捌仟陆佰柒拾元整　¥118 670.00					

为了简化核算手续，零售企业商品销售业务平时在“主营业务收入”账户中反映含税的销售收入，期末再将其调整为真正的商品销售额，即不含税的销售额。同时，需要随时转销已销库存商品的成本。由于零售企业库存商品是按含税售价反映的，从理论上讲，应将这部分已销商品的进销差价从“商品进销差价”账户内转销，将已销商品的成本调整为进价成本，但是，如果这样做的话每天计算已销商品进销差价的工作量很大。因此，零售企业平时按照含税售价结转“主营业务成本”，月末一次计算出当月已销商品的进销差价，再将主营业务成本调整为进价。

【典型业务案例】

案例 1－27 盛元商场为增值税一般纳税人。2020 年 11 月 11 日汇总上旬各营业柜组的商品销售及货款收入如表 1－3 所示。信用卡结算手续费为 0.5%，银行直接账上扣除，将现金缴存银行。

表 1－3 商品销售收入汇总表

2020 年 11 月 1 日—2020 年 11 月 10 日　　单位：元

柜组	销售额	现金收入	转账支票	信用卡收入
服装组	1 568 000.00	780 000.00		788 000.00
家电组	2 379 780.00	79 780.00		2 300 000.00
办公设备组	592 000.00		285 000.00	307 000.00
五金组	300 000.00	13 500.00		286 500.00
合计	4 839 780.00	873 280.00	285 000.00	3 681 500.00

（1）11 月 11 日盛元商场根据各柜组的缴款单及现金、支票、信用卡签购单，编制会计分录如下：

借：库存现金　873 280
　　银行存款　3 948 092.5
　　财务费用　18 407.5
　贷：主营业务收入——服装组　1 568 000
　　　　　　　　　——家电组　2 379 780
　　　　　　　　　——办公设备组　592 000
　　　　　　　　　——五金组　300 000

（2）11 月 11 日结转主营业务成本，编制会计分录如下：

借：主营业务成本——服装组　1 568 000
　　　　　　　　——家电组　2 379 780
　　　　　　　　——办公设备组　592 000
　　　　　　　　——五金组　300 000
　贷：库存商品——服装组　1 568 000
　　　　　　　——家电组　2 379 780
　　　　　　　——办公设备组　592 000
　　　　　　　——五金组　300 000

（3）根据现金缴款单编制会计分录如下：

借：银行存款　873 280

贷：库存现金　　873 280

2. 月末进行主营业务收入的调整（价税分解）

由于零售企业平时在“主营业务收入”账户中反映的是含税收入。因此，月末就需要进行调整，将含税收入中的销项税额分离出来，使“主营业务收入”账户反映企业真正的不含税的销售额，即月末需要进行主营业务收入的“价税分解”工作。价税分解的调整公式如下：

不含税销售收入＝含税销售收入÷(1＋增值税税率)

增值税销项税额＝含税销售收入－不含税销售收入

或：

增值税销项税额＝不含税销售收入×增值税税率

【典型业务案例】

案例 1-28　盛元商场为增值税一般纳税人。2020 年 12 月的“主营业务收入（含税）”为 2 091 358.8 元，增值税税率为 13%。

增值税销项税额的调整计算如下：

不含税销售额＝2 091 358.8÷(1＋13%)＝1 850 760(元)

销项税额＝2 091 358.8－1 850 760＝240 598.8(元)

根据以上计算结果，编制会计分录如下：

借：主营业务收入　　240 598.8

　贷：应交税费——应交增值税（销项税额）　　240 598.8

3. 月末进行主营业务成本的调整

零售企业由于平时按商品含税售价结转商品销售成本，月末为了核算已销商品真正的成本，就需要通过计算和结转已销商品的进销差价，将商品的销售成本由含税售价调整为进价。正确计算已销商品进销差价是正确核算商品销售成本和期末库存商品价值的基础。零售企业计算已销商品进销差价的方法有综合差价率推算法、分柜组差价率推算法和实际进销差价计算法三种。

(1) 综合差价率推算法。

综合差价率推算法是按全部商品的存销比例，推算本期销售商品应分摊进销差价的一种方法。具体的计算公式如下：

$$综合差价率=\frac{结转前商品进销差价账户余额}{期末库存商品账户余额+本期商品销售成本}\times 100\%$$

本期已销商品进销差价＝本期商品销售成本×综合差价率

【典型业务案例】

案例 1-29　盛元商场为增值税一般纳税人。2020 年 7 月 31 日有关账户余额如下：期末“库存商品”账户余额 329 600 元；期末“主营业务成本”账户余额 374 000 元；结转前“商品进销差价”账户余额 192 030 元。假设盛元商场采用综合差价率推算法计算已销商品进销差价。

采用综合差价率推算法计算并结转已销商品进销差价如下：

综合差价率＝192 030÷(329 600＋374 000)×100%＝27.29%

本期已销商品进销差价＝374 000×27.29%＝102 064.6(元)

根据计算的结果编制会计分录如下：

借：商品进销差价　　102 064.6

　贷：主营业务成本　　102 064.6

综合差价率推算法的优点是核算方法简单，缺点是相对于分柜组差价率推算法和实际进销差价计算法来说其准确性较差。

（2）分柜组差价率推算法。

分柜组差价率推算法是按各营业柜组或门市部的商品存销比例，推算本期销售商品应摊进销差价的一种方法。这种方法要求按营业柜组分别计算，其计算方法与综合差价率推算法相同，财务部门可编制“已销商品进销差价计算表”（格式见表1-4）进行计算。

【典型业务案例】

案例1-30 假设盛元商场采用分柜组差价率推算法，2020年8月31日有关账户余额如表1-4所示。

表1-4 盛元商场各柜组有关账户余额表

2020年8月31日　　单位：元

营业柜组	结转前商品进销差价账户余额	期末库存商品账户余额	主营业务成本账户余额
服装组	300 000	2 000 000	400 000
家电组	700 000	12 000 000	6 000 000
办公设备组	900 000	17 000 000	4 000 000
合计	1 900 000	31 000 000	10 400 000

根据上述资料，盛元商场编制“已销商品进销差价计算表”，如表1-5所示。

表1-5 已销商品进销差价计算表

2020年8月31日　　单位：元

营业柜组	期末库存商品账户余额	主营业务成本账户余额	本期库存商品合计额	结转前商品进销差价账户余额	商品进销差价率%	已销商品进销差价	期末库存商品进销差价
	1	2	3=1+2	4	5=4/3	6=2×5	7=4-6
服装组	2 000 000	400 000	24 00 000	300 000	12.5	50 000	250 000
家电组	12 000 000	6 000 000	18 000 000	700 000	3.89	233 400	466 600
办公设备组	17 000 000	4 000 000	21 000 000	900 000	4.29	171 600	728 400
合计	31 000 000	10 400 000	41 400 000	1900 000	—	455 000	1 445 000

根据表1-5，编制会计分录如下：

借：商品进销差价——服装组　　50 000

　　　　　　　　——家电组　　233 400

　　　　　　　　——办公设备组　　171 600

　贷：主营业务成本——服装组　　50 000

——家电组　233 400
——办公设备组　171 600

分柜组差价率推算法既能比较准确地计算已销商品进销差价，核算手续又比较简便，商品零售企业一般采用这种方法计算已销商品进销差价。但是到了年末，需要采用实际进销差价计算法进行调整，以保证整个会计年度会计资料的准确性。

（3）实际进销差价计算法。

实际进销差价计算法是先计算出期末库存商品的进销差价，进而倒算已销商品进销差价的一种方法。这种方法的具体做法是：期末由各营业柜组或门市部通过商品盘点，编制“库存商品盘存表”，根据各种商品的实存数量，分别乘以销售单价和购进单价，计算出期末库存商品的售价金额和进价金额。已销商品进销差价的计算公式如下：

期末库存商品进销差价＝期末库存商品售价金额－期末库存商品进价金额
已销商品进销差价＝结账前商品进销差价账户余额－期末商品进销差价

【典型业务案例】

案例1－31　盛元商场采用实际进销差价计算法核算商品已销进销差价，2020年11月30日，各营业柜组根据“库存商品盘存表”编制“商品盘存汇总表”，如表1－6所示：

表1－6　商品盘存汇总表

部门：服装组　2020年11月30日　单位：元

营业柜组	期末库存商品售价金额	期末库存商品进价金额	期末库存商品进销差价	结转前商品进销差价余额	已销商品进销差价
	1	2	3＝1－2	4	5＝4－3
女装部	145 700	109 700	36 000	59 760	23 760
男装部	137 600	98 700	38 900	45 432	6 532
童装部	857 000	645 500	211 500	376 241	164 741
合计	1 140 300	853 900	286 400	481 433	195 033

根据表1－6，盛元商场编制会计分录如下：

借：商品进销差价——女装部　23 760
——男装部　6 532
——童装部　164 741
贷：主营业务成本——女装部　23 760
——男装部　6 532
——童装部　164 741

采用实际进销差价计算法计算的结果比较准确，但计算的工作量很大。这种方法适用于经营商品品种较少的零售企业，或需要反映其期末库存商品实际价值的零售企业。

（二）零售企业商品特殊销售业务的核算

1. 销售奖励积分的核算

销售商品同时奖励客户积分业务，简称购物返积分，是零售企业在销售商品或者提供劳务的同时奖励客户积分，客户在满足一定条件后将奖励积分兑换成零售企业的免费或者具有一定折扣的商品的行为。

对于零售企业消费奖励积分的会计处理，《企业会计准则》中并没有规定明确的做法。但在财会函〔2008〕60号中规定，企业在销售产品或提供劳务的同时授予客户奖励积分的，应当将销售取得的货款或应收货款在商品销售或劳务提供产生的收入与奖励积分之间进行分配，与奖励积分相关的部分应首先作为递延收益，待客户兑换奖励积分或失效时，再结转计入当期损益。

【典型业务案例】

案例1-32 盛元商场为增值税一般纳税人。2020年9月进行中秋节促销活动，规定购物满100元赠送10个积分，不满100元不送积分。积分可在1年内兑换成与积分相等金额的商品。9月5日某顾客购买了零售价5 000元的服装，获得积分为500分。该顾客于12月18日购买了零售价570元的皮鞋，用积分抵扣500元，余额顾客以现金支付。

(1) 盛元商场9月5日根据货物销售单编制会计分录如下：

借：库存现金	5 000	
贷：主营业务收入		4 500
递延收益		500

(2) 9月5日同时结转服装的销售成本，编制会计分录如下：

借：主营业务成本	4 500	
贷：库存商品		4 500

(3) 12月8日根据货物销售单编制会计分录如下：

借：库存现金	70	
递延收益	500	
贷：主营业务收入——积分销售收入		570

(4) 12月8日同时结转皮鞋的销售成本，编制会计分录如下：

借：主营业务成本	570	
贷：库存商品		570

2. 购物返券销售的核算

返券销售是指零售企业在顾客购买了一定数量的商品后给予顾客购物券的一种促销方式。返券销售的目的是激发消费者的购物欲望，又不会使零售企业承担多余的税费，因此，为大多数零售企业所喜爱。

根据会计稳健性原则，对购物返券应该按照或有事项的核算原则进行处理。零售企业在销售实现时，将赠送的购物券确认为“销售费用”账户，同时贷记“预计负债”账户。当顾客使用购物券时，借记“预计负债”，同时贷记“主营业务收入”账户。若顾客逾期未使用购物券时，将“销售费用”和“预计负债”予以冲销。

【典型业务案例】

案例1-33 盛元商场为增值税一般纳税人。2020年10月份举行国庆节促销活动期间，凡在该商场购物满100元的顾客将获得20元购物返券，购物券只可在10月1日—10月7日期间使用，逾期作废。10月1日实现现金销售收入60万元，当日发出购物券12万元，顾客实际使用购物券8万元。10月8日促销期满时，经统计，发出购物券总计400万元，收回260万元，作废140万元。

(1) 盛元商场10月1日根据销售单和发出的购物券，编制会计分录如下：

借：银行存款　　600 000
　　销售费用　　120 000
　贷：主营业务收入　　600 000
　　　预计负债　　120 000

(2) 10 月 1 日根据销售单和回收的购物券，编制会计分录如下：

借：预计负债　　80 000
　贷：主营业务收入　　80 000

(3) 10 月 8 日对未使用作废的购物券做冲销，编制会计分录如下：

借：预计负债　　1 400 000
　贷：销售费用　　1 400 000

3. 赠品组合销售的核算

赠品组合销售是一种购买正品赠送其他商品的销售方式，其特点是正品与赠品是组合在一起不可拆分的，且相互之间有一定内在联系。目前此种方法也被零售企业广泛采用。例如，买某一品牌的 5 千克食用油，赠送 1 斤香油等。国税函〔2008〕875 号第 3 条规定："企业以买一赠一等方式组合销售本企业商品的，不属于捐赠，应将总的销售金额按各项商品的公允价值的比例来分摊确认各项的销售收入。"即将销售金额分解成正品的销售收入和赠送商品的销售收入两部分，并各自对应相应的成本。

【典型业务案例】

案例 1-34　盛元商场为增值税一般纳税人。2020 年 7 月推出购买 250 克黑人牌牙膏赠送 1 支黑人牌牙刷的活动。该牙膏零售单价为 15 元，牙刷零售单价为 5 元，赠品由商场提供。7 月 1 日共售出牙膏 60 支，同时赠出牙刷 60 支。以上售价均为含税价格。

(1) 7 月 1 日确认牙膏、牙刷销售收入时，编制会计分录如下：

借：库存现金　　900
　贷：主营业务收入——日化组（牙膏）　　675
　　　主营业务收入——日化组（牙刷）　　225

增值税销项税额月末结转。

(2) 7 月 1 日结转牙膏、牙刷的销售商品成本，编制会计分录如下：

借：主营业务成本——日化组（牙膏）　　675
　贷：库存商品——日化组（牙膏）　　675
借：主营业务成本——日化组（牙刷）　　225
　贷：库存商品——日化组（牙刷）　　225

4. 有奖销售的核算

有奖销售也是零售企业经常采用的一种促销方式。有的采取顾客购物后凭销售凭证抽奖的方式，奖品多为实物类赠品。有的奖品隐藏在商品包装中。如果赠品由厂家提供且未赠出的赠品也由厂家处理，在这种情况下零售企业无须进行处理。若赠品由零售企业提供，则应将赠品作为一种"销售费用"，在赠出商品时，借记"销售费用"账户，贷记"库存商品"账户。

有些情况下，赠品的取得还需要满足一定条件，如集齐某些数字或图案方可获得奖品等，这使得赠品的发出处于不确定状态。根据会计稳健性原则，在商品售出的同时，对赠品做“预计负债”处理。当赠品发出时，应借记“销售费用”账户，贷记“预计负债”账户；领取赠品时，借记“预计负债”账户，贷记“库存商品”账户；若赠品没有发出，做相反的分录，将“销售费用”和“预计负债”冲销。

【典型业务案例】

案例1-35 盛元商场为增值税一般纳税人。2020年6月进行有奖销售活动。凡是购买本商场商品500元以上，均可以凭购物小票参加抽奖活动，一等奖为大米一袋，二等奖为洗衣液一袋，三等奖为纸抽一袋。所有赠品均由商场提供。6月2日当天，顾客共抽出大米2袋，不含税售价共90元，增值税11.7元；洗衣液15袋，不含税售价共150元，增值税19.5元；纸抽20袋，不含税售价共160元，增值税20.8元。所有奖品均由盛元商场提供。

借：销售费用	452
贷：库存商品——大米	101.7
——洗衣液	169.5
——纸抽	180.8

三、零售企业商品储存业务的核算

为了满足市场的需要，零售企业需要保持适当的库存。由于零售企业一般采用售价金额核算，实行柜组实物负责制，因此，平时应特别加强对库存商品的管理和监督，以保护企业财产的安全与完整。零售企业商品储存的核算包括商品盘点溢余和短缺、调价、削价以及库存商品明细分类核算等内容。

（一）零售企业商品盘点溢缺的核算

零售企业对库存商品采取售价金额核算时，财会部门库存商品明细分类账一般按营业柜组或门市部设置，平时只反映和掌握各营业柜组或门市部商品进、销、存的售价金额，而不反映和掌握各种商品的结存数量。因此，只有通过商品盘点，才能了解和控制各种商品的实存数量，确保账实相符。

库存商品发生账实不符的原因很多，有的是商品验收入库时的计量差错造成的溢余和短缺；有的是销售商品时疏忽大意，发错商品或收错货款；有的是在商品储存过程中，发生自然升溢或损耗；还有因管理不善而发生的贪污盗窃等，这些因素都会引起商品盘点短缺或溢余。因此，在发生账实不符时，财务部门应会同有关部门及领导，分析造成账实不符的原因，以明确经济责任，堵塞漏洞，提高企业经营管理水平。

商品盘点发生账实不符时，营业柜组或门市部应填制“商品盘点短缺溢余报告单”作为财务部门记账的依据。另外需要注意的是商品盘点短缺或溢余是以商品的售价金额来反映的，在“商品盘点短缺溢余报告单”中，还需要将其调整为进价金额。财务部门在商品短缺或溢余原因未查明前，应将短缺或溢余商品的进价金额先转入“待处理财产损溢”账户，以确保账实相符。待原因查明后，再根据具体情况转入各有关账户。对于商品短缺，如果属自然损耗，应转入“管理费用”账户；如果属责任事故，则应根据领导的批复，若由零售企业负担，转入“管理费用”账户，若由当事人负责赔偿，则转入“其他应收款”账户；如果属不可抗力原因造成的损失，转入“营业外支出”账户。

对于商品溢余，如果属供货单位多发商品，应退货或者补付货款；如果属自然升溢，则应冲减“管理费用”账户。

【典型业务案例】

案例 1-36　盛元商场为增值税一般纳税人。2020 年 12 月 28 日进行商品盘点，发现日化柜短缺洗发水共 3 000 元（含税售价），填制商品盘点短缺溢余报告单，如表 1-7 所示。30 日领导批复做企业损失处理。（增值税处理略）

表 1-7　商品盘点短缺溢余报告单

部门：日化柜　　　　2020 年 12 月 28 日　　　　单位：元

账存金额	305 000.00	溢余金额		短缺原因	备注
实存金额	302 000.00	短缺金额	3 000		
上月柜组差价率			25%		
溢余商品差价		溢余商品进价		销货错发商品	
短缺商品差价	750	短缺商品进价	2 250		
领导批复			部门意见	做企业损失处理	

（1）根据商品盘点短缺溢余报告单，编制会计分录如下：

借：待处理财产损溢——待处理流动资产损溢　　2 250
　　商品进销差价——日化柜　　750
　贷：库存商品——日化柜　　3 000

（2）30 日根据领导批复编制会计分录如下：

借：管理费用　　2 250
　贷：待处理财产损溢——待处理流动资产损溢　　2 250

（二）零售企业商品调价的核算

商品调价是指零售企业根据国家物价政策或市场情况，对商品的价格进行适当的调高或调低。

由于零售企业对库存商品采用售价金额核算，平时不核算商品的数量。在规定调价日期的前一天营业结束后，应由核价人员、财务人员会同营业柜组对调价商品进行盘点，按照实际库存数量，由营业柜组填制“商品调价差额调整单”送交财务部门。发生调高售价金额时，借记“库存商品”账户，贷记“商品进销差价”账户；发生调低售价金额时，则借记“商品进销差价”账户，贷记“库存商品”账户。

【典型业务案例】

案例 1-37　盛元商场根据市场情况，从 2020 年 12 月 1 日起调整部分格力空调零售价格，电器柜 11 月 30 日经过盘点后，编制商品调价差额调整单，如表 1-8 所示。

表 1-8　商品调价差额调整单

填报部门：电器柜　　　　2020 年 11 月 30 日　　　　单位：元

品名	规格	计量单位	盘存数量	零售单价		调整单价差额		调高金额
				新价	原价	增加	减少	
格力空调	KW-1	台	180	3 300	3 200	100		18 000
格力空调	KW-2	台	212	4 000	3 800	200		42 400
合计								60 400

11 月 30 日根据商品调价差额调整单复核无误后，编制会计分录如下：

借：库存商品——电器柜　　60 400

　贷：商品进销差价——电器柜　　60 400

（三）零售企业商品削价的核算

商品削价是对库存中呆滞、冷背、残损、变质的商品做一次性降价出售的措施。零售企业由于盲目采购造成商品呆滞积压，或运输不慎、保管不妥等因素，而发生了商品残次变质等情况，影响了商品内在或外观的质量。为了减少商品损失，应根据商品呆滞积压情况或残损变质程度，按照规定的审批权限，报经批准后进行削价处理。

残损变质商品削价时，一般由有关营业柜组盘点数量后，填制“商品削价报告单”，报经有关领导批准后，进行削价处理。

商品削价后，可变现净值（可变现净值由不含税新售价减去预计销售费用后求得）高于成本时，根据削价减值金额，借记“商品进销差价”账户，贷记“库存商品”账户，以调整其账面价值。商品削价后，可变现净值低于成本时，根据可变现净值低于成本的金额，借记“资产减值损失”账户，贷记“存货跌价准备”账户。当该批货物售出后，再以存货跌价准备金进行弥补。

【典型业务案例】

案例 1 - 38　盛元商场为增值税一般纳税人。2020 年 12 月 3 日服装柜发现 20 件童装的样式已陈旧，其原零售单价为 137.3 元（含税），经批准调整的零售价为 101.7 元（含税），预计每件服装发生销售费用 2 元，该批童装每件进价为 100 元（不含税），2020 年 12 月 15 日这批童装全部售出。

（1）计算童装其可变现净值：

童装削价后不含增值税的售价＝101.7×20÷1.13＝1 800(元)

童装可变现净值＝1 800－(2×20)＝1 760(元)

童装可变现净值低于成本的差额＝2 000－1 760＝240(元)

零售价变动后应调整的商品进销差价＝(137.3 －101.7)×20＝712(元)

（2）12 月 3 日根据商品价格调整表，编制会计分录如下：

借：商品进销差价——服装柜　　712

　贷：库存商品——服装柜　　712

同时计提存货跌价准备，编制会计分录如下：

借：资产减值损失　　240

　贷：存货跌价准备　　240

（3）12 月 15 日根据销售单编制会计分录如下：

借：库存现金　　2 034

　贷：主营业务收入　　2 034

同时结转销售成本，编制会计分录如下：

借：主营业务成本　　2 034

　贷：库存商品——服装柜　　2 034

增值税销项税额月末与正常销售额一起调整

(4) 12月15日根据出库单调整主营业务成本，编制会计分录如下：

应结转出去的商品进销差价＝746－712＝34(元)

借：存货跌价准备　　240

　　商品进销差价　　34

　贷：主营业务成本　　274

任务四　商品流通企业与工业企业典型业务核算比较

一、商品流通企业与工业企业会计核算的相同点

（一）经营过程的相关性

工业企业是以生产产品并出售作为其主要经营内容，其主要经营过程是通过对原材料进行加工生产，然后出售取得收入，从而实现商品价值的增值。工业企业生产的产品最终要到达广大消费者手中，都要通过商品流通企业这个商品流通中介来完成。在社会再生产全过程中，工业企业处于第一环节。

商品流通企业的主要经济活动是将工业企业生产的商品从生产领域转移到消费领域，以促进生产发展和满足社会需要，从而实现商品的价值并获得利润。它主要完成的是社会再生产过程中的交换环节，即商品生产与消费的中间环节。

（二）购销环节的共同性

商品流通企业与工业企业一样，都存在着采购和销售两个主要经营环节。对于商品（原材料）的采购，两类企业的核算基本一致，购进存货按不含税的发票价加上合理的采购费用入账。增值税进项税额单独入账。

对于商品销售，都通过“主营业务成本”账户核算已销商品的成本。商品流通企业无论是采用进价法核算，还是采用售价法核算，都必须在期末将商品成本调整为不含税的商品进价成本进行结转。

二、商品流通企业与工业企业会计核算的不同点

虽然商品流通企业与工业企业都遵循《企业会计准则》及《小企业会计准则》进行会计核算，但是由于商品流通企业本身在经营管理上具有的特点，其与工业企业会计也有显著的差异。

（一）成本核算的差异

工业企业以产品制造为中心，成本核算是工业企业管理的重要内容。会计核算时通过设置“生产成本”和“制造费用”两个成本类账户进行成本的归集、分配。并根据企业产品生产的特点，存在着生产成本的不同计算结转方法。

商品流通企业不生产产品，不存在产品生产成本的结转计算问题。商品流通企业不设置“生产成本”和“制造费用”账户。当然也不存在生产成本的不同计算结转方法。

（二）存货核算的差异

1. 计价方法的差异

工业企业存货核算包括原材料、辅助材料、半成品、库存商品等内容，其核算方法一般采用实际成本法，也可采用计划成本法，并通过“材料成本差异”账户在期末进行调整，最终把已消耗材料或销售产品的计划成本调节为实际成本。发出存货的核算一般采用先进先出法、月末一次加权平均法、移动加权平均法、个别计价法等方法。

批发企业商品存货的核算主要采用数量进价金额法核算，其存货的核算采用实际成本法，由于其进货比较频繁，进货费用处理工作量较大，可以根据企业实际情况采用几种方法处理进货费用。对于商品的发出，除了先进先出法、月末一次加权平均法、移动加权平均法、个别计价法等方法，批发企业还可以采用毛利率推算法计算发出商品的成本。

零售企业商品存货的会计处理一般可以采用售价金额法，商品的入库、销售和结存都按照商品的含税售价进行会计处理，商品售价与进价之间的差额通过“商品进销差价”账户来进行，期末再计算结转已销商品进销差价，从而确定本期销售商品的进价成本与期末结存商品的进价成本。

2. 存货核算账户设置详细程度的不同

一般来说，工业企业中的存货种类不太多，但每一种存货的数量较大，其存货核算一般可以按存货的具体名称或种类设置二级明细账户，最多设置三级明细账户。商品流通企业的商品往往品种繁多，价格差异大。商品流通企业在经营中一般都按大类分柜组进行销售，如服装柜组、食品柜组、玩具柜组等。商品流通企业的会计核算如要按工业企业那样进行品种法明细核算，几乎是不可能的，所以一般可以采用先按大类设二级明细账户，再按品种或小类设三级明细账户进行核算，必要时还可继续细分，如设置“库存商品——家电柜——空调”账户进行核算。

（三）销售费用核算的差异

工业企业“销售费用”的核算内容主要包括企业为销售产品所发生的广告费、装运费、展览费、专设销售机构的各项费用。其中，专设销售机构的固定资产折旧费、营销人员的工资在“销售费用”中占的比例并不大。

商品流通企业面对的是广大消费者。所以为顾客提供一个良好的购物环境非常必要，这就需要占用位置较好、面积较大的营销场所并进行必需的装修。其次，商品销售主要通过柜面营销职员的工作来实现。因此，经营场所的固定资产折旧费或租金，以及营销人员的薪酬一般都比较多。这些费用因为具有固定费用的性质，所以一般不能直接计入“主营业务成本”账户，而是通过“销售费用”账户进行核算。而广告费、装运等营销费用在“销售费用”中占比相对较小。

知识拓展

小微企业和小规模企业的划分标准有何不同

国务院常务会议决定从2018年5月1日起：统一增值税小规模纳税人标准。将工业企业和商业企业小规模纳税人的年销售额标准由50万元和80万元上调至500万元，并在一定期限内允许已登记为一般纳税人的企业转登记为小规模纳税人。小规模企业再一次成为焦点的同时，小微企业一词也经常被人们提起，同样是小型企业，那么小微企业与小规模企业究竟是按照什么标准划分的呢？

一、小微企业

小微企业是小型企业、微型企业、家庭作坊式企业、个体工商户的统称。

1. 缴纳所得税小微企业的划分标准

2017年1月1日至2019年12月31日，小型微利企业的年应纳税所得额上限由30万元提高至50万元，对年应纳税所得额低于50万元（含50万元）的小型微利企业，其所得减按50%计入应纳税所得额，按20%的税率缴纳企业所得税。

这里的小型微利企业，是指从事国家非限制和禁止行业，并符合下列条件的企业：

(1) 工业企业，年度应纳税所得额不超过50万元，从业人数不超过100人，资产总额不超过3 000万元；

(2) 其他企业，年度应纳税所得额不超过50万元，从业人数不超过80人，资产总额不超过1 000万元。

2. 免征增值税的小微企业的划分标准

根据《财政部 税务总局关于延续小微企业增值税政策的通知》，增值税小规模纳税人应分别核算销售货物或者加工、修理修配劳务的销售额和销售服务、无形资产的销售额。增值税小规模纳税人销售货物或者加工、修理修配劳务月销售额不超过3万元（按季纳税9万元），销售服务、无形资产月销售额不超过3万元（按季纳税9万元）的，自2018年1月1日起至2020年12月31日，可分别享受小微企业暂免征收增值税优惠政策。

3. 与融资有关的小微企业的划分标准

(1) 自2017年12月1日至2019年12月31日，对金融机构向农户、小型企业、微型企业及个体工商户发放小额贷款取得的利息收入，免征增值税；

(2) 自2018年1月1日至2020年12月31日，对金融机构与小型企业、微型企业签订的借款合同免征印花税。

这里所称小型企业、微型企业，是指符合《中小企业划型标准规定》（工信部联企业〔2011〕300号）的小型企业和微型企业。

二、小规模企业

小规模纳税人是指年销售额在规定标准以下，并且会计核算不健全，不能按规定报送有关税务资料的增值税纳税人。

这里的会计核算不健全是指不能正确核算增值税的销项税额、进项税额和应纳税额。

以下是2018年5月1日之前规定的标准。

(1) 从事货物生产或者提供应税劳务的纳税人，以及以从事货物生产或者提供应税劳务为主，并兼营货物批发或者零售的纳税人，年应征增值税销售额（以下简称“应税销售额”）在50万元以下（含本数）的；

(2) 年应税服务销售额超过500万元（含本数）的纳税人；

(3) 其他行业年应税销售额超过80万元。

2018年5月1日起统一增值税小规模纳税人标准。将工业企业和商业企业小规模纳税人的年销售额标准由50万元和80万元上调至500万元，并在一定期限内允许已登记为一般纳税人的企业转登记为小规模纳税人。

总的来说，小规模企业的划分只是跟销售额有关系，小微企业的划分与利润总额、资产总额和职工人数都有关。他们的关系可以相互包含，小规模纳税人可能也是小微企业。

思考题

1. 商品流通企业分为几类？
2. 商品批发企业的经营特点有哪些？
3. 商品零售企业的经营特点有哪些？
4. 商品流通企业存货的会计核算方法有哪些？
5. 商品批发企业一般使用什么会计核算方法？
6. 商品零售企业一般使用什么会计核算方法？
7. 商品流通企业与工业企业在会计核算方面有哪些异同？

业务实训

一、单项选择题

1. 在赊销商品条件下，企业因提前收回货款，而给予买方企业在结算金额上的优惠，是指（　　）。

A. 销售折扣　　B. 销售折让　　C. 商业折扣　　D. 现金折扣

2. 对于委托代销的业务，商品批发企业受其他企业委托代销商品所取得的手续费收入应记入（　　）账户。

A. “主营业务收入”　　B. “其他业务收入”

C. “应付账款”　　D. “预收账款”

3. 商品流通企业与工业企业会计核算的核心区别在于（　　）。

A. 企业经营过程的差异　　B. 企业资金运动的差异

C. 企业经营场所的差异　　D. 商品（产品）销售对象的差异

4. 商品流通企业的固定资产折旧区分经营用和管理用折旧，经营用固定资产折旧记入（　　）账户。

A. “主营业务成本”　　B. “管理费用”

C. “销售费用”　　D. 以上都可以

5. 商品流通企业购进商品发生溢余时，如果是运输途中的自然升溢，则经批准后应该记入（　　）账户。

A. “销售费用”　　B. “管理费用”

C. “主营业务成本”　　D. “财务费用”

6. 商品零售企业采用售价金额核算法时，“库存商品”账户借方登记的是（　　）。

A. 商品的进价（不含税）　　B. 商品的进价（含税）

C. 商品的售价（不含税）　　D. 商品的售价（含税）

7. 商品批发企业采用数量进价金额核算法时，“库存商品”账户的借方登记的是（　　）。

A. 商品的进价（不含税）　　B. 商品的进价（含税）

C. 商品的售价（不含税）　　D. 商品的售价（含税）

8. 商品流通企业因售出的商品质量不合格等原因而在售价上给予购货方的折扣是（　　）。

A. 商业折扣　　B. 销售折让　　C. 现金折扣　　D. 销售退回

9. 企业销售商品给予购货方的现金折扣应记入（　　）账户。

A. “销售费用”　　B. “管理费用”　　C. “主营业务成本”　D. “财务费用”

10. 商品流通企业购进货物时，应计的进价低于已结算的进价，由供货单位退还给进货单位的差价款属于（　　）。

A. 进货补价　　B. 进货退价　　C. 进货折扣　　D. 进货折让

11. 商品流通企业采购商品的进货费用如果金额较小，又不好分配，可以在发生当期直接记入（　　）账户。

A. “销售费用”　　B. “管理费用”　　C. “主营业务成本”　D. “财务费用”

12. 异地商品销售时商品的交接方式，一般采用（　　）。

A. 提货制　　B. 发货制　　C. 送货制　　D. 收货制

13. 商品流通企业在售出商品后，由于商品品种、规格、质量不符合合同要求，购货单位要求退货，这种行为叫作（　　）。

A. 商业折扣　　B. 销售折让　　C. 现金折扣　　D. 销售退回

14. 商品批发企业销售成本的计算与结转的方法中，最准确的是（　　）。

A. 先进先进法　　B. 个别计价法　　C. 加权平均法　　D. 毛利率推算法

15. 某商品批发企业采用毛利率推算法核算已销和结存商品成本，2020 年 11 月销售收入为 200 000 元，上季度实际毛利率为 10%。2020 年 11 月份企业已销商品的成本为（　　）元。

A. 200 000　　B. 180 000　　C. 120 000　　D. 100 000

16. 商品零售企业的库存商品使用含税售价进行核算，含税售价和进价之间的差价应该通过（　　）账户进行核算。

A. “材料成本差异”B. “商品进销差价”C. “坏账准备”　　D. “发出商品”

17. 商品零售企业平时在销售商品时，“主营业务成本”账户使用（　　）进行登记。

A. 含税进价　　B. 不含税进价　　C. 含税售价　　D. 不含税售价

18. 某超市 2020 年 12 月的主营业务收入为 174 000 元，增值税税率为 13%。12 月末进行价税分解工作，确认的增值税销项税额为（　　）元。

A. 148 717　　B. 150 000　　C. 20 017.7　　D. 25 500

二、多项选择题

1. 商品流通企业存货的核算方法可采用（　　）。

A. 进价金额核算法　　B. 售价金额核算法

C. 数量进价金额核算法　　D. 数量售价金额核算法

2. 商品零售企业在清查盘点时发现的库存商品盘亏，经批准处理时，分别为（　　）。

A. 由过失人或者保险公司等赔款的，记入“其他应收款”账户

B. 残料价值应冲抵损失

C. 属于自然灾害等意外损失部分，计入当期营业外支出

D. 属于自然损耗的，计入管理费用

3. 商品批发企业同城购进商品一般采用（　　）。

A. 提货制　　B. 发货制　　C. 送货制　　D. 收货制

4.《企业会计准则》规定，商品流通企业在采购商品过程中发生进货费用，可以按（　　）方法处理。

A. 计入采购商品的进价成本

B. 平时可以先归集，期末根据所购商品的存销情况进行分配

C. 金额较小的进货费用，可以直接记入“销售费用”账户

D. 金额较小的进货费用，可以直接记入“管理费用”账户

5. 商品批发企业采用直运商品销售，由于不通过企业仓库的储运环节，因此可以不通过（　　）账户，而直接通过（　　）账户进行核算。

A.“应收账款”　　B.“在途物资”　　C.“银行存款”　　D.“库存商品”

6. 商品零售企业期末计算已销商品进销差价的方法主要有（　　）。

A. 毛利率推算法　　B. 实际进销差价计算法

C. 分柜组差价率推算法　　D. 综合差价率推算法

7. 商品流通企业存货核算的进价法包括（　　）。

A. 数量进价金额核算法　　B. 进价金额核算法

C. 售价金额核算法　　D. 数量售价金额核算法

8. 商品流通企业存货核算的售价法包括（　　）。

A. 数量进价金额核算法　　B. 进价金额核算法

C. 售价金额核算法　　D. 数量售价金额核算法

9. 商品批发企业为了加强对商品储存的核算与管理，财务部门对库存商品实行（　　）三级控制。

A. 库存商品类目账　　B. 库存商品总账

C. 库存商品明细账　　D. 库存商品调拨账

10. 商品流通企业设置“销售费用”账户核算企业运营过程中发生的（　　）。

A. 经营用固定资产折旧　　B. 营销人员薪酬

C. 经营场地租金　　D. 经营场所水电费等费用

11. 商品零售企业购进商品时，在商品验收入库时，贷方应该记入（　　）账户。

A.“库存商品”　　B.“商品进销差价”

C.“在途物资”　　D.“应交税费”

12. 商品零售企业销售商品，在月末进行已销商品进销差价结转时，借方登记（　　）账户，贷方登记（　　）账户。

A. 主营业务收入　　B. 商品进销差价

C. 主营业务成本　　D. 应交税费

13. 商品零售企业采用返券销售方式销售商品时，当顾客使用购物券时，应借

记（　　）账户，贷记（　　）账户。

A. “预计负债”　　B. “销售费用”

C. “主营业务收入”　　D. “应交税费”

14. 采用数量进价金额法核算存货，库存商品账簿的设置应该选用（　　）。

A. 三栏式账页　　B. 多栏式账页

C. 数量金额式明细账　　D. 三栏式总账

15. 商品零售企业的收款方式包括（　　）。

A. 委托收款　　B. 分散收款

C. 应收账款　　D. 集中收款

16. 商品流通企业不生产产品，不存在产品生产成本的结转计算问题。商品流通企业不设置（　　）账户。

A. “生产成本”　　B. “库存商品”

C. “制造费用”　　D. “在途物资”

三、判断题

1. 我国目前的会计实务中，现金折扣采用的是净价法进行处理。（　　）

2. 商品零售企业在月末计算和结转已销商品进销差价时，应借记“主营业务成本”科目，贷记“商品进销差价”科目，以确定已销商品的真实成本和经营成果。（　　）

3. 为了简化核算，商品零售企业平时销售商品时，主营业务收入按含税零售价核算，月末再进行价税分解工作。（　　）

4. 商品零售企业在销售商品时采取消费奖励积分的活动时，应该将奖励积分部分确认为企业的销售费用。（　　）

5. 商品批发企业一般采用售价金额核算法进行核算。（　　）

6. 商品零售企业一般采用数量售价金额法进行核算。（　　）

7. 商品批发企业进行异地采购时，发生拒付货款与拒收商品的会计处理是一样的。（　　）

8. 商品流通企业发出存货采用先进先出法比较符合谨慎性原则。（　　）

9. 商品零售企业期末应该结转已销商品进销差价，将主营业务成本调整为进价成本。（　　）

10. 商品零售企业平时销售商品一般按不含税售价确认主营业务收入。（　　）

11. 商品流通企业商品购进分为同城购进和异地购进。（　　）

12. 商品流通企业对于先收到商品尚未支付货款的业务，必须立即入账。（　　）

13. 商品批发企业异地购进商品时一般采用托收承付或委托收款结算。（　　）

14. 商品流通企业期末盘点商品当发现商品溢余或者短缺时，应当及时查明原因，可以不用经过领导批准，直接转入相关账户。（　　）

15. “商品进销差价”账户的余额在借方，表示期末库存商品的进销差价。（　　）

16. 商品零售企业商品的数量由财务部门控制。（　　）

17. 商品批发企业的商品品种、款式繁多，交易次数频繁而且零星，消费的对象主要是广大消费者。（　　）

18. 商品零售企业月末一般需要进行主营业务收入的价税分解工作。（　　）

19. 商品零售企业购进商品后发生供货单位进价开错而售价不变的情况，企业应该同时调整“商品进销差价”和“库存商品”账户。（　　）

20. 商品零售企业在经营中一般都按大类分柜组进行销售，并实行“实物负责制”。（　　）

四、典型业务实训题

（一）商品批发企业的核算

弘达商贸公司是一家从事商品批发销售的企业，为增值税一般纳税人，增值税税率为13%。商品存货采用数量进价金额法核算。2020 年 12 月发生如下经济业务：

业务 1

（1）3 日从温州小家电厂购进电饭煲 200 个，单价 150 元，取得的增值税发票上注明货款为 30 000 元，增值税 3 900 元。小家电厂代垫运费 500 元，运费增值税税率为 9%。托收凭证已到，公司开出面值 33 900 元、期限为 3 个月的银行承兑汇票。运费记入销售费用。

（2）7 日，电饭煲运到验收入库。

业务 2

（1）5 日，公司从北京某厂购进微波炉 400 台，单价 120 元，货款 48 000 元，增值税税额 6 240 元。接到银行转来的委托收款结算凭证和增值税专用发票，审核无误后承付货款。

（2）9 日，微波炉运到，经检验，发现微波炉质量与合同不符，公司决定拒收。经与供货方协商，同意退货，并办妥退货手续。公司收到供货方开来的红字增值税专用发票，商品已经发出。

（3）11 日，银行转来收账通知，收到北京某厂退回的微波炉货款。

业务 3

12 日，公司委托华瑞公司销售电热水器 100 台，该电热水器购进单价 1 000 元，销售单价 1 200 元，代销手续费为销售额的 10%。12 月月底，华瑞公司送来代销清单，本月共代销电热水器 80 台，开出的增值税专用发票货款为 96 000 元，增值税 12 480 元。公司收到华瑞公司交来的转账支票一张存入银行。

业务 4

（1）15 日，公司向利丰公司销售电冰箱 20 台，销售单价 3 000 元，货款 60 000 元，增值税税额 7 800 元。为了及时收回货款，公司规定现金折扣的条件为 2/10、1/20、n/30。计算现金折扣时不考虑增值税。

（2）29 日，公司收到利丰公司支付的电冰箱货款，存入银行。

业务 5

18 日，公司向美的公司购入美的燃气灶 400 台，单价 150 元，商品直运上海顺发公司，销售单价为 200 元。公司代垫运费 800 元，运费增值税税率为 9%。运费由顺发公司承担。运费已经用现金支付。公司已经收到美的公司的托收凭证，经审核无误后，货款以电汇方式支付。弘达公司对顺发公司也已办妥托收手续，货款尚未收到。

业务 6

29 日，公司对商品进行盘点，盘亏电源插座 10 个，金额共计 200 元，购进时支付的增值税进项税额为 26 元；盘盈电暖手宝 5 个，金额共计 150 元。经调查，发现盘亏电源插座系库管人赵刚的管理不善造成，盘亏损失由他赔偿；盘盈电暖手宝系收发计量方面的差错，经批转冲减“管理费用”。

要求：根据以上经济业务，做出相应的会计分录。

（二）商品零售企业的核算

福乐超市是一家商品零售企业，为增值税一般纳税人，增值税税率为 13%，商品存货采用售价金额法核算。2020 年 12 月份发生如下经济业务：

业务 1

5 日，超市家电组从本地丰泰商贸公司购进电火锅 100 个，进货单价 450 元，货款 45 000 元，增值税税额 5 850 元，含税销售单价 550 元，商品已验收入库，货款已用银行存款支付。

业务 2

（1）7 日，超市家电组从山西伟力科技公司购进光波炉 200 台，购进单价 120 元，货款 24 000 元，增值税税额 3 120 元。运费 500 元，增值税 45 元，运费由福乐超市承担。超市接到银行转来的委托收款结算凭证、增值税专用发票和运费单，审核无误后，承付货款。运费记入销售费用。

（2）8 日，收到 7 日从山西伟力科技公司购进的光波炉 200 台，验货时发现部分商品的品种、规格、质量与合同不符，拒收 100 台，其余 100 台验收入库。退货时用现金垫付运杂费 100 元，由供货方负担。超市已向当地主管税务机关开具“企业进货退出及索取折让证明单”送交供货方，办妥退货手续，已收到供货方开具的红字增值税专用发票。货款尚未收到。光波炉的含税售价为每台 200 元。

业务 3

12 日，上月 30 日从上海发达公司小家电组购进台灯 200 台，单价 150 元，商品已验收入库。货款已全部结清，含税零售单价 232 元。当日收到发达公司情况说明，由于结算人员失误，误将每台 155 元错记为 150 元，现开来销货更正单及增值税专用发票，应补付货款 1 000 元，增值税税额 160 元，货款尚未支付，更正后含税售价不变。

业务 4

10 日，各柜组商品销售及货款收入见表 1-9，信用卡结算手续费为 2%。

表 1-9　商品销售收入汇总表

2020 年 12 月 10 日　　单位：元

柜组	销售额	现金收入	转账支票	信用卡收入
服装组	48 857	12 573	27 394	8 890
家电组	84 849	28 394	28 949	27 506
办公设备组	98 835		45 623	53 212
五金组	39 488	25 366		14 122
合计	272 029	66 333	101 966	103 730

业务 5

（1）21 日，超市在 12 月 21—27 日举行圣诞节大型促销活动，促销期间，凡在该商场购物满 100 元的顾客，将获得 50 元购物返券。购物券只可在促销期间使用，逾期作废。促销当天实现现金销售收入 300 万元，当日发出购物券 100 万元。

（2）22 日，某顾客购买了价值 348 元（含增值税）的皮鞋，用购物券抵扣 230 元，余额以现金支付。

业务 6

（1）31 日，本月“主营业务收入”账户贷方净发生额为 8 987 100 元。公司将主营业务收入进行价税分解并做出相关分录。

（2）31 日，月末“商品进销差价”账户余额为 1 348 005 元，本月“主营业务成本”账户借方净发生额为 8 987 100 元，月末“库存商品”账户余额为 3 458 400 元。采用综合差价率法计算本月商品进销差价率、本月已销商品进销差价并做出结转已销商品进销差价的分录。

CHAPTER

项目二

施工企业会计

知识目标

- 了解施工企业会计的概念及特点
- 熟悉施工企业成本构成、收入构成的内容
- 掌握工程成本的基本内容和管理方法
- 掌握建造合同收入的确认和计量的方法

能力目标

- 能正确归集和分配成本、费用，并进行账务处理
- 能正确对工程收入和工程结算进行账务处理
- 能胜任施工企业会计岗位的工作

情境导入

上海嘉华建筑工程有限公司于1998年7月注册成立，注册资金1 500万元，在业内拥有完整的资质体系。主要包括：铁路工程施工总承包特级资质5项，建筑工程施工总承包特级资质3项，市政公用工程施工总承包特级资质4项，公路工程施工总承包特级资质1项。拥有工程施工总承包一级资质145项，工程专业承包一级资质375项。另外，还拥有多项工程设计综合甲级资质、工程勘察综合甲级资质、工程监理综合甲级资质、房地产开发一级资质等。公司已经从以施工承包为主发展成为具有科研、规划、勘察、设计、施工、监理、维护、运营和投融资的完善的行业产业链，具备了为业主提供一站式综合服务的能力。公司在高原铁路、高速铁路、高速公路、桥梁、隧道和城市轨道交通工程设计及建设领域确立了行业主导地位。

任务一 走进施工企业

一、施工企业主要经营概述

（一）施工企业概念

施工企业，又称建筑企业、建筑安装企业，是指具有独立的组织机构，实行独立的核算，自负盈亏，从事建筑、安装工程和其他专门工程施工的经济单位。施工企业从事的建筑工程主要包括房屋、建筑物、设备基础工程，管道、输电线路、通信导线等的敷设工程，上下水道工程，道路工程，铁路工程，桥梁工程，隧道工程，水利工程，矿井开凿工程，各种特殊炉的砌筑工程等。

（二）施工企业分类

按照承包工程企业的业务性质和能力可将施工企业分为综合施工及总承包企业、专业施工企业、专项分包公司三类。

1. 综合施工及总承包企业

这类企业是指可以为建设施工项目提供设计和施工一体化、全过程服务的建筑企业。按照建设主管部门的登记标准从高到低分为特级、一级、二级和三级。总承包资质规定可以承包的13个行业工程：房屋建筑工程；公路工程；铁路工程；港口与航道工程；水利水电工程；电力工程；矿山工程；冶炼工程；石油化工工程；市政公用工程；通信工程；机电安装工程；地基与基础工程。

2. 专业施工企业

这类企业是专门从事某一项专业施工生产的企业，专业承包资质规定可以承包的36个专业工程为：地基基础工程专业承包、起重设备安装工程专业承包、预拌混凝土专业承包、电子与智能化工程专业承包、消防设施工程专业承包、防水防腐保温工程专业承包、桥梁工程专业承包资质、隧道工程专业承包、钢结构工程专业承包、模板脚手架专业承包、建筑装修装饰工程专业承包、建筑机电安装工程专业承包、建筑幕墙工程专业承包、古建筑工程专业承包、城市及道路照明工程专业承包、公路路面工程专业承包、公路路基工程专业承包、公路交通工程专业承包、铁路电务工程专业承包、铁路铺轨架梁工程专业承包、铁路电气化工程专业承包、机场场道工程专业承包、民航空管工程及机场弱电系统工程专业承包、机场目视助航工程专业承包、港口与海岸工程专业承包、航道工程专业承包、通航建筑物工程专业承包、港航设备安装及水上交管工程专业承包、水工金属结构制作与安装工程专业承包、水利水电机电安装工程专业承包、河湖整治工程专业承包、输变电工程专业承包、核工程专业承包、海洋石油工程专业承包、环保工程专业承包、特种工程专业承包。

3. 专项分包公司

这类企业是从事工程施工专项分包活动的劳务型企业，一般不单独承包工程，只能为其他企业提供相关专业工种施工的劳务，这类企业规模小，但是数量多。劳务分包资质可以承担的13个作业工种：木工作业；砌筑作业；抹灰作业；石制作业；油漆作业；钢筋作业；混凝土作业；脚手架搭设作业；模板作业；焊接作业；水暖电安装作业；钣金工程作业；架线工程作业。

二、施工企业的经营特点

（一）施工企业的主要经营活动

施工企业在承接各项工程作业时，基本都把项目部作为基本实施单位，生产经营的整个流程也都围绕项目部展开。较为规范的施工企业主要生产经营活动的基本程序如表2-1所示，具体包括项目考察、工程投标、工程施工准备、项目工程实施、项目完工五个阶段。

表2-1　施工企业主要生产经营活动的基本程序

1. 项目考察阶段	（1）发展和改革委员会（建设项目审批）； （2）国土资源局（土地）； （3）建设局（规划）； （4）外经贸委（建设项目审批）。
2. 工程投标阶段	建设局（招投标）。
3. 工程施工准备阶段	（1）确定项目负责人； （2）派遣人员； （3）招用人员； （4）编制计划成本。
4. 项目工程实施阶段	（1）安全监督局； （2）建设管理局； （3）监理公司。
5. 项目完工阶段	（1）建设局（质量监督）； （2）消防（消防设施验收）； （3）审计局（工程审计）。

（二）施工企业的经营特点

施工企业生产经营的特点主要由建筑产品的特点决定的，由于建筑产品一般具有体积庞大、建造位置固定、产品使用期限较长、结构和造型多样化的特点，因而同一般的工业企业比较，施工企业的经营特点主要有以下几个方面。

1. 产品位置的固定性与施工生产的流动性

施工企业的产品一般规模巨大，而且固着在地上，不能随意移动，因而，施工企业产品比较分散。施工企业的人员和设备要跟随项目迁往不同的施工地点。生产的流动性表现在两个方面：一是施工对象的不断变化导致生产人员和机械器具，甚至整个施工结构都要随施工对象坐落位置的变化而迁徙流动，转移区域或地点。二是在一个产品的生产过程中，施工人员和机具要随施工部位的不同而沿着施工对象上、下、左、右流动，不断地变换操作场所。为了适应施工条件的经常变化，施工机械器具多是比较小型或便于移动的，手工操作也较多，这在一定程度上影响了建筑业技术的发展。

2. 工程的多样性与生产的单件性

施工企业产品品种复杂多样，彼此各不相同。由于建筑物或构筑物的功能要求不同，所处的自然条件和社会经济条件各异，每个工程都各有独特的工程设计和施工组织设计，产品价格也必须个别确定并单独进行成本核算，所以，施工企业产品要单件进行生产和成本核算。

3. 自然、气候条件对施工生产的制约性

施工企业产品生产一般是露天作业、高空作业，受自然气候条件的影响非常大，导致生产质量和安全问题突出，安全设施、安全教育必不可少。

4. 产品生产的长期性

施工企业工程一般都比较大，工期常以年计，施工准备也需要较长时间。在施工生产中往往要长期大量地占用人力、物力和资金，不可能在短期内形成有用的产品。

三、施工企业会计核算的特点

施工企业产品的单件性、固定性，施工作业的流动性、长期性，决定了施工企业会计核算也不同于一般工业企业，主要表现在以下几个方面。

（一）分级管理和分级核算

为了适应施工生产地分散、施工企业生产流动性大的特点，施工企业会计需要采取分级管理、分级核算的办法。这样可以使会计核算与施工生产紧密结合、相互监督。

我国施工企业规模比较大的一般采取三级核算体制（即公司、工区和施工队），规模比较小的一般采取两级核算体制（即公司和工区）。其中，公司实行独立核算，是汇总核算单位。工区实行内部独立核算，单独计算工程成本和盈亏。施工队是基层核算单位，核算实物工程量、工时、材料消耗、机械使用量等直接成本指标，并检查这些指标计划的执行情况。

（二）成本核算对象具有单件性

鉴于建筑产品单件性的特点，施工企业一般采用订单法（又称分批法）核算成本，将每一独立编制施工图的预算单位作为成本核算对象。

（三）收入成本核算周期具有长期性

施工企业由于施工生产周期长，需要加强收入与费用的核算，一般采用完工百分比法确认收入和费用。

此外，施工企业机械设备、材料多为露天储存，因而在计算机械损耗折旧时，还要考虑风霜雨雪等自然侵蚀的因素。

（四）工程价款结算方式具有多样性

施工企业在工程完工后，发包方、承包方应在合同约定的时间内办理工程竣工结算。工程竣工结算由承包人或受其委托具有相应资质的工程造价咨询人编制，由发包人或受其委托具有相应资质的工程造价咨询人核对。竣工结算办理完毕，发包人应根据确认的竣工结算书在合同约定的时间内向承包人支付工程竣工结算价款。我国根据工程大小、工期长短的不同，采用的工程价款结算方式主要有按月结算、竣工后一次结算、分段结算、目标结算、结算双方约定的其他结算方式。

任务二 施工企业供应过程典型业务核算

一、设置的主要账户

（一）“在途物资”账户

“在途物资”账户是用来核算各种材料的实际成本的账户。其借方登记各种材料的买价、运杂费和应负担的采购保管费；贷方登记已经验收入库材料的实际成本；期末借方余额反映已付款但尚未入库材料的实际成本。在“在途物资”账户下，企业可按材料种类设置明细分类账，也可以按照供应单位或者采购员设置明细分类账。

（二）“原材料”账户

“原材料”账户是用来核算各种材料的收入、发出与结存情况的账户。其借方登记已经验收入库的各种材料的成本；贷方登记发出材料的成本；期末借方余额反映库存材料的成本。该账户一般核算如下几类材料：

（1）主要材料，是指用于工程或产品并构成工程或产品实体的各种材料，包括金属材料（如钢材、铝材等）、木材（如原条、原木、方材、板材等）、硅酸盐材料（如水泥、砖、瓦、石灰、砂、石等）、小五金材料（如合页、圆钉、螺丝钉、镀锌铅丝等）、陶瓷材料（如瓷砖、瓷洗手盆、坐便器等）、电器材料（如电灯、电线、电缆）、化工材料（如油漆材料）等。

（2）机构件，是指经过吊装、拼砌和安装就能构成房屋建筑物实体的各种金属的、钢筋混凝土和木制的结构物、构件、砌块等，如钢窗、木门、铝合金门窗、塑钢门窗、钢木屋架、钢筋混凝土预制板、预制梁等。

（3）机械配件，是指施工机械、生产设备、运输设备等各种机械设备替换、维修用的各种零件和配件，以及为机械设备准备的备品、备件。

（4）其他材料，是指不构成工程或产品实体，但有助于工程或产品的形成或便于施工生产进行的各种材料。

“原材料”账户下，企业可按材料的类别和名称设置明细分类账，以反映和监督材料的增减变动情况，也可以在“原材料”账户下分设“主要材料”“结构件”“机械配件”“其他材料”等二级账户，还可以进一步按原材料的品种规格分设出三级账户，进行明细核算。

（三）“周转材料”账户

“周转材料”账户用来核算施工企业在施工中不断周转使用仍保持其原有物质形态的材料成本及其摊销额。常用的周转材料主要有：钢模板、木模板、脚手架、挡板、架料、安全网等。在“周转材料”一级账户下设置“周转材料——在库”“周转材料——在用”“周转材料——摊销”三个明细科目，三级明细账户通常按周转材料的类别、品种规格设置。

（四）“采购保管费”账户

“采购保管费”账户是用来核算材料在采购和保管过程中发生的各项费用，如采购科发生的材料采购及保管人员的工资、差旅费、办公费、固定资产使用费等。其借方登记本月内发生的各项采购保管费；贷方登记结转到各种材料采购成本中的采购保管费。该账户月末一般应无余额。

二、材料成本的组成内容及归集、分配

施工企业无论原材料还是周转材料，其采购成本主要包括以下几项内容。

（一）买价

买价是指施工企业购入材料发票账单上列明的价款，但不包括按规定可以抵扣的增值税额。材料的买价可以直接计入材料采购成本中。

（二）运杂费

运杂费是指材料运到工地仓库（施工现场堆放材料的地点）以前所发生的包装费、运输费、装卸费，以及运输途中的合理损耗，但不包括按规定可以抵扣的增值税额。

运杂费如果能分清对象就直接计入材料采购成本中，如果不能分清对象，应采用一定的分配标准，分配计入材料的采购成本中。一般情况下，分配标准使用各种材料的重量作为权重分配运杂费，但是当材料的重量和体积差别较大时，也可以使用材料的买价作为权重分配运杂费。运杂费分配公式如下：

$$材料运杂费分配率=\frac{共同发生的运杂费总额}{购入各种材料重量(或金额)之和}\times 100\%$$

某种材料应分配运杂费＝购入该种材料重量(或金额)×材料运杂费分配率

【典型业务案例】

案例2-1　8月7日，上海嘉华建筑工程有限公司购入洗手盆和坐便器，共发生运杂费5 000元，增值税税额450元。其中洗手盆4.5吨，坐便器5.5吨，根据上述公式，洗手盆和坐便器应负担的运杂费计算如下：

$$材料运杂费分配率=\frac{5\ 000}{4.5+5.5}\times 100\%=500(元/吨)$$

洗手盆应分配运杂费＝4.5×500＝2 250(元)

坐便器应分配运杂费＝5.5×500＝2 750(元)

（三）采购保管费

材料的采购保管费是为全部材料发生的共同性费用，应分配计入各种材料的采购成本中去。本月发生的各种采购保管费，先汇集起来，然后采用一定的标准进行分配。由于各种材料实物计量单位各不相同，因此不能以实物计量单位作为分配采购保管费的标准，而是以材料的买价和运杂费之和（也称材料采购直接成本）为标准进行分配。采购保管费分配公式如下：

$$采购保管费分配率=\frac{本月采购保管费总额}{本月各种入库材料买价和运杂费总额}\times 100\%$$

某种材料应分配采购保管费＝该种材料买价和运杂费总额×采购保管费分配率

【典型业务案例】

案例 2-2 8月31日，上海嘉华建筑工程有限公司共发生采购保管费14 688元，本月购入材料买价和运杂费分别是：洗手盆412 500元，坐便器84 000元，木门96 000元，瓷砖19 500元。根据上述公式，本月采购保管费具体分配计算如下：

$$采购保管费分配率=\frac{14\,688}{412\,500+84\,000+96\,000+19\,500}\times 100\%=2.4\%$$

洗手盆应分配采购保管费＝412 500×2.4%＝9 900(元)

坐便器应分配采购保管费＝84 000×2.4%＝2 016(元)

木门应分配采购保管费＝96 000×2.4%＝2 304(元)

瓷砖应分配采购保管费＝19 500×2.4%＝468(元)

三、原材料的核算

（一）购进原材料的核算

施工企业收发材料可以采用实际成本法，使用“在途物资”“原材料”科目核算原材料的增减变动，也可以采用计划成本法，使用“材料采购”“原材料”“材料成本差异”科目核算原材料的增减变动。下面以实际成本法为例，介绍施工企业购进材料的核算。计划成本法收发材料的核算与工业企业相同，因此本项目不再详细讲解。

企业外购的材料，由于结算方式和采购地点不同，收到货物和结算单据的时间往往也不一致，因而账务处理上也不尽相同。

1. 购进材料未验收入库

在这种方式下，多是从外地采购材料，供货单位的发票、结算单据已到，但是材料尚未到达，没有验收入库。这类业务在收到发票账单时，应先通过“在途物资”进行核算，待原材料运到并验收入库后，再根据收料单，借记“原材料”科目，贷记“在途物资”科目。

【典型业务案例】

案例 2-3 8月1日，上海嘉华建筑工程有限公司从鞍山钢铁集团公司购入普通钢材一批共450吨，取得增值税专用发票注明货款1 755 000元，增值税额228 150元，每吨单价3 900元，运费22 500元，增值税2 025元，共计2 007 675元，材料尚未收到，各种款项均以银行存款支付。

借：在途物资——鞍山钢铁集团公司	1 777 500	
应交税费——应交增值税（进项税额）	230 175	
贷：银行存款		2 007 675

【典型业务案例】

案例 2-4 8月1日，上述普通钢材到达企业并验收入库，根据入库单编制会计分录如下：

借：原材料——主要材料——普通钢材	1 777 500	
贷：在途物资——鞍山钢铁集团公司		1 777 500

2. 购进材料同时验收入库

在这种方式下，多是从本地采购材料，供货单位的发票、结算单据已到，同时材料到达，验收入库。这类业务在收到发票账单时，应根据收料单，通过“原材料”进行核算。

【典型业务案例】

案例 2－5 8 月 3 日，上海嘉华建筑工程有限公司购入甲、乙两种机构件，其中，甲材料 100 吨，每吨单价 1 500 元；乙材料 80 吨，每吨单价 900 元，货款共计 222 000 元，增值税额 28 860 元。两种材料共发生运杂费 27 000 元（取得增值税普通发票），共计 277 860 元，材料已验收入库，全部款项均以银行存款支付。

$$材料运杂费分配率=\frac{27\,000}{100+80}\times 100\%=150(元/吨)$$

$$甲材料应分配运杂费=100\times 150=15\,000(元)$$

$$乙材料应分配运杂费=80\times 150=12\,000(元)$$

在实际工作中，对材料运杂费的分配应采用运杂费分配表进行计算。甲、乙两种材料运杂费分配表的格式如表 2－2 所示。

表 2－2　材料运杂费分配表

2020 年 8 月 3 日　　单位：元

材料种类	重量（吨）	单价	买价	运杂费分配率	运杂费	材料成本
甲材料	100	1 500	150 000	150	15 000	165 000
乙材料	80	900	72 000	150	12 000	84 000
合计	180	—	222 000	—	27 000	249 000

通过表 2－2 的计算，将甲、乙两种材料共同发生运杂费分别计入甲、乙两种材料的采购成本中，编制会计分录如下：

借：原材料——机构件——甲材料　　165 000
　　　　　　　　　——乙材料　　84 000
　　应交税费——应交增值税（进项税额）　　28 860
　贷：银行存款　　277 860

3. 购进材料直接发往工地现场

施工企业购买的材料直接运到工地投入生产，没有办理入库手续，不通过“原材料”科目核算，可以直接借记“工程施工”科目，贷记“银行存款”等结算类科目；或者先借记“原材料”科目，贷记“银行存款”科目，同时借记“工程施工”科目，贷记“原材料”科目。

采用第一种方式，要求会计人员平时对材料做备查登记。采用第二种方式，根据原材料明细账贷方数量能很方便地计算出工程使用材料的总数量。

【典型业务案例】

案例 2－6 8 月 3 日，上海嘉华建筑工程有限公司购入砂子 40 立方，共计价款 6 000 元，增值税额 780 元，砂子直接运到工地，取得保管员签发的工地现场收料单一张。同日签发转账支票，支付全部款项。根据资料做出会计分录。

借：工程施工——合同成本——××工程　　6 000
　　应交税费——应交增值税（进项税额）　　780
　贷：银行存款　　6 780

或者：

借：原材料——主要材料——砂子　　6 000
　　应交税费——应交增值税（进项税额）　　780
　贷：银行存款　　6 780

同时：

借：工程施工——合同成本——××工程　　6 000
　贷：原材料——主要材料——砂子　　6 000

4. 原材料退库的核算

施工企业各领料单位当月已经领用但未耗用的材料，应于月末办理退库手续，以便正确计算出当月的材料消耗。对于下月不再使用的材料，应填写退料单连同材料一并退还仓库。对于下月仍然需要使用的材料，应当办理假退料手续，即填写本月退料单的同时填写下月领料单，一并送交仓库，但是材料实物并没有退回仓库。

关于退库材料的单价确定，如果企业采用的是先进先出法，则退货材料的单价为退库日之前最后一次领用存货的单价，并进行借记“原材料”科目，贷记“工程施工”等科目的账务处理。如果企业采用的是月末一次加权平均法，则退库材料的单价为本月存货的加权平均单价，但是不需要做账务处理。因为采用月末一次加权平均法在月末的时候才做结转发出存货成本的账务处理，所以退库不用单独做账务处理，只是在计算发出存货成本时，在发出存货数量总额中减去退货数量，再用以计算实际发出存货成本。

【典型业务案例】

案例 2-7　上海嘉华建筑工程有限公司存货采用先进先出法核算。8月13日，一项在建项目完工，剩余电灯罩8个，退回仓库。同时填写材料入库单，查阅原材料明细账显示最后一次领用电灯罩的单价为23元/个。材料入库单如表2-3所示。根据资料做出会计分录。

表 2-3　材料入库单

供应单位：××工地项目　　2020年8月13日　　编号：NO. 001006

材料编号	材料名称	规格	计量单位	数量		单价（元）	金额（元）	备注
				交库	实收			
	电灯罩	100W	个	8	8	23	184	工程完工剩余

仓库负责人：周全　　验收人：王一建

借：原材料——电器材料——电灯罩　　184
　贷：工程施工——合同成本——××工程　　184

（二）采购保管费的归集与分配

【典型业务案例】

案例 2-8　8月23日，上海嘉华建筑工程有限公司采购人员李伟报销差旅费3 000

元，以现金支付。根据资料做出会计分录。

借：采购保管费　　3 000

　贷：库存现金　　3 000

【典型业务案例】

案例 2－9　8 月 28 日，上海嘉华建筑工程有限公司以银行存款支付采购科办公费 5 000 元。根据资料做出会计分录。

借：采购保管费　　5 000

　贷：银行存款　　5 000

【典型业务案例】

案例 2－10　8 月 31 日，上海嘉华建筑工程有限公司将本月发生的采购保管费 8 000 元，计入已入库甲、乙两种主要材料的成本。经计算，其中甲材料应负担 5 800 元，乙材料应负担 2 200 元。根据资料做出会计分录。

借：原材料——主要材料——甲材料　　5 800

　　　　　　　　　　——乙材料　　2 200

　贷：采购保管费　　8 000

（三）原材料发出的账务处理

1. 原材料发出的凭证和手续

企业发出的材料主要是施工生产领用，应根据具体情况分别选用领料单、限额领料单、大堆材料耗用计算单、领料登记簿等凭证，规范办理材料领发手续。

领料单是一次有效的领料凭证，每次领用材料物资时，应根据施工用料计划填制领料单，经领发料双方共同签章后，据以办理领发料手续。它一般适用于领用没有消耗定额的材料和临时需要而领用的材料。

限额领料单，又称定额领料单，属于在一定时期内多次领用的领料凭证，填制手续多次完成，在有效期内和限额范围内可以连续多次向仓库领料。对于经常耗用和规定消耗定额的材料物资可以采用限额领料单办理领发料手续。

大堆材料耗用计算单适用于砖瓦、灰、砂、石等不易清点用料数量，难以分清受益对象的大堆材料。这些物资往往露天堆放，使用次数频繁，难以准确统计耗用数量，一般按月或者按季度通过实地盘点，按下列公式估算耗用量。

$$\text{本期实际耗用量}=\text{期初结存数量}+\text{本期收入数量}-\text{本期调出数量}-\text{期末结存数量}$$

领料登记簿，适用于领发次数很多，领发数量零星，而且价值不高的原材料。为了简化领料核算手续，平时可以不填写领料单，而由领料人在领料登记簿内登记领用数量，并签字盖章后，据以办理发料手续。月终，仓库根据领料登记簿按领料单位和用途汇总填制领料单，一联留仓库，一联交领料单位，一联交会计部门作为成本核算的依据。

领料单、限额领料单、大堆材料耗用计算单、领料登记簿等发料凭证是进行材料发出总分类核算的依据。由于企业发料次数频繁，凭证数量很多，为了简化核算，平时一般不直接根据每一张发料凭证编制记账凭证，而是在月末由会计部门按照材料的性质和用途归类汇总，编制“原材料发出汇总表”，并以此作为会计核算的依据。“原材料发出汇总表”

的格式如表 2-4 所示。

表 2-4 原材料发出汇总表

2020 年 8 月 31 日　　　　单位：元

用途		主要材料				结构件	机械配件	其他材料	合计
		钢材	水泥	其他	小计				
工程施工	A 工程	18 000	15 000	6 000	39 000	12 000			51 000
	B 工程	15 000	9 000	3 000	27 000	9 000			36 000
小计		33 000	24 000	9 000	66 000	21 000			87 000
机械作业							900	90	990
			2 400	300	2 700				2 700
管理费用								180	180
合计		33 000	26 400	9 300	68 700	21 000	900	270	90 870

2. 原材料发出的账务处理

企业发出的原材料应贷记“原材料”账户，对应的借方账户根据领料用途确定。工程施工耗用的原材料记入“工程施工”账户；机械作业耗用的原材料记入“机械作业”账户；管理部门领用的原材料记入“管理费用”账户；辅助生产领用原材料记入“辅助生产成本”账户。

【典型业务案例】

案例 2-11 8 月 31 日，上海嘉华建筑工程有限公司相关部门领用材料情况见表 2-4，财会部门根据原材料发出汇总表编制会计分录如下。根据资料做出会计分录。

借：工程施工——合同成本——A 工程	51 000
——B 工程	36 000
机械作业	990
辅助生产成本	2 700
管理费用	180
贷：原材料——主要材料	68 700
——结构件	21 000
——机械配件	900
——其他材料	270

四、周转材料的核算

取得周转材料的账务处理和取得原材料的账务处理相同，在这里不重复赘述。下面主要说明周转材料领用和摊销的会计处理。

（一）周转材料的摊销方法

周转材料在施工过程中反复使用还能保持原有的物资形态，但是其价值随着使用逐渐消耗。因此，在核算上既要反映其原值，又要反映其损耗价值。为适应这一核算要求，需要采用一定的摊销方法，将周转材料的价值摊销计入工程成本。

在实际工作中，周转材料的摊销应根据材料价值的大小、耐磨程度的强弱、使用期限的长短，选择一次摊销法、五五摊销法、按月摊销法、分次摊销法、定额摊销法，将摊销额计入工程成本或者有关费用。摊销方法一经确定，不得随意变更。如果需要变更，需要在会计报表附注中予以说明。

无论周转材料采用哪种摊销方法，在年度终了或者工程竣工时，要对周转材料进行盘点，根据实际损耗情况，调整已经计提的摊销额，以保证工程成本和有关费用的准确性。

1. 一次摊销法

一次摊销法是指在领用周转材料时，将其全部价值一次计入工程成本或有关费用。这种方法一般适用于易腐、易碎或价值较低、使用期限较短的周转材料，如玻璃器皿、安全网等。

2. 五五摊销法

五五摊销法是指将周转材料的价值在领用时摊销50%，在报废时摊销另外50%的一种摊销方法。这种方法适用于单位价值较低、领用和报废比较均衡的周转材料，如工具、管理用具等的摊销可采用此方法。

3. 按月摊销法

按月摊销法是指根据周转材料的预计使用月数、原值、预计净残值确定每月摊销额，将其价值分月计入工程成本或有关费用。这种摊销方法适用于脚手架、跳板、塔吊轻轨、枕木等周转材料的摊销。其计算公式为：

$$\text{周转材料每月摊销额}=\frac{\text{周转材料原值}\times(1-\text{预计残值占原值的百分比})}{\text{预计使用月数}}$$

【典型业务案例】

案例2-12 8月31日，上海嘉华建筑工程有限公司本期使用脚手架的原值为30 000元，预计使用10个月，报废时预计残值为原值的5%，则其每月的摊销额为：

$$\text{周转材料每月摊销额}=\frac{30\,000\times(1-5\%)}{10}=2\,850(\text{元})$$

4. 分次摊销法

分次摊销法是指根据周转材料的预计使用次数、原值、预计残值确定每次摊销额，将其价值按每期使用次数的多少计入各期的工程成本或有关费用的一种摊销方法。这种方法适用于使用期限较长、单位价值较高的周转材料。例如：定型模板、挡板的摊销。其计算公式为：

$$\text{周转材料每次摊销额}=\frac{\text{周转材料原值}\times(1-\text{预计残值占原值的百分比})}{\text{预计使用次数}}$$

$$\text{本期摊销额}=\text{每次摊销额}\times\text{本期使用次数}$$

【典型业务案例】

案例2-13 8月31日，上海嘉华建筑工程有限公司本期使用的定型模板原值为6 000元，预计使用10次，报废时预计残值为原值的5%，在8月份一共使用5次，则8月的摊销额为：

$$\text{周转材料每次摊销额}=\frac{6\,000\times(1-5\%)}{10}=570(\text{元})$$

本期摊销额＝5×570＝2 850(元)

5. 定额摊销法

定额摊销法是指根据实际完成的实物工作量和预算定额规定的周转材料消耗定额确定本期周转材料摊销额，计入本期工程成本或有关费用。这种方法适用于各种周转材料的摊销。其计算公式为：

周转材料本期摊销额＝本期完成的实物工作量×单位工作量周转材料消耗定额

【典型业务案例】

案例 2-14 8 月 31 日，上海嘉华建筑工程有限公司共完成混凝土矩形柱 100 立方米，预算定额为每立方米消耗木模板 18 元，则 8 月的木模板摊销额为：

周转材料本期摊销额＝100×18＝1 800(元)

（二）周转材料的账务处理

1. 一次摊销法的账务处理

周转材料在购进时借记“周转材料——在库”“应交税费——应交增值税（进项税额）”等科目，贷记“银行存款”等科目。采用一次摊销法进行周转材料摊销时，领用时将其全部价值借记“工程施工”等科目，贷记“周转材料”科目。周转材料报废时，将报废周转材料的残料价值作为当月周转材料摊销的减少额，借记“原材料”或“库存现金”等科目，贷记“工程施工”等科目。

【典型业务案例】

案例 2-15 8 月 11 日，上海嘉华建筑工程有限公司从华源建筑材料有限公司购进安全网 20 000 米，单价 4 元/米，增值税额 10 400 元，货物已验收入库，款项尚未支付。根据增值税专用发票和入库单编制如下会计分录：

借：周转材料——安全网	80 000	
应交税费——应交增值税（进项税额）	10 400	
贷：应付账款——华源建筑材料有限公司		90 400

【典型业务案例】

案例 2-16 8 月 19 日，公司血液检测中心基建项目领用 10 000 米安全网，采用先进先出法确定发出周转材料单价 4 元/米，根据领料单编制如下会计分录：

借：工程施工——合同成本 —血液检测中心基建项目	40 000	
贷：周转材料——安全网		40 000

【典型业务案例】

案例 2-17 12 月 20 日，公司血液检测中心基建项目完工，拆除的安全网卖废品取得现金收入 300 元。根据收款收据编制如下会计分录：

借：库存现金	300	
贷：工程施工——合同成本——血液检测中心基建项目		300

2. 非一次摊销法的账务处理

五五摊销法、按月摊销法、分次摊销法、定额摊销法虽然各期摊销额的计算不同，但是其共性都是将周转材料价值陆陆续续转移到工程项目中。在领用周转材料时，按其全部价值，借记“周转材料——在用”科目，贷记“周转材料——在库”科目。摊销时，按相应摊销方法计算的摊销额，借记“工程施工”等科目，贷记“周转材料——摊销”科目。退库时，按材料的价值，借记“周转材料——在库”科目，贷记“周转材料——在用”科目。报废时，按照摊余价值，借记“工程施工”等科目，贷记“周转材料——摊销”科目。处置残料的价值冲减有关成本费用，借记“原材料”“银行存款”等科目，贷记“工程施工”等有关科目。同时，按照已提的摊销额借记“周转材料——摊销”科目，贷记“周转材料——在用”科目。

施工企业要加强周转材料实物资产的管理，做好在用周转材料数量、使用部门、退回入库数量、已使用次数和期限、累计摊销额等情况的备查登记。

【典型业务案例】

案例 2－18 （1）8 月 10 日，上海嘉华建筑工程有限公司血液检测中心基建项目领用模具 1 000 块，按照先进先出法确定单位成本 120 元/块，根据领料单编制如下会计分录：

借：周转材料——在用——模具　　120 000
　贷：周转材料——在库——模具　　120 000

（2）根据规定该模具采用分次摊销法，模具预计能使用 5 次，在每次领用时编制如下会计分录：

借：工程施工——合同成本——血液检测中心基建项目　　24 000
　贷：周转材料——摊销——模具　　24 000

（3）假设上述模具在第四次使用时报废，此时周转材料的摊销额已经累计至 96 000 元，与模具原值 120 000 元相差 24 000 元尚未摊销。残料价值 200 元，作为修理用备件验收入库。根据周转材料报废单编制如下会计分录：

1）补提摊销额时：

借：工程施工——合同成本——血液检测中心基建项目　　24 000
　贷：周转材料——摊销——模具　　24 000

2）报废时：

借：周转材料——摊销——模具　　120 000
　贷：周转材料——在用——模具　　120 000

3）残料入库时：

借：原材料——其他材料　　200
　贷：工程施工——合同成本——血液检测中心基建项目　　200

任务三　施工企业生产过程典型业务核算

一、工程成本的概念及核算对象

（一）工程成本的概念

施工企业工程成本的核算正确与否，直接关系到利润的计算，也是施工企业会计核算的核心部分。作为会计人员要能准确地界定哪些属于工程成本，工程成本是指施工企业在施工过程中发生的，按一定的成本核算对象归集的生产费用总和，包括直接人工、直接材料、机械使用费、其他直接费用和间接费用。

（二）工程成本的核算对象

为了正确核算工程成本，施工企业一般按照成本核算对象归集所发生的支出。成本核算对象有以下四种确定标准。

标准1：一般以每一独立编制施工图预算的单位工程为成本核算对象。

标准2：规模大、工期长的单位工程，可将工程划分为若干部分，以分部位的工程为成本核算对象。

标准3：同一建设项目，由同一单位、同一施工地点、同一结构类型、开竣工时间接近的若干个单位工程构成的，可以合并为一个成本核算对象。

标准4：对承建规模较小和比较零星的工程，可以以建设单位为成本核算对象。

上述成本核算对象一经确定，不得随意变更，并且确定后应及时通知企业内部各有关部门，统一成本核算口径，发生的支出不能相互混淆。施工企业所有反映工程成本费用的原始记录和核算资料都必须按照核算对象填写清楚，以便准确地归集和分配工程成本。

（三）工程成本的核算程序

1. 确定成本核算对象，设置成本核算科目，开设成本明细账

确定成本核算对象是核算工程成本的基础和前提，施工企业首先要按照上述四个标准确定成本核算对象。为了准确核算工程成本，需要设置“工程施工——合同成本”“工程施工——合同毛利”“工程施工——间接费用”“机械作业”等科目。一般情况下，“工程施工——合同成本”采用多栏式明细账页，并设置人工费、材料费、机械使用费、其他直接费用、分包工程、间接费用等栏目，其格式如表2-5所示。

表2-5　工程施工明细账

明细科目：合同成本

年		凭证		摘要	借方	贷方	借或贷	余额	（借）方金额分析					
月	日	字	号						人工费	材料费	机械使用费	其他直接费用	分包工程	间接费用

2. 归集与分配各项成本费用

归集与分配的总原则是：能分清受益对象的直接计入，不能分清受益对象的分配计入。在月末，将归集在“辅助生产成本”“机械作业”“工程施工——间接费用”账户的费用，按照一定的方法，分配计入“工程施工——合同成本”中。

3. 计算完工工程成本

$$\text{本期已完工工程成本}=\text{期初未完工工程成本}+\text{本期发生的工程成本}-\text{期末未完工工程成本}$$

期末（月末、年末），对未完工工程进行盘点，按照上面的公式，计算出期末未完工工程成本。

4. 结转完工工程成本

根据期末确定已完工工程或竣工工程的实际成本，将完工工程实际成本从“工程施工”账户转入“工程结算”账户，尚未竣工工程的实际成本仍保留在“工程施工”账户中，不予结转。

二、工程成本的分类

（一）按经济性质分类

工程成本按照经济性质可以分为物化劳动费用和活劳动费用两大部分。在实际工作中，又将其划分为若干要素，一般包括下列内容。

1. 外购材料

外购材料是指企业为施工生产活动而耗费的一切从外部购入的主要材料、结构件、机械配件、其他材料的价值，以及低值易耗品和周转材料的摊销价值。

2. 外购动力

外购动力是企业为施工生产活动而耗用的从外部购入的各种动力费用（包括电力、热力等）。

3. 职工薪酬

职工薪酬是企业为进行施工生产活动而按规定支付给职工各种形式的报酬以及其他相关支出，包括职工工资、奖金、津贴和补贴、职工福利费、社会保险费、住房公积金、工会经费和职工教育经费等。

4. 折旧费

折旧费是企业按照规定计算提取的固定资产折旧费用。

5. 修理费用

修理费用是企业为保证固定资产正常使用所发生的修理费用。

6. 租赁费

租赁费是企业为进行施工生产活动而支付的从外部租赁机器设备而发生的费用。

7. 税费

税费是企业发生的按规定应计入施工费用的各种税费。

8. 利息支出

利息支出是企业发生的按规定应计入施工费用的借款利息净支出。

9. 其他支出

其他支出是不属于以上各费用要素的支出，如办公费、保险费、劳动保护费等。

工程成本按经济性质分类，可以帮助企业分析不同时期工程成本的结构和水平，为企业编制计划、阶段考核提供依据，促进成本计划的执行。

（二）按经济用途分类

1. 直接材料费

直接材料费是指在施工过程中耗用的构成工程实体的原材料、辅助材料、机械配件、零件、半成品的费用、周转材料的摊销额及租赁费用。

2. 直接人工费

直接人工费是指在施工过程中直接从事建筑安装工作人员的基本工资、工资性补贴、施工人员辅助工资、职工福利费、施工人员劳动保护费、企业应承担施工人员的养老保险、失业保险、生育保险、住房公积金等。

(1) 基本工资：是指发给施工人员的基本工资。

(2) 工资性补贴：是指按规定标准发放的物价补贴，煤、燃气补贴，交通补贴，住房补贴，流动施工津贴等。

(3) 施工人员辅助工资：是指施工人员年有效施工天数以外非作业天数的工资，包括职工学习、培训期间的工资，调动工资，探亲、休假期间的工资，因气候影响的停工工资，女工哺乳期间的工资，病假在 6 个月以内的工资及产、婚、丧假期的工资。

(4) 职工福利费：是指根据施工人员工资总额，按照规定标准计提的施工人员福利费。

(5) 施工人员劳动保护费：是指按照规定标准发放的劳动保护用品的购置费及修理费，徒工服装补贴，防暑降温费，在有碍身体健康的环境中施工的保健费用等。

3. 机械使用费

机械使用费是在施工过程中使用自有施工机械所发生的机械使用费和租用外单位施工机械的租赁费，以及施工机械安装、拆卸和进出场费等。

4. 其他直接费

其他直接费是在施工过程中发生的材料二次搬运费、临时设施摊销费、生产工具用具使用费、检验试验费、工程定位复检费、工程点交费、场地清理费等。

5. 间接费用

间接费用是指企业各个现场施工单位（工区、施工队或项目部）为组织和管理工程施工所发生的全部支出，包括施工单位管理人员的工资、奖金、职工福利费，行政管理用固定资产折旧费、修理费、物料消耗、低值易耗品的摊销、取暖费、水电费、办公费、差旅费、财产保险费、工程保修费、劳动保护费、排污费以及其他费用等。

以上第 1～4 项构成建筑安装工程的直接成本，第 5 项为建筑安装工程的间接成本。直接成本加间接成本构成建筑安装工程成本。

三、设置的主要账户

(一)“工程施工”账户

在新收入准则中，设置了“合同履约成本”。如果企业还有工业生产、工程施工、设计服务，可以在合同履约成本下面设置“生产成本”“工程施工”“社区服务”等，分别核算不同板块的成本。如果企业只有工程施工，可以设一个“工程施工”一级科目，不再设置“合同履约成本”科目。

“工程施工”账户属于成本类账户，相当于工业企业的“生产成本”账户，是合同成本核算的主要账户。该账户用于核算企业进行建筑安装工程所发生的实际合同成本和合同毛利。“工程施工”账户的借方登记施工过程中所发生的人工费、材料费、机械使用费、其他直接费等直接费用，以及分摊的间接费用和确认的合同毛利。贷方登记合同完工后结转已完工工程的实际成本和确认的合同亏损。期末借方余额反映尚未完成的工程施工合同成本和合同毛利。该账户下设“合同成本”“合同毛利”“间接费用”三个明细科目。

1.“工程施工——合同成本”账户

该账户核算企业进行工程施工发生的各项施工生产费用，并确定各个成本核算对象的成本。该账户借方登记施工过程中实际发生的直接费用和应负担的间接费用，贷方登记工程竣工后与“工程结算”账户对冲的金额，期末借方余额表示工程自开工至本期累计发生的施工费用。

2.“工程施工——间接费用”账户

该账户用于核算企业所属各施工单位为组织和管理施工生产而发生的不能直接计入工程成本的费用。其借方登记实际发生的费用，贷方登记月末分配计入各成本核算对象的费用，期末一般无余额。

（二）“辅助生产成本”账户

该账户用于核算企业所属非独立核算的辅助生产部门成本的发生、归集和分配情况。

（三）“机械作业”账户

该账户属于成本类账户，用于核算企业及其内部独立核算的施工单位、机械站和运输队使用自有施工机械和运输设备进行机械作业发生的各项费用。该账户借方登记发生的机械作业支出，月末将借方发生额分配结转到“工程施工”“其他业务成本”等账户中，月终结转后该账户无余额。该账户一般按施工机械和运输设备的种类设置明细科目进行核算。

四、工程成本的归集与分配

（一）材料费的核算

施工企业的材料费应根据发出材料的用途，先区分是工程耗用还是其他耗用，只有工程直接耗用的材料才能计入工程成本，记入“工程施工——合同成本——××工程”科目中。其他部门耗用的材料还需要进一步区分是施工机械耗用、组织管理耗用还是辅助生产部门耗用，先分别计入“机械作业”“工程施工——间接费用”“辅助生产成本”科目，然后再采用一定的方法，通过每项工程的材料定额耗用量或定额费用比例，分配计入相应的成本项目中。在领用原材料时编制如下会计分录：

借：工程施工——合同成本——××工程
　　机械作业——××设备
　　工程施工——间接费用
　　辅助生产成本
　贷：原材料

【典型业务案例】

案例 2-19　8 月 10 日，上海嘉华建筑工程有限公司为血液检测中心基建项目领用水泥、灯罩、乳胶漆、瓷砖等材料，根据领料单（见表 2-6）编制如下会计分录：

表 2-6　领料单

领料单位：血液检测中心基建项目　　2020 年 8 月 10 日　　编号：2000901

用途	工程用			材料类别		
材料名称及规格	计量单位	数量		单位成本	金额	备注
		请领	实际			
水泥	袋	200	200	25	5 000	
灯罩	个	100	100	20	2 000	
乳胶漆	桶	50	50	200	10 000	
瓷砖	块	1 000	1 000	95	95 000	

仓库负责人：孟令强　　领料人：王青　　发料人：孙一康

借：工程施工——合同成本——血液检测中心基建项目　　112 000
　贷：原材料——主要材料——水泥　　5 000
　　　　　　　　　　——灯罩　　2 000
　　　　　　　　　　——乳胶漆　　10 000
　　　　　　　　　　——瓷砖　　95 000

【典型业务案例】

案例 2-20　上海嘉华建筑工程有限公司为血液检测中心基建项目使用机械设备 8 台，8 月 11 日领用机油 10 桶，根据领料单（见表 2-7）编制如下会计分录：

表 2-7　领料单

领料单位：血液检测中心基建项目　　2020 年 8 月 11 日　　编号：2000902

用途	空压机设备使用			材料类别		
材料名称及规格	计量单位	数量		单位成本	金额	备注
		请领	实际			
机油	桶	10	10	500	5 000	

仓库负责人：孟令强　　领料人：张立峰　　发料人：孙一康

借：机械作业——空压机设备　　5 000
　贷：原材料——机械配件——机油　　5 000

【典型业务案例】

案例 2-21　8 月 13 日，上海嘉华建筑工程有限公司本年度同一施工现场有甲、乙两个单位工程，本月两项工程项目共同发生主要材料费用 20 000 元，本月两项工程的定额耗用量分别为 30 立方米和 70 立方米，材料费用按材料定额耗用量分配。根据资料编制如下会计分录：

材料费用分配率＝20 000÷(30＋70)＝200(元/立方米)

甲工程负担的材料费＝200×30＝6 000(元)

乙工程负担的材料费＝200×70＝14 000(元)

借：工程施工——合同成本——甲工程　　6 000
　　　　　　　　　　　——乙工程　　14 000
　贷：原材料——主要材料　　20 000

施工企业领用材料时，可以根据“领料单”“定额领料单”“大堆材料耗用单”“退料单”等，按照成本核算对象及受益对象登记入账。当企业领用材料业务次数频繁时，可以先编制“发出材料汇总表”，再按照成本核算对象及受益对象登记入账。

【典型业务案例】

案例 2－22　8 月 31 日，上海嘉华建筑工程有限公司材料仓库发料情况如表 2－8 所示。根据发出材料汇总表编制如下会计分录：

表 2－8　发出材料汇总表

2020 年 8 月　　金额单位：万元

受益对象	A 主要材料			B 主要材料			C 主要材料			金额合计
	单价	数量	金额	单价	数量	金额	单价	数量	金额	
甲工程	0.8	1 000	800	0.4	500	200				1 000
乙工程	0.6	1 000	600	0.22	500	110				710
机械作业				0.02	500	10				10
间接费用	0.3	1 000	300				0.5	100	50	350
管理费用	0.2	1 000	200							200
合计			1 900			320			50	2 270

借：工程施工——合同成本——甲工程　　10 000 000
　　　　　　　　　　　——乙工程　　7 100 000
　　机械作业　　100 000
　　工程施工——间接费用　　3 500 000
　　管理费用　　2 000 000
　贷：原材料——主要材料——A 材料　　19 000 000
　　　　　　　　　　　——B 材料　　3 200 000
　　　　　　　　　　　——C 材料　　500 000

（二）人工费的核算

1. 应付工资的核算

职工工资总额由计时工资、计件工资、奖金、津贴、加班加点工资、特殊情况下支付的工资组成。

施工企业应付职工的工资是生产经营活动的耗费，应该按照职工人员类别和工资的用途将本月应付工资分配记入有关成本费用账户。具体分配如下：

（1）直接从事建筑安装工程施工人员的工资记入“工程施工”账户。

（2）施工机械作业人员的工资记入“机械作业”账户。

（3）辅助生产人员的工资记入“辅助生产成本”账户。

（4）物资采购供应人员的工资记入“采购保管费”账户。

（5）企业行政管理人员、长期病假人员的工资记入“管理费用”账户。

施工企业的劳资部门或者会计部门根据单位考勤表、施工任务书等原始资料编制“工资结算表”，月末根据“工资结算表”编制“工资结算汇总表”，本着谁受益，谁负担的原则，月末编制如下会计分录：

借：工程施工——合同成本——××工程　　（施工人员工资、奖金）
　　机械作业——××设备　　（驾驶人员工资、奖金）
　　工程施工——间接费用　　（项目部管理人员工资、奖金）
　　辅助生产成本　　（辅助生产人员工资、奖金）
　　管理费用　　（企业管理人员工资、奖金）
　贷：应付职工薪酬——工资

人工费用计入成本的方法，一般应根据企业实行的具体工资制度而定。对于计件工资，应根据“工程任务单”“工资结算单”中的有关资料直接计入各成本核算对象。对于企业自行完成工作量的分包工程，应根据分包单位提出的“工程价款结算账单”所列人工费，直接计入各成本核算对象。只有一项建造合同的计时工资应直接计入该合同成本。

同时与几项合同相关的计时人工费用如不能明确各受益对象（如建筑安装工人同时在若干项工程施工），就需要将所发生的工资根据用工记录以工时为标准在各个成本核算对象之间进行分配。计算公式为：

$$工资费用分配率=\frac{当月计时工资总额}{各工程当月实耗工时总数}\times 100\%$$

$$某项工程应分配的工资费用=当月实耗工时数\times 工资费用分配率$$

【典型业务案例】

案例 2-23　8 月 31 日，上海嘉华建筑工程有限公司为甲、乙两个单位工程施工。本月应付从事工程施工的工人的人工费 80 000 元，其中甲工程耗用 1 920 工时，乙工程耗用 1 280 工时，工资费用按工时分配。

工资费用分配率＝80 000÷(1 920＋1 280)＝25(元/工时)

甲工程负担的人工费＝1 920×25＝48 000(元)

乙工程负担的人工费＝1 280×25＝32 000(元)

借：工程施工——合同成本——甲工程　　48 000
　　工程施工——合同成本——乙工程　　32 000
　贷：应付职工薪酬——工资　　80 000

【典型业务案例】

案例 2-24　6 月 1 日，上海嘉华建筑工程有限公司承包一个写字楼的装修工程，工期 3 个月，8 月 31 日工程完工。8 月的工资结算汇总表如表 2-9 所示，根据该表编制如下会计分录：

表 2-9　工资结算汇总表

2020 年 8 月 31 日　　　　单位：元

人员类别	工种	计时工资	加班工资	奖金	应付工资	代扣款项				实发工资
						房租	保险	个税	合计	
写字楼装修	施工人员	112 000	1 000		113 000					113 000
	机械作业	4 000			4 000					4 000
	管理人员	18 000	1 000		19 000					19 000
	小计	134 000	2 000		136 000					136 000
管理部门	管理人员	41 850			41 850	900	100	850	1 850	41 850
合计		177 850	2 000		177 850	900	100	850	1 850	177 850

借：工程施工—合同成本——写字楼装修工程　　113 000
　　机械作业——××设备　　4 000
　　工程施工——间接费用　　19 000
　　管理费用　　41 850
　贷：应付职工薪酬——工资　　177 850

2. 应付福利费的核算

职工福利费是用于职工医疗卫生、集体福利、生活困难补助等方面的支出。提取职工福利费，一方面要计入费用，另一方面形成一笔应付款项。职工福利费作为一项费用，要按照工资费用的归属分别记入“工程施工”“机械作业”“辅助生产成本”“采购保管费”“管理费用”等账户的借方，并按提取的职工福利费总额记入“应付职工薪酬”账户的贷方。为了反映福利费的计提情况，企业财会部门应于月末根据“工资结算汇总表”编制“职工福利费计算分配表”作为计提福利费的依据，并据以进行核算。

3. 应付社会保险费和住房公积金的核算

社会保险费和住房公积金是按照国家规定由企业和职工共同负担的费用。

社会保险费和住房公积金的提取，应按职工工资总额的一定比例计算。应由企业负担的部分，提取时一方面要计入费用，另一方面形成一笔应付款项。社会保险费和住房公积金作为一项费用，要按照工资费用的归属分别记入“工程施工”“机械作业”“辅助生产成本”“采购保管费”“管理费用”等账户的借方，并按提取的社会保险费和住房公积金总额记入“应付职工薪酬”账户的贷方。

4. 应付工会经费和职工教育经费的核算

工会经费和职工教育经费是按照国家规定由企业负担的用于工会活动方面和用于职工教育方面的经费。

工会经费和职工教育经费的提取，应按职工工资总额的一定比例计算。提取时一方面要计入费用，另一方面形成一笔应付款项。工会经费和职工教育经费作为一项费用，要按照工资费用的归属分别记入“工程施工”“机械作业”“辅助生产成本”“采购保管费”“管理费用”等账户的借方，并按提取的工会经费和职工教育经费总额记入“应付职工薪酬”账户的贷方。

（三）机械使用费的核算

机械使用费是指施工过程中使用自有施工机械所发生的机械使用费，使用外单位施工机械的租赁费，以及按照规定支付的施工机械进出场费等。施工机械分为大型施工机械（如大型挖煤机、推土机、压路机、大型吊车、升板滑模设备等）和中小型施工机械（如小型挖土机、机动翻斗车、混凝土搅拌机、砂浆搅拌机等）。

1. 租用机械使用费的核算

建筑施工企业所属各施工单位从外单位或本企业其内部独立核算的机械站租入施工机械所支付的租赁费，一般都能分清成本核算对象，可以根据“机械租赁费结算单”所列金额，直接计入有关工程成本核算对象的“机械使用费”成本项目。编制如下分录：

借：工程施工——合同成本——××工程——机械使用费

　贷：银行存款/应付账款

如果发生的施工机械租赁费应由两个或两个以上工程成本核算对象共同负担的，则根据所支付的租赁费总额和各工程成本核算对象实际使用的台班数，分配计入有关工程成本核算对象，在实际工作当中，租赁机械发生的租赁费的分配，是通过编制“机械租赁费分配表”来进行的。

【典型业务案例】

案例 2-25　8 月，上海嘉华建筑工程有限公司实行公司与项目部两级成本核算体制，第一项目承接了甲、乙两个车间的施工任务。公司根据甲、乙两个车间的机械使用费情况，编制机械租赁费分配表（见表 2-10）。根据该表编制如下会计分录：

表 2-10　机械租赁费分配表

受益对象	吊车		挖掘机		合计（元）
	台班单价：1 200（元）		台班单价：1 000（元）		
	台班	金额（元）	台班	金额（元）	
甲车间	30	36 000	15	15 000	51 000
乙车间	20	24 000	10	10 000	34 000
合计	50	60 000	25	25 000	85 000

借：工程施工——合同成本——机械使用费——甲车间　　51 000

　　　　　　——合同成本——机械使用费——乙车间　　34 000

　贷：银行存款　　85 000

2. 自有施工机械使用费的核算

（1）自有施工机械使用费归集的核算。

由施工队自行管理的施工机械或运输设备进行机械作业所发生的各项费用，应通过“机械作业”账户进行核算。费用发生时应先在该账户进行归集，到月终再按一定的标准分配到相关的对象上去。编制如下会计分录：

1）发生机械使用费时：

借：机械作业——××设备

　贷：原材料/应付职工薪酬/累计折旧/银行存款等

2）月末分摊结转时：

借：工程施工——合同成本——××工程——机械使用费

　贷：机械作业——××设备

自有机械使用费一般划分为人工费、燃料及动力费、材料费、折旧及修理费、其他直接费用、间接费用。其中，人工费是指司机、司炉等机械操作人员的工资薪酬。燃料及动力费是指机械运转所消耗的电力、固体燃料、液体燃料等费用。材料费是机械耗用的润滑油、擦拭材料、各种替换工具（传动皮带、轮胎、胶皮管）等的费用。折旧及修理费是按照规定对机械计提的折旧及发生的修理费。其他直接费用主要包括养路费、机械搬运费、安装费、装卸费等。间接费用是为管理和组织机械作业所发生的各种费用。

为了正确计算各类施工机械的台班成本，“机械作业”账户应按施工机械的名称或类别设置明细账户，并按费用项目进行明细核算。一般来说，大型机械应按单机或机组分别进行核算，小型机械则可按类别进行综合计算。财会部门应及时根据有关的原始凭证将各项费用记入多栏式的“机械作业”明细账。

【典型业务案例】

案例 2-26 8月，上海嘉华建筑工程有限公司使用吊车，本月发生应付工资 10 000 元；以存款支付电费 18 000 元；领用润滑油 2 400 元；计提折旧 14 000 元；以存款支付修理费 7 000 元；领用替换工具及部件 1 000 元。

1）计提工人工资时，做如下会计分录：

借：机械作业——吊车	10 000	
贷：应付职工薪酬		10 000

2）支付电费时，做如下会计分录：

借：机械作业——吊车	18 000	
贷：银行存款		18 000

3）领用材料时，做如下会计分录：

借：机械作业——吊车	3 400	
贷：原材料——润滑油		2 400
——替换工具及部件		1 000

4）计提折旧时，做如下会计分录：

借：机械作业——吊车	14 000	
贷：累计折旧		14 000

5）支付修理费时，做如下会计分录：

借：机械作业——吊车	7 000	
贷：银行存款		7 000

（2）自有施工机械使用费分配的核算。

建筑施工企业使用自有机械发生使用费用，一般先在“机械作业”中核算，然后采用使用台班分配法、预算成本分配法、作业量分配法分配计入“机械使用费”。

1）使用台班分配法。

使用台班分配法是指根据机械的单位台班实际成本和各受益对象使用的台班数分配机械作业成本的方法。该方法适用于以单机或机组为成本核算对象的施工机械和运输设备作业成本的分配。其计算公式如下：

$$某种机械每台班实际成本=\frac{当月实际发生机械使用费总额}{当月各成本受益对象使用机械总台班数}$$

$$\text{某受益对象应分配的某种机械作业费}=\text{该受益对象使用该种机械的台班数}\times\text{该种机械每台班实际成本}$$

【典型业务案例】

案例 2-27 8 月，上海嘉华建筑工程有限公司混凝土搅拌机本月实际发生费用为 12 000 元，实际工作 12 个台班，其中为 A 工程工作 4 个台班，为 B 工程工作 8 个台班，分配计算如下：

混凝土搅拌机每台班实际成本＝12 000÷12＝1 000(元/台班)

A 工程应分配的机械使用费＝4×1 000＝4 000(元)

B 工程应分配的机械使用费＝8×1 000＝8 000(元)

借：工程施工——合同成本——A 工程——机械使用费	4 000
工程施工——合同成本——B 工程——机械使用费	8 000
贷：机械作业——混凝土搅拌机	12 000

2）预算成本分配法。

预算成本分配法是以各受益对象的机械使用费预算成本作为分配标准分配机械作业成本的一种方法。该方法适用于以机械类别为成本核算对象，不便于计算台班或完成产量的机械作业费用的分配。其计算公式如下：

$$\text{当期机械使用费分配率}=\frac{\text{当期发生机械使用费总额}}{\text{当期各成本对象已完工预算机械使用费之和}}\times100\%$$

$$\text{某成本对象当期应负担机械使用费}=\text{该成本对象当期完工预计机械使用费}\times\text{当期机械使用费分配率}$$

【典型业务案例】

案例 2-28 8 月，上海嘉华建筑工程有限公司推土机本月实际发生机械作业费用 8 000 元，A、B 两工程预算使用费总额为 64 000 元，其中 A 工程预算使用费 40 000 元，B 工程预算使用费 24 000 元。分配计算如下：

推土机使用费分配率＝8 000÷64 000×100％＝12.5％

A 工程应分配的机械使用费＝40 000×12.5％＝5 000(元)

B 工程应分配的机械使用费＝24 000×12.5％＝3 000(元)

借：工程施工——合同成本——A 工程——机械使用费	5 000
工程施工——合同成本——B 工程——机械使用费	3 000
贷：机械作业——推土机	8 000

3）作业量分配法。

作业量分配法是以各种机械所完成的作业量为基础进行分配的方法。计算公式如下：

$$\text{某种机械单位作业量实际成本}=\frac{\text{该种机械实际发生作业费用总额}}{\text{该种机械实际完成作业量}}$$

$$\text{某受益成本核算对象应负担的该种机械使用费}=\text{该种机械单位作业量实际成本}\times\text{该种机械为受益成本核算对象提供的作业量}$$

作业量分配法一般适用于易于计算完成作业量的单台成本类机械，如汽车运输作业。

【典型业务案例】

案例 2-29 上海嘉华建筑工程有限公司卡车 8 月实际发生费用 120 000 元，提供运输作业 6 000 吨千米，其中为 A 工程提供作业量 3 500 吨千米，为 B 工程提供作业量 2 500 吨千米，分配计算如下：

卡车本月单位作业量实际成本＝120 000÷6 000＝20(元/千米)

A 工程应分配的机械使用费＝3 500×20＝70 000(元)

B 工程应分配的机械使用费＝2 500×20＝50 000(元)

借：工程施工——合同成本——A 工程——机械使用费　　70 000
　　工程施工——合同成本——B 工程——机械使用费　　50 000
　贷：机械作业——卡车　　120 000

（四）其他直接费用的核算

工程成本中的其他直接费是指在施工过程中发生的材料二次搬运费、临时设施摊销费、生产工具使用费、检验试验费、工程定位复测费、工程交点费、场地清理费、冬雨季施工增加费、夜间施工增加费及施工过程中耗用的水、电费等。

在实际工作中，其他直接费的核算可分为以下三种情况：

（1）费用发生时能分清成本受益对象的，发生时可直接计入各成本核算对象的成本中，编制如下会计分录：

借：工程施工——合同成本——××工程——其他直接费用
　贷：银行存款/临时设施摊销等

（2）费用发生时不能分清受益对象的，将其发生的费用先归入“工程施工——其他直接费”账户，月末按适当方法分配计入成本核算对象。其他直接费的分配标准一般为各受益对象的生产工时数之和或各受益对象的人工费、材料费、机械使用费实际费用之和。编制会计分录如下：

第一，当费用发生时：

借：工程施工——其他直接费用
　贷：银行存款/临时设施摊销等

第二，月末分配结转时：

借：工程施工——合同成本——××工程——其他直接费用
　贷：工程施工——其他直接费用

（3）费用发生时难于同成本中的其他项目分开，如冬雨季施工用的防雨、保温材料费、夜间施工的电器材料及电费、流动施工津贴、场地清理费、材料二次搬运费中的人工费、机械使用费等。为了简化核算手续，便于成本分析和考核，可以将这些费用并入人工费、材料费、机械使用费成本项目中去核算。

【典型业务案例】

案例 2-30 8 月，上海嘉华建筑工程有限公司承包的甲、乙两个工程，本月发生二次搬运费 3 500 元，场地清理费 2 500 元，均以银行存款支付。甲、乙工程的预算成本分别为：1 000 万元、2 000 万元。

1）费用发生时：

借：工程施工——其他直接费用　　6 000

　　贷：银行存款　　6 000

2）月末分配结转时：

甲工程分配其他直接费用＝6 000÷(1 000 万元＋2 000 万元)×1 000＝2 000(元)

乙工程分配其他直接费用＝6 000÷(1 000 万元＋2 000 万元)×2 000＝4 000(元)

借：工程施工——合同成本——甲工程——其他直接费　　2 000

　　　　　　　　　　　　——乙工程——其他直接费　　4 000

　　贷：工程施工——其他直接费用　　6 000

(五) 间接费用的核算

间接费用是指为完成合同所发生的，不宜直接归属于合同成本核算对象而应分配计入有关合同成本核算对象的各项费用支出。间接费用主要包括临时设施摊销费用和企业下属的施工、生产单位组织和管理施工生产活动所发生的费用，如管理人员薪酬、劳动保护费、固定资产折旧费以及修理费、物料消耗、取暖费、水电费、办公费、差旅费、财产保险费、工程保修费、排污费等。间接费用虽然也构成合同成本的组成内容，但是它在发生时一般不宜直接归属于受益对象，而应在资产负债表日按照系统、合理的方法分摊计入合同成本。

1. 间接费用的归集

间接费用是施工企业所属各施工单位为组织管理施工生产活动所发生的共同性费用，通常同时与若干工程有关。因此，该项费用在发生时无法直接计入某个对象，而必须采用一定的方法在相关对象之间进行分配。在费用发生时，应先通过“工程施工——间接费用”账户。

(1) 只有一个核算对象或能分清受益对象的，发生间接费用时直接计入各受益工程的成本，会计分录如下：

借：工程施工——合同成本——××工程——间接费用

　　贷：银行存款/应付职工薪酬/累计折旧等

(2) 有两个及两个以上受益对象而共同发生的间接费用，则在“工程施工——间接费用”进行归集，月末再按照各受益对象的直接费用进行分配计入各受益对象的成本，会计分录如下：

1）费用发生时：

借：工程施工——间接费用

　　贷：银行存款/应付职工薪酬/累计折旧等

2）月末分配结转时：

借：工程施工——合同成本——××工程——间接费用

　　贷：工程施工——间接费用

【典型业务案例】

案例 2-31　8月，上海嘉华建筑工程有限公司项目部承包甲、乙两个工程，本月发生如下各项管理费用：

1）以银行存款购入办公用品 5 500 元、支付工程管理办公室水电费 1 200 元；

2）分配本月管理工作人员工资 30 000 元；

3）计提本月行政管理部门固定资产折旧 6 500 元；

4）报销差旅费 5 000 元，以现金支付；

5）以银行存款购买防暑材料 550 元。

上海嘉华建筑工程有限公司编制如下会计分录：

1）购买办公用品、支付办公室水电费时：

借：工程施工——间接费用	5 500	
——间接费用	1 200	
贷：银行存款		6 700

2）分配本月管理人员工资时：

借：工程施工——间接费用	30 000	
贷：应付职工薪酬		30 000

3）计提本月行政管理部门固定资产折旧时：

借：工程施工——间接费用	6 500	
贷：累计折旧		6 500

4）报销差旅费，以现金支付时：

借：工程施工——间接费用	5 000	
贷：库存现金		5 000

5）购买防暑材料，以银行存款支付时：

借：工程施工——间接费用	550	
贷：银行存款		550

本期施工间接费用合计＝5 500＋1 200＋30 000＋6 500＋5 000＋550＝48 750(元)

2. 间接费用的分配标准

建造企业发生的有关费用，由某一成本核算对象负担的，应当直接计入成本核算对象成本，由几个成本核算对象共同负担的，应当选择直接费用比例、定额比例和职工薪酬比例等合理的分配标准，分别计入成本核算对象成本。在实际工作中，间接费用的分配方法通常与建筑安装工程管理费定额的计算基础保持一致。

(1) 对于一般建筑工程、打桩工程、木门窗安装工程、金属结构安装工程、筑炉工程等类工程，由于它们的管理费定额的计算基础一般是“直接费用”，因而在分配间接费用时原则上也应以“直接费用”作为分配标准。其计算公式为：

$$\text{间接费用分配率}=\frac{\text{当期发生的全部间接费用}}{\text{当期各合同发生的直接费用之和}}\times 100\%$$

$$\begin{matrix}\text{某合同当期应}\\ \text{负担的间接费用}\end{matrix}=\begin{matrix}\text{该合同当期实际}\\ \text{发生的直接费用}\end{matrix}\times\begin{matrix}\text{间接费用}\\ \text{分配率}\end{matrix}$$

(2) 对于人工施工的大规模土石方工程、管道及机电设备安装工程等类工程，由于它们的间接费用定额的计算基础一般是“人工费”，因而在分配间接费用时原则上也应以“人工费”作为分配标准。

$$间接费用分配率=\frac{当期发生的全部间接费用}{成本对象发生的人工费之和}\times 100\%$$

$$\begin{matrix}某合同当期应\\负担的间接费用\end{matrix}=\begin{matrix}该成本对象实际\\发生的人工费\end{matrix}\times\begin{matrix}间接费用\\分配率\end{matrix}$$

(3) 当实际成本与预算成本相近时，可采用“定额”作为分配标准。

【典型业务案例】

案例 2-32　8 月，上海嘉华建筑工程有限公司项目部承包的甲、乙两个工程，实际发生的全部间接费用为 48 750 元，以“直接费用”为间接费用的分配标准，其中甲工程直接费用合计金额为 941 012 元，乙工程直接费用合计金额为 1 496 488 元，其计算分配如下：

间接费用分配率＝48 750÷(941 012＋1 496 488)×100%＝2%

甲工程应分配的间接费用＝941 012×2%＝18 820.24(元)

乙工程应分配的间接费用＝1 496 488×2%＝29 929.76(元)

借：工程施工——甲工程——间接费用	18 820.24	
——乙工程——间接费用	29 929.76	
贷：工程施工——间接费用		48 750

五、辅助生产费用的核算

施工企业除了在施工现场直接从事建筑安装工程施工的施工单位外，还有一些从事工程施工所需材料、构件以及水、电等供应的辅助生产单位。施工企业的辅助生产单位是指为工程施工、机械作业直接或间接服务的非独立核算的生产单位，如从事工程所需材料、构件现场制作的砖瓦厂、石灰窑、混凝土构件加工队、铁木件的加工和设备维修车间等单位。如果上述生产单位是执行内部独立核算的，则不属于施工企业的辅助生产，应该属于施工企业的附属工业企业，其成本费用按工业企业会计核算方法进行核算。

各施工单位在现场耗用的材料、构件、水、电等费用分为自己供应的和由其他单位供应的两种。因此，这些费用的核算也分为以下两种情况。

(一) 由施工企业所属辅助生产部门自己供应

施工企业的辅助生产部门发生的各种费用记入“辅助生产成本”账户，月末按受益对象进行分配。其分配方法主要采用直接分配法，即按实际发生的辅助生产费用和生产的产量或劳务计算实际单位成本，然后按受益对象耗用量进行分配。其计算公式为：

$$\begin{matrix}辅助生产产品或劳务\\的单位成本\end{matrix}=\frac{该辅助生产的实际费用}{提供产品或劳务量合计-其他辅助生产单位耗用量}$$

$$\begin{matrix}某受益对象的\\分配费用\end{matrix}=\begin{matrix}该受益对象辅助\\生产产品的耗用量\end{matrix}\times\begin{matrix}辅助生产产品或\\劳务的单位成本\end{matrix}$$

【典型业务案例】

案例 2-33　8 月，上海嘉华建筑工程有限公司混凝土加工队当月加工预制空心板 240 立方米，实际成本为 120 000 元。其中，其中 30 立方米用于甲工程，40 立方米用于乙工程，其余已经验收入库。

实际单位成本＝120 000÷240＝500(元/立方米)

借：工程施工——合同成本——甲工程——材料费　　15 000
　　　　　——合同成本——乙工程——材料费　　20 000
　原材料——预制空心板　　85 000
　贷：辅助生产成本——混凝土加工队　　120 000

（二）由其他单位供应

能直接计入各工程受益对象的，可按实际计算金额记入“工程施工——其他直接费”账户。不能直接计入各成本计算对象的，可在月末根据一定的分配标准如实际用量、定额用量等，将其分配到各工程受益对象中。

单位成本＝实际耗用费用÷提供劳务量之和

某受益对象分配费用＝该受益对象耗用量×单位成本

【典型业务案例】

案例 2-34　8 月，上海嘉华建筑工程有限公司甲、乙两项工程当月耗电量为 4 000 度，其中，甲工程耗电量为 1 000 度，乙工程耗电量为 3 000 度，供电局开出发票结算当月电费 3 200 元，当月以银行存款支付该笔电费。相关计算与会计分录如下：

电费单位成本＝3 200÷4 000＝0.8(元)

甲工程应分配的电费＝1 000×0.8＝800(元)

乙工程应分配的电费＝3 000×0.8＝2 400(元)

借：工程施工——合同成本——甲工程——其他直接费用　　800
　　　　　——合同成本——乙工程——其他直接费用　　2 400
　贷：银行存款　　3 200

六、临时设施的核算

临时设施是指建筑企业为保证施工和管理的进行而建造的各种简易设施，包括现场的临时作业棚、办公室、休息室、厕所、材料库、机具棚、化灰池、注水池、沥青锅灶等设施；临时道路、围墙；临时给排水、供电、供热等管线；临时性简易周转房，以及现场临时搭建的职工宿舍、食堂、浴室、医务室、理发师、托儿所等临时福利设施。

建筑施工现场的临时设施一般由施工企业自行搭建，虽然临时设施的实物形态基本上与作为固定资产的房屋、建筑物类似，但是由于其建造标准较低，一般为临时性的建筑物，不可能长时间使用，多数在主工程竣工后就需将其拆除清理，恢复原有地貌。因此临时设施的价值只能是参照固定资产计提折旧的方式采用一定的摊销方法分别计入受益的工程成本。

（一）临时设施核算的科目设置

考虑到临时设施的特殊性，在会计核算上，建筑企业应将临时设施单独核算，专门设置“临时设施”“临时设施摊销”“临时设施清理”科目核算临时设施的成本、摊销额和清理情况。

“临时设施”属于资产类科目，用来核算施工企业为保证施工和管理的正常进行而构建的各种临时设施的实际成本。其借方登记企业购置或搭建各种临时设施的实际成本；贷方登记企业出售、拆除、报废不需要或不能继续使用的临时设施的实际成本；期末借方余额反映企业在用临时设施的账面实际成本。本科目应按临时设施的种类和使用部门设置明细账，进行明细分类核算。

“临时设施摊销”科目属于资产类科目，是“临时设施”科目的备抵调整科目，用来核算企业各种临时设施在使用过程中发生的价值损耗，即临时设施成本的摊销情况。其贷方登记企业按月计提摊入工程成本的临时设施摊销额，借方登记企业出售、拆除、报废、毁损和盘亏临时设施的已提摊销额，本科目期末为贷方余额，反映施工企业临时设施累计摊销额。本科目只进行总分类核算，不进行明细分类核算。需要查明临时设施的累计摊销额，可以根据临时设施卡片上所记载的该项临时设施的原价、摊销率和实际使用年限等资料进行计算。

“临时设施清理”科目属于资产类科目，用来核算企业因出售、拆除、报废和毁损等原因而转入清理的临时设施账面价值以及发生的清理费用和取得的清理收入。其借方登记出售、拆除、报废和毁损临时设施的账面价值以及发生的清理费用，贷方登记收回出售临时设施的价款和清理过程中取得的残料价值或变价收入；期末如为借方余额，反映临时设施清理后的净损失；如为贷方余额，则反映临时设施清理后的净收益。

临时设施清理工作结束后，应将净损失或净收益分别转入“营业外支出”和“营业外收入”科目，结转后，本科目应无余额。本科目应按被清理的临时设施名称设置明细账进行核算。

（二）临时设施的摊销方法

根据临时设施的特点和使用期限以及使用者的使用方法不同，应采用不同的方法进行摊销，主要有以下几种。

1. 工期法

工期法就是将临时设施的成本按照工期平均分摊到各期的一种方法，其原理与固定资产折旧的平均年限法相同。计算公式如下：

临时设施月摊销额＝[临时设施成本×(1－预计净残值率)]/预计使用月数

2. 工作量法

工作量法就是根据实际工作量计算每期摊销额的一种方法，它主要考虑了临时设施的使用强度。计算公式如下：

每一工作量摊销额＝[临时设施成本×(1－预计净残值率)]/预计总工作量

临时设施月摊销额＝临时设施当月实际工作量×每一工作量摊销额

施工企业的各种临时设施应当在工程建设期内按月进行摊销，摊销方法可采用工作量法，也可采用工期法。当月增加的临时设施，当月不摊销，从下月起开始摊销；当月减少的临时设施，当月继续摊销，从下月起停止摊销。

3. 一次摊销法

在实际工作中，对于价值相对较低的临时设施，也可以采用一次摊销法，就是直接将临时设施的成本一次性全部计入受益的工程成本。如果临时设施为两个及两个以上的工程成本核算对象服务，就按一定的分配标准，将其价值在受益的各个工程成本核算对象之间进行分配。

（三）搭建临时设施的会计核算

建筑施工企业购置的临时设施所支付的各项实际成本可直接计入“临时设施”科目。对于通过建筑安装才能完成的临时设施，发生的各有关费用，先通过“在建工程”科目核算，工程达到预定可使用状态时，再从“在建工程”科目转入“临时设施”科目。

【典型业务案例】

案例 2-35 8月，上海嘉华建筑工程有限公司承建的黄达住宅小区工程准备开工，在小区施工现场搭建临时办公用房，领用库存空心砖 10 000 块，金额 60 000 元；铝合金窗户 3 扇，金额 1 800 元；水泥 200 袋，金额 2 000 元；铝合金门一扇，金额 600 元；钢筋 2 吨，金额 7 000 元；应付搭建人员的工资 14 000 元；以银行存款支付的其他费用为 10 240 元。临时设施完工，交付使用。其会计分录编制如下：

（1）搭建时领用材料：

借：在建工程——黄达小区——办公用房	71 400	
贷：原材料——空心砖		60 000
——铝合金窗户		1 800
——水泥		2 000
——铝合金门		600
——钢筋		7 000

（2）应付搭建人员工资：

借：在建工程——黄达小区——办公用房	14 000	
贷：应付职工薪酬		14 000

（3）支付其他费用：

借：在建工程——黄达小区——办公用房	10 240	
贷：银行存款		10 240

（4）交付使用时：

借：临时设施——黄达小区——办公用房	95 640	
贷：在建工程——黄达小区——办公用房		95 640

（四）摊销临时设施的会计核算

工程施工单位所建造的各种临时设施，其使用期一般和为之服务的工程建设期相同，因而应将搭建临时设施所发生的实际支出，根据其服务期限和服务对象合理确定分摊方法，按期计提摊销额，分别计入受益工程的成本。

各期摊销时，先按应摊销的临时设施额借记“工程施工——合同成本——其他直接费用”账户，贷记“临时设施摊销”账户。

【典型业务案例】

案例 2-36 8月，上海嘉华建筑工程有限公司建设的临时办公用房价值 95 640 元，预计净残值率为 5%，预计工程的受益期为 20 个月。

（1）计算临时设施办公房的月摊销额：

临时办公房月摊销额=95 640×(1−5%)÷20=4 542.9(元)

（2）按月计提摊销额时：

借：工程施工——合同成本——其他直接费用　　4 542.9

　　贷：临时设施摊销　　4 542.9

以后各月摊销分录相同。

（五）临时设施拆除和报废的核算

拆除、报废不需用或不能继续使用的临时设施，可通过“临时设施清理”账户核算。清理时，将临时设施的账面价值记入“临时设施清理”账户的借方，将已提摊销额记入“临时设施清理”账户的借方，同时将临时设施的账面原价记入“临时设施”账户的贷方。

发生的变价收入和收回的残料价值，记入“银行存款”“原材料”等账户的借方，以及“应付职工薪酬”等账户的贷方。清理后的净损益，借记“营业外支出”账户或贷记“营业外收入”账户，以及贷记或借记“临时设施清理”账户。

【典型业务案例】

案例 2－37　接案例 2－36，上海嘉华建筑工程有限公司上述建筑主工程竣工，不再继续使用而进行拆除，已计提 19 个月摊销额，拆除时发生人工费 1 000 元，残料出售收到现金 800 元。

（1）注销办公房的成本和已提摊销额：

借：临时设施清理　　9 324.9

　　临时设施摊销　　86 315.1

　　贷：临时设施——黄达小区——办公用房　　95 640

（2）拆除办公房的人工费：

借：临时设施清理　　1 000

　　贷：应付职工薪酬　　1 000

（3）残料变价收入：

借：库存现金　　800

　　贷：临时设施清理　　800

（4）结转清理净损失：

借：营业外支出　　9 524.9

　　贷：临时设施清理　　9 524.9

任务四　施工企业结算过程典型业务核算

建筑业工程结算全名为工程价款的结算，是指施工单位与建设单位之间根据双方签订的合同（含补充协议）进行的工程合同价款结算。工程结算又分为工程定期结算、工程阶段结算、工程年终结算和工程竣工结算。

建筑业企业在工程完工后，发包、承包双方应在合同约定时间内办理工程竣工结算。由于工期的长短和工程约定的结算方式不同，核算也会有所区别。

一、工程结算的方式

工程竣工结算由承包人或受其委托具有相应资质的工程造价咨询人核对，竣工结算办理完毕，发包人应根据确认的竣工结算书在合同约定时间内向承包人支付工程竣工结算价款。我国采用的工程结算方式主要有以下几种。

（一）按月结算

按月结算实行旬末或月中预支，月终结算，竣工后清算的方法。跨年度竣工的工程，在年终进行工程盘点，办理年度结算。

（二）竣工后一次结算

建设项目或单项工程全部建筑安装工程建设期在 12 个月以内，或者工程承包价值在 100 万元以下的，可以实行工程价款每月月中预支，竣工后一次结算。

（三）分段结算

分段结算即当年开工，当年不能竣工的单项工程或单位工程按照工程形象进度，划分不同阶段进行结算。

（四）目标结算方式

目标结算方式即在工程合同中，将承包工程的内容分解成不同的控制界面，以业主验收控制界面作为支付工程款的前提条件。也就是说，将合同中的工程内容分解成不同的验收单元，当施工单位完成单元工程内容并经业主验收后，业主支付构成单元工程内容的工程价款。在目标结算方式下，施工单位想要获得工程价款，必须按照合同约定的质量标准完成界面内的工程内容。想要尽早获得工程价款，施工单位必须充分发挥自己的组织实施能力，在保证质量的前提下加快施工进度。

（五）结算双方约定的其他结算方式

实行预收备料款的工程项目，在承包合同或协议中应明确发包单位（甲方）在开工前拨付给承包单位（乙方）工程备料款的预付数额、预付时间，开工后扣还备料款的起扣点、逐次扣还的比例，以及办理的手续和方法。按照我国的有关规定，备料款的预付时间应不迟于约定的开工日期前 7 天。发包方不按约定时间预付的，承包方在约定预付时间 7 天后向发包方发出要求预付的通知。发包方收到通知后仍不能按要求预付，承包方可在发出通知后 7 天停止施工，发包方应从约定应付之日起向承包方支付应付款的贷款利息，并承担违约责任。

二、工程结算的依据

办理工程结算不是单纯由建筑方或承建方一方说了算，必须是有据可查、有所依据的。工程结算编制依据主要有以下几个方面：国家有关法律、法规、规章制度和相关的司法解释；《建设工程工程量清单计价规范》（GB 50500－2013）；施工方承包合同、专业分包合同及补充合同，有关材料、设备采购合同；招投标文件，包括招标答疑文件、投标承诺、中标报价书及其组成内容；工程竣工图或施工图会审记录，经批准的施工组织设计，以及设计变更、工程洽商和相关会议纪要；经批准的开、竣工报告或停、复工报告；双方确认的工程量；双方确认追加（减）的工程价款；工程预算书；双方确认的索赔、现场签证事项及价款；影响工程造价的相关资料；其他依据。

三、建造合同收入和合同费用的确认

（一）合同完工进度的确定方法

企业在资产负债表日提供劳务交易结果能够可靠估计的，应采用完工百分比确认提供劳务收入。确定合同完工进度的方法有以下 3 种。

（1）根据累计实际发生的合同成本占合同预计总成本的比例确定。

（2）根据已经完成的合同工作量占合同预计总工作量的比例确定。

（3）已完成合同工作的技术测量法。该方法是由专业技术人员现场进行科学测定完工进度的一种测量方法，适用于一些特殊的建造合同，如水下施工工程等。

（二）合同收入和合同费用的确认

根据完工百分比计算和确认当期的合同收入和合同费用的计算如下：

$$\text{当期确认的合同收入}=\text{合同总收入}\times\text{完工进度}-\text{以前会计年度累计已经确认的收入}$$

$$\text{当期确认的合同毛利}=(\text{合同总收入}-\text{合同预计总成本})\times\text{完工进度}-\text{以前会计年度累计已确认的毛利}$$

$$\text{当期确认的合同费用}=\text{当期确认的合同收入}-\text{当期确认的合同毛利}-\text{以前会计年度累计预计损失准备}$$

需要注意的是，公式中的完工进度实际上是累计完工进度。因此，企业在应用上述公式计算和确认当期合同收入和合同费用时应掌握工程开工期和计算期分别进行处理。

【典型业务案例】

案例 2-38　上海嘉华建筑工程有限公司签订了一项总金额为 1 500 万元的建造合同，合同规定的建设期为三年。第一年实际发生合同成本 400 万元，年末预计为完成合同成本尚需发生成本 850 万元；第二年实际发生合同成本 650 万元，年末预计为完成合同成本尚需发生成本 200 万元；第三年工程全部完工，累计发生的实际成本 1 250 万元。公司做如下账务处理：

（1）第一年：

第一年合同完工进度＝400÷(400＋850)×100％＝32％

第一年确认的合同收入＝1 500×32％＝480(万元)

确认的合同毛利＝(1 500－1 250)×32％＝80(万元)

确认的合同费用＝480－80＝400(万元)

（2）第二年：

第二年合同完工进度＝(400＋650)÷(400＋650＋200)×100％＝84％

第二年确认的合同收入＝1 500×84％－480＝780(万元)

确认的合同毛利＝(1 500－1 250)×84％－80＝130(万元)

确认的合同费用＝780－130＝650(万元)

（3）第三年：

第三年合同完工进度＝100％

第三年确认的合同收入＝1 500－480－780＝240(万元)

确认的合同毛利＝1 500－1 250－80－130＝40(万元)

确认的合同费用＝240－40＝200(万元)

四、工程结算的核算

（一）设置的主要账户

1. 合同履约成本

合同履约成本核算企业为履行当前或预期取得的合同发生的不属于其他企业会计准则规范范围，且按照收入准则应当确认为一项资产的成本。企业因履行合同而产生的毛利不在本科目核算。

企业为履行合同发生的成本，不属于其他企业会计准则规范范围且同时满足下列条件的，应当作为合同履约成本确认为一项资产：

第一，该成本与当前或预期取得的合同直接相关，包括直接人工、直接材料、间接费用、明确由客户承担的成本以及因该合同而发生的其他成本；

第二，该成本增加了企业未来用于履行履约义务的资源；

第三，该成本预期能够收回。

简单来说，如果不存在工业生产或设计服务，合同履约成本科目核算的内容实际就是原来“工程施工”科目核算的内容。

2. 合同负债

“合同负债”科目用于核算企业已收客户对价，而应向客户转让商品的义务，并在企业履行了相关义务之后转入收入。

客户支付的价款总额中包含了商品价款和增值税，由于增值税本身属于价外税，并不代表企业需要向客户转让商品所获得的对价，故需要将其与合同负债进行区分。

合同负债，实际上就是原来用的预收账款。

3. 合同资产

“合同资产”用来核算企业在客户实际支付合同对价或者在该对价到期应付之前，已经向客户转让了商品，应当按照因已转让商品而有权收取的对价金额。

合同资产并不是一项无条件收款权，该权利除了时间流逝之外，还取决于其他因素。收入准则中，这个科目可以理解为从原来应收账款中剥离出来的一部分内容。下面，举例说明应收账款与合同资产的区别。

【例1】企业现在把一台彩电卖给了客户，客户表示一个月后支付1万块钱的货款。此时，应该使用“应收账款”科目。因为到了一个月期限客户就会付款，应收账款只和时间有关。编制会计分录为：

借：应收账款

　贷：主营业务收入

　　　应交税费——应交增值税（销项税额）

【例2】假如同样的彩电卖给客户，客户表示目前其公司没有支付宽带费用，下个月才有电视信号。也就是，客户同意买彩电，但是，要等下个月有电视信号确定电视没有问题了才付钱。这种情况下，我们把这笔和时间流逝以外的原因有关的款项列入“应收账款”

就不行，而是列入合同资产。编制会计分录为：

本月份：

借：合同资产

贷：主营业务收入

应交税费——应交增值税（销项税额）

到下个月，有电视信号了，编制会计分录为：

借：应收账款

贷：合同资产

4. 合同结算

合同结算是新收入准则增加的新科目，旧准则叫工程结算。“合同结算”科目既不是资产，也不是负债，是一个具有双重性质的会计科目，可能是资产，也可能是负债。根据新收入准则相关规定，“合同结算”科目核算同一合同下属于在某一时段内履行履约义务涉及与客户结算对价的合同资产或合同负债。期末余额在借方的，根据其流动性，在资产负债表中分别列示为“合同资产”或“其他非流动资产”项目；期末余额在贷方的，根据其流动性，在资产负债表中分别列示为“合同负债”或“其他非流动负债”项目。

合同结算下设“收入结转”“价款结算”两个明细科目。“合同结算—价款结算”科目反映定期与客户进行结算的金额，设置“合同结算—收入结转”科目反映按履约进度结转的收入金额。简单地说，这个就是时间差，最终建造合同完工后，会结平余额。比如合同价款 1 000 元，年末完工进度为 60%，那么确认收入 600 元，“合同结算—收入结转”就是 600 元。但只收到对方给的货款 500 元，那么“合同结算—价款结算”就是 500 元。

（二）工程结算的主要账务处理

（1）实际发生合同成本。

工程开工后，每月根据实际发生的合同费用，做会计分录：

借：工程施工——合同成本——××工程

贷：应付职工薪酬/原材料/周转材料等

（2）确认收入时。

根据履约进度，计算完工百分比，并确定当期合同收入，做会计分录：

借：合同结算——收入结转

贷：主营业务收入

（3）成本结转时。

借：主营业务成本

贷：工程施工——合同成本——××工程

（4）结算合同价款时。

每月末，由公司预算部门按施工合同完成进度，开出工程结算价款账单，送交财务部门，做会计分录：

借：应收账款

贷：合同结算——价款结算

应交税费——应交增值税（销项税额）

（5）每月根据合同收取工程款时，按照实际收到合同价款，做会计分录：

借：银行存款
　　贷：应收账款

【典型业务案例】

案例2－39　2018年1月1日，上海嘉华建筑工程有限公司与甲方签订了一项工程承包合同，根据合同，工程的造价是6 300万元，工程期限为一年半，上海嘉华建筑工程有限公司负责工程的施工及全面管理，甲方按照第三方工程监理公司确认的工程完工量，每半年和公司结算一次，预计2019年3月31日竣工。预计可能发生的总成本4 000万元。

在新收入准则中，要求按履约进度计算确认收入，履约进度可以按照产出法计算，也可以按照投入法计算。产出法是根据完成的工程量，比如完成的公路里程、完成的建筑平方米。投入法一般指按照成本比例计算，就是按照累计发生的成本除以合同预计总成本计算履约进度。2018年增值税税率是10%，以下按每半年做一次账务处理：

2018年6月30日，假定工程累计实际发生的成本是1 500万元，公司与甲方结算了合同价款2 500万元，实际上只付了2 000万元的工程款（均不包含增值税额），我们假定公司与甲方结算时发生了增值税纳税义务，甲方在支付工程款的同时，支付其对应的增值税款。

1. 2018年1月1日到6月30日实际发生成本费用

借：工程施工——合同成本——××工程	15 000 000
贷：原材料/应付职工薪酬等	15 000 000

2. 2018年6月30日

履约进度＝1 500/4 000＝37.5%

合同总收入＝6 300×37.5%＝2 362.5(万元)

借：合同结算——收入结转	23 625 000
贷：主营业务收入	23 625 000

在这里，收入是自行计算的，2 362.5万元并不能形成一笔应收账款，先放到合同结算科目，在合同结算科目下可以设两个明细：收入结转和价款结算，收入结转在确认收入时会用到，主要是借方发生额。确认完收入后，结转“合同履约成本”或“工程施工—合同成本”。

借：主营业务成本	15 000 000
贷：工程施工——合同成本——××工程	15 000 000

同时，因为甲方和公司办理了结算手续，甲方已经确认完成2 500万元的工程量。则：

借：应收账款	27 500 000
贷：合同结算——价款结算	25 000 000
应交税费——应交增值税（销项税额）	2 500 000

此时，上海嘉华建筑工程有限公司产生纳税义务，公司自己算主营业务收入的环节不产生纳税义务。

3. 收到2 200万元时

借：银行存款	22 000 000
贷：应收账款	22 000 000

此时，2018 年 6 月 30 日，“合同结算”科目余额贷方 137.5 万元（2 500－2 362.5），表明上海嘉华建筑工程有限公司已经与客户结算但尚未履行履约义务金额为 137.5 万元，应在资产负债表作为合同负债合并列示。

2018 年 12 月 31 日工程累计实际发生成本 3 000 万元，上海嘉华建筑工程有限公司与甲方结算合同价款 1 100 万元，上海嘉华建筑工程有限公司实际收到价款 1 000 万元，不包含增值税款。假定与甲方结算时即发生增值税纳税义务，甲方在支付工程价款的同时支付其对应的增值税款。

4. 2018 年 7 月 1 日到 12 月 31 日发生的成本

借：工程施工——合同成本——××工程　　15 000 000

　贷：原材料/应付职工薪酬　　15 000 000

5. 2018 年 12 月 31 日

履约进度＝3 000/4 000＝75％

合同收入＝6 300×75％－2 362.5＝2 362.5(万元)

借：合同结算——收入结转　　23 625 000

　贷：主营业务收入　　23 625 000

同时：

借：主营业务成本　　15 000 000

　贷：工程施工——合同成本——××工程　　15 000 000

6. 根据结算的情况

借：应收账款　　12 100 000

　贷：合同结算——价款结算　　11 000 000

　　　应交税费——应交增值税（销项税额）　　1 100 000

借：银行存款　　11 000 000

　贷：应收账款　　11 000 000

当日，“合同结算”科目的金额为借方 1 125 万元（2 362.5－1 100－137.5），应在资产负债表中作为合同资产列示。

到 2019 年 3 月 31 日，工程累计实际发生的成本是 4 100 万元，上海嘉华建筑工程有限公司与乙方结算了合同竣工价款 2 700 万元，并支付了剩余的工程款 3 300 万元，上述价款均不含增值税。假定上海嘉华建筑工程有限公司与甲方结算时即发生增值税纳税义务，甲方在实际支付工程价款的同时支付增值税款。

7. 2019 年 1 月 1 日到 3 月 31 日发生的有关成本费用

借：工程施工——合同成本——××工程　　11 000 000

　贷：原材料/应付职工薪酬　　11 000 000

8. 2019 年 3 月 31 日该工程已经竣工决算。此时履约进度为 100％，结转剩余的所有收入。

借：合同结算——收入结转　　15 750 000

　贷：主营业务收入　　15 750 000

同时：

借：主营业务成本　　10 000 000

　贷：工程施工——合同成本——××工程　　10 000 000

9. 将合同履约成本结转到主营业务成本，并确认应收账款

借：应收账款　　29 700 000

　贷：合同结算——价款结算　　27 000 000

　　　应交税费——应交增值税（销项税额）　　2 700 000

10. 收到剩余工程款 3 630 万元

借：银行存款　　36 300 000

　贷：应收账款　　36 300 000

现在假定整个项目已经全部结束，款项已经收回，最后阶段“合同结算”的余额就变成了 0。到了期末，“合同结算”下的明细价款结算和收入结转两个明细科目，要对冲一下形成余额填到资产负债表上。

“合同结算”科目的期末余额在借方的，根据其流动性，在资产负债表中分别列示为“合同资产”或“其他非流动资产”项目；期末余额在贷方的，根据其流动性，在资产负债表中分别列示为“合同负债”或“其他非流动负债”项目。

【典型业务案例】

案例 2-40 上海嘉华建筑工程有限公司与其客户签订一项总金额为 580 万元的固定造价合同，该合同不可撤销。上海嘉华建筑工程有限公司负责工程的施工及全面管理，客户按照第三方工程监理公司确认的工程完工量，每年与上海嘉华建筑工程有限公司结算一次；该工程已于 2018 年 2 月开工，预计 2021 年 6 月完工，预计工程总成本为 550 万元。到 2019 年底，由于材料价格上涨等因素，甲公司将预计工程总成本调整为 600 万元。2020 年末根据工程最新情况将预计工程总成本调整为 610 万元。假定该建造工程整体构成单项履约义务，并属于在某一时段内履行的履约义务，该公司采用成本法确定履约进度，不考虑其他相关因素。该合同的其他有关资料如表 2-11 所示：

表 2-11　合同的其他有关资料　　单位：万元

项目	2018 年	2019 年	2020 年	2021 年	2022 年
年末累计实际发生成本	154	300	488	610	—
年末预计完成合同尚需发生成本	396	300	122	—	—
本期结算合同价款	174	196	180	30	—
本期实际收到价款	170	190	190	—	30

按照合同约定，工程质保金 30 万元需等到客户于 2022 年底保证期结束且未发生重大质量问题方能收款。上述价款均为不含税价款，不考虑相关税费的影响。

1. 2018 年账务处理

（1）实际发生合同成本：

借：工程施工——合同成本——××工程　　1 540 000

　贷：原材料/应付职工薪酬等　　1 540 000

（2）确认收入时：

履约进度＝154÷(154＋396)＝28%(总成本 550 万元)

合同收入＝580×28％＝162.4(万元)(总收入580万元)

借：合同结算——收入结转　　1 624 000
　贷：主营业务收入　　1 624 000

(3) 成本结转时：

借：主营业务成本　　1 540 000
　贷：工程施工——合同成本——B项目工程　　1 540 000

(4) 结算合同价款时：

借：应收账款　　1 740 000
　贷：合同结算——价款结算　　1 740 000

(5) 实际收到合同价款：

借：银行存款　　1 740 000
　贷：应收账款　　1 740 000

2018年12月31日，“合同结算”科目的余额为贷方11.6万元（174－162.4），表明上海嘉华建筑工程有限公司已经与客户结算但尚未履行履约义务的金额为11.6万元，由于上海嘉华建筑工程有限公司预计该部分履约义务将在2019年内完成，因此，应在资产负债表中作为合同负债列示。

2. 2019年账务处理

(1) 实际发生合同成本：

借：工程施工——合同成本——××工程　　1 460 000
　贷：原材料/应付职工薪酬等　　1 460 000

(2) 确认收入时：

履约进度＝300÷(300＋300)＝50％

合同收入＝580×50％－162.4＝127.6(万元)

借：合同结算——收入结转　　1 276 000
　贷：主营业务收入　　1 276 000

(3) 成本结转时：

借：主营业务成本　　1 460 000
　贷：工程施工——合同成本——B项目工程　　1 460 000

借：主营业务成本　　100 000
　贷：预计负债　　100 000

合同预计损失＝(300＋300－580)×(1－50％)＝10(万元)

到2019年底，由于该合同预计总成本600万元大于合同总收入580万元，预计发生损失总额为20万元，由于其中20万元×50％＝10万元已经反映在损益中，因此应将剩余的、为完成工程将发生的预计损失10万元确认为当期损失。根据《企业会计准则第13号—或有事项》的相关规定，待执行合同变成亏损合同的，该亏损合同产生的义务满足相关条件的，则应当对亏损合同确认预计负债。因此，为完成工程将发生的预计损失10万元应当确认为预计负债。

（4）结算合同价款时：

借：应收账款　　1 960 000

　贷：合同结算—价款结算　　1 960 000

（5）实际收到合同价款：

借：银行存款　　1 900 000

　贷：应收账款　　1 900 000

2019 年 12 月 31 日，“合同结算”科目的余额为贷方 80 万元（11.6＋196－127.6），表明上海嘉华建筑工程有限公司已经与客户结算但尚未履行履约义务的金额为 80 万元，由于上海嘉华建筑工程有限公司预计该部分履约义务将在 2020 年内完成，因此，应在资产负债表中作为合同负债列示。

3. 2020 年账务处理

（1）实际发生合同成本：

借：工程施工——合同成本——××工程　　1 880 000

　贷：原材料/应付职工薪酬等　　1 880 000

（2）确认收入时：

履约进度＝488÷(488＋122)＝80%

合同收入＝580×80%－162.4－127.6＝174(万元)

借：合同结算——收入结转　　1 740 000

　贷：主营业务收入　　1 740 000

（3）成本结转时：

借：主营业务成本　　1 880 000

　贷：工程施工——合同成本——B 项目工程　　1 880 000

借：预计负债　　40 000

　贷：主营业务成本　　40 000

合同预计损失＝(488＋122－580)×(1－80%)－10＝－4(万元)

到 2020 年底，由于该合同预计总成本 610 万元大于合同总收入 580 万元，预计发生损失总额为 30 万元，由于其中 30 万元×80%＝24 万元已经反映在损益中，因此预计负债的余额为 30 万元－24 万元＝6 万元，反映剩余的、为完成工程将发生的预计损失。因此，本期应转回合同预计损失 4 万元。

（4）结算合同价款时：

借：应收账款　　1 800 000

　贷：合同结算—价款结算　　1 800 000

（5）实际收到合同价款：

借：银行存款　　1 900 000

　贷：应收账款　　1 900 000

2020 年 12 月 31 日，“合同结算”科目的余额为贷方 86 万元（80＋180－174），表明上海嘉华建筑工程有限公司已经与客户结算但尚未履行履约义务的金额为 86 万元，由于该部分履约义务将在 2021 年 6 月底前完成，因此，应在资产负债表中作为合同负债列示。

4. 2021年1—6月账务处理

(1) 实际发生合同成本：

借：工程施工——合同成本——××工程　1 220 000

　贷：原材料/应付职工薪酬等　1 220 000

(2) 确认收入时：

合同收入＝合同总金额一截至目前累计已确认的收入
＝580－162.4－127.6－174＝116(万元)

借：合同结算——收入结转　1 160 000

　贷：主营业务收入　1 160 000

(3) 成本结转时：

借：主营业务成本　1 220 000

　贷：工程施工——合同成本——B项目工程　1 220 000

借：预计负债　60 000

　贷：主营业务成本　60 000

2021年6月30日，“合同结算”科目的余额为借方30万元（86－116)，是工程质保金，需等到2022年底保质期结束且未发生重大质量问题后方能收款，应当在资产负债表中作为合同资产列示。

任务五　施工企业与工业企业典型业务核算比较

施工企业和工业企业都是利用各种物质的物理或化学特性，将一种产品转变为另一种产品的生产组织，两者在生产过程、劳动手段、会计核算上都有很多的共同点，具体到存货、成本、收入的核算上还各有特殊性施工企业与工业企业会计核算主要差异比较，如表2-12所示。

表2-12　会计核算差异比较

	内容	工业企业	施工企业
存货的核算	外购材料采购成本构成	不含税买价、外地运杂费、运输途中合理损耗、入库前挑选整理费用、有关税金	不含增值税的买价、采购保管费用、运输途中合理损耗、入库前挑选整理费用、有关税金
	材料核算账户设置	“材料采购”“原材料”“材料成本差异”“周转材料”账户	还需设置“采购保管费”账户
	材料核算方法	实际成本法、计划成本法	实际成本法、计划成本法
往来款项核算		多体现在材料供应商和客户采取商业信用结算方式形式的往来款结算	与发包单位、分包单位、内部职能部门结算关系广泛而复杂

续表

	内容	工业企业	施工企业
成本核算	成本核算对象	产品的品种、批别、生产步骤等	施工图预算的单位、单项工程、各分部工程、合并的工程总体
	成本计算期	会计核算期	工程竣工后一次结算，或按工程形象进度结算
	成本计算方法	品种法、分批法、分步法、分类法、定额法	如同工业成本核算的分批法
	成本账户设置	“生产成本”“制造费用”账户	“工程施工”“机械作业”“工程结算”账户
	成本项目	直接材料、直接人工、制造费用、	人工费、材料费、机械使用费、其他直接费、间接费用
	在产品成本计算	不计算在产品法、按年初固定成本计算、按所耗原材料费用计价、约当产量法、在产品按完工产品成本计算、在产品按定额成本计算、定额比例法等	“工程施工”账户余额，即在建工程成本
	产成品成本计算	本月完工产品成本＝期初在产品成本＋本月发生生产费用－月末在产品成本	完工产品；累计成本发生额
收入核算	收入确认依据	按《企业会计准则第 14 号——收入》	按《企业会计准则——建造合同》
	主营收入的种类	商品销售、提供工业性劳务	建造合同收入
	流转税税种	增值税、消费税	增值税

一、施工企业经营管理的特点

（一）经营模式的特殊性

施工企业在经营方式上与其他企业有显著的不同，施工企业一般是通过招投标或议标等方式取得工程项目承包合同。合同建设的周期长，投资金额大，需要分期、分部位来确认合同完成情况，进行工程款支付。从项目的开工建设开始，经历项目正常施工、项目完工验收、项目交付使用，直到质保期满、质保金支付完毕，是一个长期复杂的过程。除了施工企业外，业主和监理方对项目建设进行全过程持续监控，如果是政府项目，建设的过程中或完工后还要进行政府审计。

（二）生产产品的特殊性

施工企业建造的产品主要包括房屋、建筑物、桥梁、道路、码头和设备的安装等，很多涉及国家的基础建设项目和国计民生工程。这些工程通常为不动产，每项建筑产品都有其特定的用途和建设要求，具有固定性、使用年限长、产品单一性、多样化等特点。

（三）生产方式的特殊性

首先，施工企业是通过建筑、安装等方式来完成施工产品的，具有独特性；其次，建筑产品是固定的，但配置的资源是流动的，工程项目的人员、机构、材料、物资等要在不同的地区、不同的类别的工程间流动施工；最后，施工企业还要借助大量的临时设施和专项设备才能完成项目建设，大部分临时设施和专项设备可以周转使用，而有些只能使用一次。

（四）系统模式的特殊性

施工企业是订单式生产，其生产产品的特殊性，要求必须在现场完成施工，才能最终完成产品的设计要求。这就造成了施工企业的机构、物资、设备和人员，始终围绕项目建设变动的特性，也决定了施工企业组织模式的特殊性。目前，施工企业采用项目法施工模式组织生产经营，项目经理部作为内部独立机构管理项目，工程项目建设开工前，项目经理部成立；工程项目完成竣工并交付后，该项目经理部撤销。以完成工程项目建设为核心来进行资源配置，以工程项目为成本或利润中心来考核经营业绩。

（五）风险存在的特殊性

由于正常施工一般是室外作业，室外作业造成工作条件千变万化，即使同一张图纸，因地质、气象、水温等条件不同，所生产的产品也会有很大的区别。加之作业时间长，隐蔽性工程多，施工过程中不确定自然因素非常多，如地震、洪水、飓风、滑坡、溶洞地质、水文变化等，都会给施工企业带来不可预知的风险。来自社会的风险，施工企业外埠施工项目，当地组工现象普遍存在，如果承揽工程施工队伍的施工水平不过硬，容易影响到工程建设质量，造成各种索赔，让施工企业遭受不必要的损失。

二、存货核算的差异

由于工业企业和施工企业有着各自的特点，它们在会计核算中的部分科目设置也有如下差异。

（一）供应过程会计科目设置的差异

（1）工业企业在供应过程主要设置“材料采购”“原材料”“周转材料”等科目。“周转材料”科目主要用于核算包装物和低值易耗品等。

（2）施工企业在供应过程除需设置“材料采购”“原材料”“周转材料”外，还需增设“采购保管费”。“采购保管费”主要核算采购及保管过程中发生的费用，而“周转材料”主要核算施工企业在施工中不断周转使用仍保持原有物质形态而逐渐转移其价值的材料，如模板、架料等。

（二）生产过程会计科目设置的差异

（1）工业企业在生产过程中主要设置“生产成本”“制造费用”等科目对各种产品的生产成本进行核算。

（2）施工企业在生产过程中主要设置“工程施工”“工程施工——间接费用”等科目对施工生产成本进行核算，同时还需设置“机械作业”科目对其施工生产过程中的机械使用费进行核算。

由于施工企业生产的流动性，还设置了“临时设施”“临时设施摊销”“临时设施清理”等科目对其临时设施进行核算。

（三）销售（结算）过程会计科目的异同

（1）工业企业在销售过程中主要设置“库存商品”科目对库存商品的成本进行核算，将其收入直接通过“主营业务收入”科目进行核算，其销售产品成本从“库存商品”账户的贷方结转到“主营业务成本”账户。

（2）施工企业在结算过程主要设置“工程结算”科目。

三、成本核算的差异

（一）成本核算范围的差异

工业企业的产品成本一般体现为所制造产品耗用的原材料、燃料及动力、直接人工福利费、废品损失、制造费用等支出。而施工企业的工程成本一般包括工程施工过程中所耗用的直接材料、直接人工费、机械使用费、其他直接费及间接费用等支出。

两者相比较，工业企业由于有较多的燃料动力和允许发生废品，因此在产品成本中单列出“燃料和动力”和“废品损失”成本项目；施工企业由于有较多的机械作业，因此在工程成本中单列出“机械使用费”成本项目。

（二）成本核算方法的差异

工业企业的成本核算方法主要包括品种法、分批法和分步法等。由于施工企业每项工程的特点，要求施工企业会计按照每项工程分别进行成本核算。因此，施工企业的成本核算方法主要采用项目法，即要求采用订单成本计算法，并使其实际成本与预算成本的计算口径相一致，以便于分析考核。

（三）成本结转方法的差异

工业企业的成本结转是在产品与产成品之间分配各自的成本，因此成本常用的分配方法包括不计算在产品法、按年初固定成本计算、按所耗原材料费用计价、约当产量法、在产品按完工产品成本计算、在产品按定额成本计算、定额比例法等。施工企业在项目完工前没有产成品，因此对于在产品的成本结转主要根据完工百分比法确认完工成本。

（四）完工时成本结转的核算差异

工业企业产品完工，其完工产品成本从“生产成本”账户转到“库存商品”账户中。施工企业工程完工，工程成本从“工程施工——合同成本”账户及“工程施工——合同毛利”账户结转到“工程结算”账户中。

四、收入核算的差异

工业企业在产品所有权转移时将其销售产品的收入记入“主营业务收入”账户，增值税记入“应交税费——应交增值税（销项税额）”账户，同时产品销售成本从“库存商品”账户结转到“主营业务成本”账户。由于施工企业是先接订单后按发包方的要求进行施工，合同事先已经签订，收入基本能确定，所以施工企业在采用完工百分比法确认某月（或某段）收入时，能计算得出其相应的毛利，确认的收入记入“主营业务收入”账户，其成本记入“主营业务成本”账户，并同时计算出合同毛利记入“工程施工——合同毛利”账户。

知识拓展

“营改增”后，建筑施工企业如何使用劳务更合算？

在实际施工中，建筑劳务总包基本采取外包或劳务派遣。因此，也就存在建筑劳务公司和劳务派遣公司。“营改增”后，总包应如何选择建筑劳务？建筑劳务外包和劳务派遣，哪个方式更合算呢？

一、建筑劳务公司

（一）“营改增”后，清包工合同税率降低

对建筑劳务公司而言，“营改增”以后，按照税法规定，建筑劳务公司按照10%征税。“营改增”之前，建筑劳务公司是按照3%征税的，相当于多了7%，所以建筑劳务公司的税负相对来说是加重的。

税法规定，清包工合同可以选择简易计税，所以建筑劳务公司跟总包公司签合同，基本上都是签清包工合同。

这样一来，建筑劳务公司可以选择简易计税，实际上是按照3%/(1+3%)=2.91%来征税的。即“营改增”以后，建筑劳务公司的税率比“营改增”之前下降了0.09%。

（二）总包签清包工合同更省税

(1) 选择与建筑劳务公司签订清包工合同，人工费可抵扣3%。

对于总包而言，选择与建筑劳务公司合作，并签订清包工合同，总承包公司的人工费可以抵扣3%。如果不与建筑劳务公司合作，那么人工费必须要做成工资表的形式，这样一来就无法抵扣，人工费纯粹是按10%开给业主的。

(2) 无须承担工人社保费用。

总包选择与建筑劳务公司合作，不需要再承担工人的社保费用。

“营改增”之前，工程项目的建安发票是在工程所在地代开的，地税局往往在开建安发票的时候，已经一次性综合扣除了工人工资里面的个人所得税了。“营改增”以后，增值税要回到公司注册所在地来申报了，在公司注册所在地开发票给对方，就不需要扣除工人工资的个税了。

依照劳动合同法来讲，建筑企业与工地民工构成雇佣与被雇佣的关系。如果建筑企业以工资表形式发放工人工资（不采用建筑劳务），按照规定，还需要给所有的工人缴纳社保。这样一来，施工企业负担加重。

因此，“营改增”以后，民工工资不能再走工资表形式，必须要走“跟建筑劳务公司签清包工合同”。这样能互惠互利，达到双赢。故大型的建筑企业集团，可以考虑成立一家建筑劳务公司。

二、劳务派遣公司

（一）劳务派遣公司实行差额征税

根据财税〔2016〕36号文件附件2规定，“营改增”以后，劳务派遣公司按照6%征收增值税（建筑企业的人工费可以抵扣6%）；

根据税务总局文件，财税〔2016〕47号文件规定，“营改增”以后，劳务派遣公司也可以选择差额计税，就是劳务派遣公司取得的全部价款和价外费用减去被派遣人员的工资、保险、福利费用，得到的差额部分采用简易计税，按照5%征税。

$$差额征税税额=差额\div(1+5\%)\times5\%$$

税法规定，劳务派遣公司一旦选择差额征税，只能抵扣差额部分的税，劳务派遣公司支付给被派遣职工的工资、保险、福利费只能开增值税普通发票。

例如，劳务派遣公司收到用人单位支付的人工费 1 000 万元，其中 800 万元用于支付工人的工资、福利费用。劳务派遣公司采用差额征税。

对于用人单位而言，支付 1 000 万元，只能收到 800 万元的普通发票和 200 万元的增值税专用发票。

可以用来抵扣的，只有 200 万元的发票按照 5%抵扣。对施工企业而言，肯定是不合算的。

（二）“营改增”以后，采用劳务派遣多处受限

营改增以后，建筑企业最好不要采用劳务派遣。原因如下：

(1) 选择劳务派遣依然要负担工人的社保费用。

(2) 按照劳动合同法规定，使用的被派遣劳动者数量不得超过企业用工总量的10%。(依照劳动合同法，用工比例是订立劳动合同文书里使用的被派遣劳动者总和来计算的。) 实际上，大部分情况下，工地上劳务派遣的民工往往超过 10%，这是不合法的。

(3) 依照劳动合同法暂行规定，劳务派遣员工只能在“临时性、辅助性、替代性”岗位任职（临时性，指工作时间不能超过 6 个月）。这项规定也同样限定使用劳务派遣员工。

因此，“营改增”以后，建筑施工企业应当限制或终止使用劳务派遣，最好与建筑劳务公司合作，走清包工合同形式。

思考题

1. 施工企业会计核算有哪些特点？
2. 施工企业的“周转材料”内容与制造业相比有哪些异同？
3. 施工企业如何进行临时设施的核算？
4. 施工企业如何进行机械使用费的核算？
5. 什么是完工百分比法？施工企业如何确认收入？
6. 什么是施工费用和工程成本？二者有何区别与联系？
7. 企业如何归集和分配辅助生产费用？
8. 施工企业人工费、材料费、机械使用费包括哪些内容？其核算方法分别是什么？
9. 与制造业相比较，施工企业的会计核算主要有什么特点？

业务实训

一、单项选择题

1. 甲工程将一批不需要用架料退库，经计算应补提摊销额 320 元，应借记（　　）账户。

A. “周转材料”　　B. “周转材料摊销”

C. “原材料”　　D. “工程施工”

2. 某工程领用跳板一批，计划成本为 12 000 元，预计残值占计划成本的 10%，预计使用期限为 20 个月，跳板的月摊销额为（　　）元。

A. 540　　B. 600　　C. 500　　D. 660

3. 企业在施工现场搭建临时办公房一处，发生的费用应先通过（　　）账户核算。

A. “临时设施”　　B. “在建工程”

C. “固定资产”　　D. “工程施工”

4. 施工企业拆除临时设施过程中发生的费用支出和变现收入应计入（　　）账户。

A. “工程施工”　　B. “在建工程”

C. “临时设施清理”　　D. “临时设施”

5. 工程成本核算一般应以（　　）作为成本核算对象。

A. 单位工程　　B. 分项工程　　C. 工程项目　　D. 分部工程

6. 工程成本中的间接费用包括（　　）。

A. 周转材料摊销额　　B. 施工机械租赁费

C. 夜间施工增加费　　D. 工程保修费

7. 施工企业临时设施的处理应通过（　　）账户进行核算

A. “固定资产清理”　　B. “待处理财产损溢”

C. “临时设施清理”　　D. “在建工程”

8. 施工企业在承接各项工程作业时，基本都把（　　）作为基本实施单位。

A. 工程项目　　B. 项目部　　C. 建筑合同　　D. 单位工程

9. 为了适应施工生产地分散、施工企业生产流动性大的特点，施工企业会计需要采取（　　）的办法。这样可以使会计核算与施工生产紧密结合、相互监督。

A. 集中管理、分级授权　　B. 内部独立核算

C. 分级管理、分级核算　　D. 计划成本核算

二、多项选择题

1. 施工企业在施工现场建造的（　　）属于临时设施。

A. 临时库房　　B. 简易作业棚　　C. 临时办公室　　D. 道路

2. 周转材料的价值摊销方法一般有（　　）。

A. 分次摊销　　B. 五五摊销　　C. 一次摊销　　D. 定额摊销

3. 施工企业某项目经理部发生的财务、施工人员的工资，根据实际情况可以计入（　　）账户。

A. “管理费用”　　B. “工程施工”　　C. “销售费用”　　D. “施工间接费用”

4. 按照承包工程企业的业务性质和能力可将施工企业分为（　　）。

A. 综合施工及总承包企业　　B. 子公司

C. 专业施工企业　　D. 专项分包公司

5. 施工企业生产经营的特点主要由建筑产品的特点决定，建筑产品一般具有的特点是（　　）。

A. 体积庞大　　B. 建造位置固定

C. 产品使用期限较长　　D. 结构和造型多样化

6. 施工企业的经营特点主要有（　　）。

A. 产品位置的固定性与施工生产的流动性

B. 工程的多样性与生产的单件性

C. 自然、气候条件对施工生产的制约性

D. 产品生产的长期性

7. 我国根据工程大小、工期长短的不同，采用的工程价款结算方式主要有（　　）。

A. 按月结算　　B. 竣工后一次结算

C. 分段结算　　D. 按年结算

8. 一次摊销法下，周转材料在购进时借记（　　）等科目，贷记“银行存款”等科目。

A. “周转材料”

B. “周转材料——摊销”

C. “应交税费——应交增值税（进项税额）”

D. “在途物资”

9. 考虑到临时设施的特殊性，在会计核算上，建筑企业应将临时设施单独核算，专门设置（　　）科目核算临时设施的成本、摊销额和清理情况。

A. “临时设施”　　B. “临时设施摊销”

C. “累计摊销”　　D. “临时设施清理”

10. 为了准确地核算工程成本，需要设置（　　）等科目。

A. “工程施工——合同成本”　　B. “工程施工——合同毛利”

C. “工程施工——间接费用”　　D. “机械作业”

三、判断题

1. 期末，工程施工与工程结算科目的余额之差，若为负，表示已完工尚未结算款，在资产负债表的存货项目中列示；若为正，表示已结算尚未完工工程，在资产负债表的预收款项项目中列示。（　　）

2. 工程施工合同完工后，将“工程结算”科目余额与相关工程施工合同的“工程施工”科目对冲，借记“工程施工”科目，贷记“工程结算”科目。（　　）

3. 建设项目或单项工程全部建筑安装工程建设期在 12 个月以内，或者工程承包价值在 100 万元以下的，可以实行工程价款每月月中预支，实行按月结算。（　　）

4. 各期摊销时，先按应摊销的临时设施额借记“工程施工——合同成本——其他直接费用”账户，贷记“临时设施摊销”账户。（　　）

5. 对于一般建筑工程、打桩工程、木门窗安装工程、金属结构安装工程、筑炉工程等类工程，由于它们的管理费定额的计算基础一般是“直接费用”，因而在分配管理费用时原则上也应以“定额成本”作为分配标准。（　　）

6. 间接费用的分配由几个成本核算对象共同负担的，应当选择直接费用比例、定额比例和职工薪酬比例等合理的分配标准，分别计入成本核算对象成本。（　　）

7. “机械作业”账户应按施工机械的名称或类别设置明细账户，并按费用项目进行明细核算。（　　）

8. 机械使用费是指施工过程中使用外单位施工机械所发生的机械使用费、使用外单位施工机械的租赁费，以及按照规定支付的施工机械进出场费等。（　　）

9. 工程施工用来核算根据合同完工进度已向客户开出工程价款结算账单，办理工程结算的价款。该账户是“工程结算”账户的备抵账户。（　　）

四、典型业务实训题

业务1 周转材料的练习

上海嘉华建筑工程有限公司 2017 年 2 月项目部仓库工程领用模板一批，成本 12 000 元，预计使用 10 次。本月实际使用两次，采用分次摊销法核算。

要求：

(1) 编制领用模板的会计分录。

(2) 计算模板每次使用的摊销额。

(3) 编制本月摊销时的会计分录。

业务2 辅助生产成本的练习

上海嘉华建筑工程有限公司有运输队和修配厂两个辅助生产部门。本月运输队耗用燃料 5 200 元，分配工资 1 800 元，计提固定资产折旧费 200 元；修配厂领用机械配件 3 000 元，分配工资 2 000 元，计提固定资产折旧费 390 元。辅助生产车间劳务供应量汇总表，如表 2-13 所示。

表 2-13 辅助生产车间劳务供应量汇总表

年 月 日

受益对象	运输（千米）	修理（工日）
辅助部门——运输队		20
辅助部门——修配厂	500	
施工工程 A	4 500	
施工工程 B	3 000	
重型机械		90
合计	8 000	110

要求：

(1) 编制辅助生产车间发生费用的分录。

(2) 采用直接分配法，计算辅助生产分配率，计算分配辅助生产费用。

(3) 编制分配辅助生产车间费用的分录。

业务3 间接费用的练习

上海嘉华建筑工程有限公司所属的项目部当月发生的间接费用如下：

(1) 以银行存款支付办公费 4 200 元。

(2) 临时设施摊销 6 000 元。

(3) 分配本月施工项目部管理人员的工资 23 000 元。

(4) 计提施工队项目部管理人员的福利费 3 220 元。

(5) 计提施工队项目部管理部门使用的固定资产折旧 1 850 元。

(6) 工地管理领用一次摊销的低值易耗品 2 350 元。

(7) 以银行存款支付工程财产保险费 20 000 元。

(8) 以银行存款支付工地管理用水电费 1 300 元。

(9) 以银行存款支付其他间接费用 16 200 元。

要求：

(1) 编制项目部发生间接费用的分录。

(2) 采用直接费用比例法，计算分配率，并编制分配上述间接费用的分录。其中 A 工程发生的直接费用 3 039 200 元，B 工程发生的直接费用 2 168 800 元。

业务 4　上海嘉华建筑工程有限公司与乙公司签订了一项总额为 3 780 万元的建筑合同，承建一座桥梁。工程 2018 年 1 月 1 日开工，预计 2020 年 12 月 31 日完工。最初，预计工程总成本为 2 400 万元。按照约定，乙公司每年底与上海嘉华建筑工程有限公司结算一次。假定该建造工程整体构成单项履约义务，并属于在某一时段履行的履约义务，上海嘉华建筑工程有限公司采用成本法确定履约进度。假定三年内增值税率为 9%，不考虑其他相关因素。

2018 年底，工程累计实际发生成本 900 万元，乙公司结算合同价款 1 500 万元，上海嘉华建筑工程有限公司实际收到价款 1 200 万元。

2019 年底，工程累计实际发生成本 1 800 万元，乙公司结算合同价款 660 万元，上海嘉华建筑工程有限公司实际收到价款 600 万元。

2020 年底，工程累计实际发生成本 2 460 万元，乙公司结算合同价款 1 620 万元，上海嘉华建筑工程有限公司实际收到剩余工程款 2 320.2 万元。

假定，上述款项均不含增值税税额，乙公司在实际支付工程价款的同事支付其对应的增值税款。

要求做如下会计分录：

（1）2018 年、2019 年、2020 年实际发生成本费用时。

（2）2018 年、2019 年、2020 年确认收入时。

（3）2018 年、2019 年、2020 年结转成本时。

（4）2018 年、2019 年、2020 年确认应收账款及增值税时。

（5）2018 年、2019 年、2020 年收到款项时。

CHAPTER

项目三

房地产开发企业会计

知识目标

- 了解房地产开发企业会计的概念及特点
- 理解房地产开发企业会计核算的特点
- 掌握房地产开发企业会计核算的主要内容

能力目标

- 能正确核算房地产开发企业的开发成本
- 能正确进行房地产开发企业开发产品的取得、销售、出租、周转等会计核算
- 能区分房地产开发企业与工业企业会计核算的异同
- 能胜任房地产开发企业会计岗位的工作

情境导入

会计小王，本月刚到中秋房地产开发公司上班，面对发生的如下业务，他该如何进行业务处理呢？

中秋房地产开发公司开发某建设用地 20 000 平方米，计划 60%作为商品性建设用地直接对外销售，40%用于本企业进行出租房和周转房的开发用地。在开发过程中，发生土地征用及拆迁补偿费 4 010 000 元，发生前期工程费 289 600 元，应付某施工企业基础设施承包费 2 600 000 元，开发间接费用 4 500 000 元，合计 11 399 600 元。三年后，该工程完工并验收合格，其中 12 000 平方米直接对外出售，8 000 平方米直接用于出租房和周转房开发（其中出租房实际占用 1 000 平方米，周转房占用 1 000 平方米，其余 6 000 平方米为配套设施占地）。

任务一 走进房地产开发企业

一、房地产开发企业概述

（一）房地产开发企业的概念

房地产是土地和房屋及其权属的总称，是人类赖以生存的基础。房地产业包括房地产开发经营、物业管理、房地产中介服务、自有房地产经营活动及其他房地产业。

根据《中华人民共和国城市房地产管理法》规定，房地产开发企业是房地产业中的第一部分，即房地产开发经营，不包括物业管理、房地产中介服务、自有房地产经营活动及其他房地产业。房地产开发是房地产开发企业根据城市建设总体规划和社会经济发展的要求，在依法取得土地使用权（开发权、经营权）的基础上，对土地及其地上建筑物进行建设、改造、利用等生产建设与经营管理的一项综合性的社会经济活动。房地产开发企业就是从事房地产开发和经营管理的企业，它既是房地产产品的生产者，又是房地产商品的经营者。

（二）房地产开发企业会计的概念

房地产开发企业会计是在土地和房屋及配套设施的开发过程中，对其劳动成果及相应的劳动耗费进行计量的专门化会计。房地产开发企业会计的概念见图 3－1。

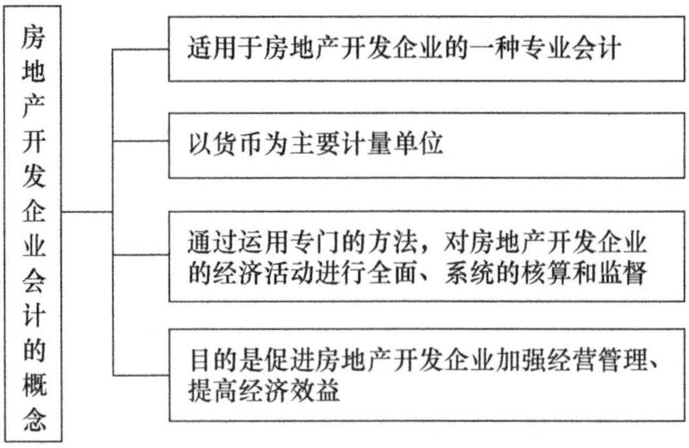

图 3－1　房地产开发企业会计的概念

二、房地产开发企业的主要经营活动

（一）房地产开发企业的经营特点

房地产开发企业的生产经营与施工企业不同。其经营特点主要有以下几点。

1. 开发经营的计划性

企业征用的土地、建设的房屋、基础设施以及其他设施都应严格控制在国家计划范围之内，按照规划、征地、设计、施工、配套、管理“六统一”原则和企业的建设计划、销售计划进行开发经营。

2. 开发产品的商品性、单件性及不可移动性

房地产开发企业的产品全部都作为商品进入市场，按照供需双方合同协议规定的价格或市场价格作价转让或销售。

3. 开发经营业务的复杂性

所谓复杂性包括两个方面：

(1) 经营业务内容复杂。企业除了土地和房屋开发外，还要建设相应的基础设施和公共配套设施。经营业务囊括了从征地、拆迁、勘察、设计、施工、销售到售后服务全过程。

(2) 涉及面广，经济往来对象多。企业不仅因购销关系与设备、材料物资供应单位等发生经济往来，而且因工程的发包和招标与勘察设计单位、施工单位发生经济往来，还会因受托代建开发产品、出租开发产品等与委托单位和承租单位发生经济往来。

4. 开发建设周期长，投资数额大

开发产品要从规划设计开始，经过可行性研究、征地拆迁、安置补偿、七通一平、建筑安装、配套工程、绿化环卫工程等几个开发阶段，少则一年，多则数年才能全部完成。另外，上述每一个开发阶段都需要投入大量资金，加上开发产品本身的造价很高，需要不断地投入大量的资金。

5. 经营风险大

开发产品单位价值高，建设周期长、负债经营程度高、不确定因素多，一旦决策失误，销路不畅，将造成大量开发产品积压，使企业资金周转不灵，导致企业陷入困境。

(二) 房地产开发企业的开发产品

房地产开发企业根据其开发对象的不同，开发的主要业务（产品）可以分为：

(1) 土地的开发与经营。

(2) 房屋的开发与经营。

(3) 城市基础设施和公共配套设施的开发与建设。

(4) 代建工程的开发与建设。

(三) 房地产开发企业的典型经济业务

房地产开发企业的主要经营活动是开发、经营商品房等建筑产品，建筑产品的开发建设过程是开发企业经营活动的中心环节。典型经济业务的会计核算主要包括开发成本的核算、开发产品的核算、出租开发产品的核算及周转房的核算。

1. 开发成本的核算

开发成本是指房地产开发企业在开发过程中所发生的各项费用支出。开发成本按其用途，可分为如下四类：

(1) 土地开发成本：指房地产开发企业开发土地（即建设场地）所发生的各项费用支出。

(2) 房屋开发成本：指房地产开发企业开发各种房屋（包括商品房、出租房、周转房、代建房等）所发生的各项费用支出。

(3) 配套设施开发成本：是指房地产开发企业为满足居民居住的需要，或根据城市市政建设规划的要求，以及产品开发项目建设设计规范的要求，而参与开发、建设的各种服务性配套设施所发生的各项费用支出。

（4）代建工程开发成本：指房地产开发企业接受委托单位的委托，代为开发建设的工程（或参加委托单位招标，经过投标中标后承建的开发项目）所发生的各项费用支出。

2. 开发产品的核算

开发产品是指企业已经完成全部开发过程，经验收合格，符合设计标准，可以按合同规定的条件移交购货单位的产品，或者可以作为商品对外销售的产品，包括已开发完成的土地、房屋、配套设施和代建工程等。主要涉及开发产品增加和减少的核算。

3. 出租开发产品的核算

出租开发产品是指由房地产开发企业开发完成、用于出租经营的土地和房屋。它是企业资产的一部分，但它不同于企业的固定资产，也不同于企业的一般劳动产品。企业会计制度规定，对于意图出售而暂时出租经营的开发产品，应在资产负债表的“存货”项目内列示。

4. 周转房的核算

房地产开发企业的周转房是指用于安置拆迁居民、产权归企业所有的各种房屋。包括：

（1）在开发过程中已明确安置拆迁居民的房屋。

（2）搭建用于安置拆迁居民的临时性简易房屋。

（3）开发的在未销售前用于安置拆迁居民的房屋。

三、房地产开发企业会计核算的主要特点

房地产开发企业的产品是地产或房产，产品开发周期长，生产经营方式多样，投资主体复杂，与一般企业的生产经营活动有很大的不同。房地产开发跨越生产和流通两个领域，其活动内容包括规划设计、征地拆迁、土地开发、各类房屋改造、工程验收、经营销售、交付使用、售后管理和维修服务等。但其与施工企业的会计核算又有不同。房地产开发企业会计核算的特点主要体现在以下几个方面。

（一）资金需求量大，筹资渠道广泛，财务风险大

房地产开发产品单位价值高，建设周期长，因此房地产开发资金投入量比其他行业大得多，属于资本密集型行业。房地产开发企业所需资金主要通过负债和吸收所有者投资取得。房地产开发企业的债务筹资渠道主要有金融机构贷款、预收购房金或预收代建工程款、发行企业债券、发行股票；房地产开发企业的资本融资方式包括与其他单位联合开发，吸收其他单位投资或发行股票、增资扩股等筹集股本等。目前，我国房地产开发企业主要采用债务融资方式，资产负债率比较高，贷款费用负担较重。一旦开发产品销路不畅，其所占用的大量资金将难以收回和参与周转，导致企业陷入财务困境。

（二）资金占用形态的多元性，表现为成本核算对象的确定具有复杂性

房地产开发企业的开发经营，涉及的内容非常广泛，既有土地的开发和建设、房屋的开发和经营，又有代建工程的开发，以及城市基础设施和公共配套设施的开发建设等业务。因此房地产开发企业的资金运动，不仅表现出货币资金依次转化为储备资金、在建资金、建成资金的直线运动特点；而且还表现为在储备资金转化为建设资金的过程中，呈现出资金占用的多元性、多向平行运动的特点。这其中包括土地开发项目在建资金、商品房项目在建资金、代建工程项目在建资金、配套设施及市政工程等项目在建资金的多种不同

存在形态。随着各项在建项目的完工，在各项在建资金转化为建成资金过程中，同样表现出多元性及多向平行运动的特征。从房地产开发企业资金运动的这一特征可以看出，其会计核算需要按资金占用的多种形态组织资金运动的分类核算；同时在成本核算中，要以开发项目作为成本计算对象分别设置成本计算单进行费用的归集和分配，计算各项开发项目的成本。

（三）资金结算关系复杂，收入核算具有特殊性

房地产开发企业在开发经营期间要与勘察设计单位、拆迁部门、施工企业、物资供应企业、房屋承租单位等许多经济主体发生业务往来，加之企业间大量采用预收、预付结算方式，从而使房地产开发企业因业务往来引起的资金结算关系极为复杂。再就是单位价值昂贵，收款期限长，营销方式灵活多样，根据客户的现时资信状况又难以确定款项收回的可能性，所以其收入的确认、计量及相关会计处理也具有一定的特殊性。

（四）核算周期具有长期性

房地产开发企业开发产品，通常需要经过开发所在地区总体规划的可行性研究、征地补偿、拆迁安置、七通一平、建筑安装、配套设施工程、绿化环卫工程等多种建设阶段完成。因此，产品开发周期较长，有的需要几年甚至十几年才能完成。这就意味着企业的经营开发资金在建设过程中需要停留长的时间，并且需要投入较大的金额。这一特点决定了房地产开发企业的会计核算应按权责发生制原则和配比原则，合理确定各个会计期间的收入和费用，正确处理跨年度的各项收入和费用，以便合理确定各项的损益。

（五）商品销售的特殊性

随着我国市场经济的不断发展，房地产开发企业的开发产品逐步进入市场，使开发产品具有特殊性。其特殊性主要表现在：首先，房地产产品的不可移动性，房地产产品通常在固定地点上进行开发建设，产品是不可移动的；其次，商品的价格受所处地理位置、交通条件、基础设施、配套工程等相关因素的影响较大，通常按供需双方合同或协议规定的价格、市场价格等作价销售。

四、房地产开发企业会计科目的设置

根据房地产行业特点，房地产企业会计科目的设置和其他企业有所区别。本书房地产企业的会计科目表是按照《房地产开发企业会计制度》结合《企业会计制度》设置的，两者的区别主要在于“房地产企业会计科目表”比《企业会计制度》增加或更改了一些会计科目名称，这些会计科目的具体应用在以后的内容中将一一涉及。其中最主要的是“开发成本”“开发间接费用”“开发产品”等科目。

任务二　房地产开发企业开发成本典型业务核算

一、房地产开发企业开发成本概述

（一）开发成本的分类

为了加强开发产品成本的管理，降低开发过程耗费的活劳动和物化劳动，提高企业经济效益，必须正确核算成本，在各个开发环节控制各项费用支出。

要核算开发产品的成本，必须明确开发产品成本的种类和内容。开发产品成本是指房地产开发企业在开发过程上中所发生的各项费用支出。开发产品成本按其用途可分为以下四类。

1．土地开发成本

土地开发是指对土地进行平整、管道铺设和道路建设等基础设施建设。企业将有偿获得的土地开发完成后，既可有偿转让给其他单位使用，也可自行组织建造房屋和其他设施，然后作为商品作价出售，还可以开展土地出租业务，但土地所有权仍归国家所有。其土地开发成本包括企业开发土地（即建设场地）所发生的各项费用支出。

2．房屋开发成本

房屋开发指房屋的建造；房屋经营指房屋的销售与出租。企业可以在开发完成的土地上继续开发房屋，开发完成后，可作为商品作价出售或出租。企业开发的房屋，按用途可分为商品房、出租房、周转房、安置房和代建房等。其房屋开发成本包括企业开发各种房屋所发生的各项费用支出。

3．城市基础设施和公共配套设施开发成本

城市基础设施是使城市中为顺利进行各种经济活动和其他社会活动而建设的各类设施的总称，主要包括能源设施，供、排水设施，交通设施，邮电通信设施，环保设施，防灾设施等。公共配套设施主要指住宅区内的市政公用设施和绿地，主要包括：教育、医疗卫生、文化体育、商业服务、行政管理、社区服务和绿地等设施。其开发成本包括建设这些设施所发生的各项费用支出。

4．代建工程开发成本

代建工程的开发是企业接受政府和其他单位委托，代为开发的工程。其开发成本包括在建过程中所发生的各项费用支出。

（二）开发成本的项目

以上四类开发产品成本，在核算上按照成本支出的用途分为以下六个成本项目。

1．土地征用及拆迁补偿费或批租地价

土地征用及拆迁补偿费或批租地价是指房地产开发企业按照城市建设总体规划进行土地开发发生的各项费用，包括征地费、劳动力安置费、耕地占用税，以及有关地上、地下附着物拆迁补偿的净支出（扣除拆迁旧建筑物回收的残值）、安置动迁居民用房的支出等，或采用批租方式取得土地的批租地价。

2．前期工程费

前期工程费是指开发项目前期发生的各项费用，包括规划、设计、项目可行性研究、水文、地质、勘察、测绘、“三通一平”（通水、通电、通路、清理平整建设场地）、房屋开发过程中发生的供水、供电、供气、排污、排洪、通信、照明、绿化、环卫设施及道路等基础设施。

3．基础设施费

基础设施费是指开发企业在开发过程中发生的各项基础设施支出，包括开发小区内道路、供水、供电、供气、排污、排洪、通信、照明、环卫、绿化等工程发生的支出。其中，开发小区内道路、供水、供电、供气、排污、排洪、通信照明工程，通常称为“七通”。

4. 建筑安装工程费

建筑安装工程费是指土地房屋开发过程中按建筑安装工程施工图施工所发生的各项建筑安装工程费和设备费。如果企业以出包工程的形式进行施工建设，建筑安装工程费就是房地产开发企业支付给承包单位的建筑安装工程费；如果以自营方式进行，建筑安装工程费则是房地产企业为进行某一项工程发生的直接人工、直接材料、机械使用费、其他直接费用和间接费用的总和。

5. 配套设施费

配套设施费指在开发小区内发生，可计入土地、房屋开发成本的不能进行有偿转让的公共配套设施费用，如锅炉房、水塔、居委会、派出所、幼托、消防、自行车棚、公厕等设施支出。

6. 开发间接费用

开发间接费用指房地产开发企业内部独立核算单位及开发现场为开发房地产而发生的各项间接费用，包括现场管理机构人员工资、福利费、折旧费、修理费、办公费、水电费、劳动保护费、周转房摊销等。

由此可以看出，构成房地产开发企业产品的开发成本相当于工业企业的制造成本和建筑安装公司工程的施工成本。如要计算房地产开发企业产品的完全成本，还要计算房地产开发企业（公司本部）行政管理部门为组织和管理开发经营活动而发生的管理费用及销售费用，也叫期间费用。它们绝大部分都是经营期间的费用开支，与开发工程量的关系不太密切。如果将期间费用计入开发产品成本，在开发产品开发、销售、出租、转让不同步的情况下，就会增加开发产品的成本。特别是在开发房地产滞销期，将滞销期间发生的管理费用、财务费用和营业费用计入开发产品成本，就会使企业造成大量的成本虚增，不能及时反映企业的经营状况。同时，将期间费用计入开发产品成本，不但要增加核算的工作量，也不利于正确考核企业开发单位的成本水平和成本管理责任。因此，现行会计制度中规定将期间费用计入当期损益，不再计入开发产品的成本。

（三）开发成本核算账户的设置

为核算房地产开发企业的开发成本，企业可根据其本身经营开发的业务要求，设置下列账户。

1. “开发成本”账户

“开发成本”账户是核算房地产开发企业在土地、房屋、配套设施和代建工程开发过程中所发生的各项费用。企业对出租房进行装饰及增补室内设施而发生的出租房工程支出，也在该账户进行核算。该账户的借方登记各成本核算对象所发生的各项费用，其中的直接费用记入该账户，间接费用应先在“开发间接费用”账户进行归集，期末再按一定的分配标准分配计入有关的开发产品成本，转入该账户；贷方登记结转已开发完成并验收合格的土地、房屋、配套设施和代建工程的实际成本；借方余额反映企业在建开发项目的实际成本。

“开发成本”账户的性质、作用与工业企业的“生产成本”和施工企业的“工程施工”账户类似，都属于成本类账户。“开发成本”账户应按开发项目的种类设置下列明细账户：土地开发、房屋开发、配套设施开发、代建工程开发等，并在二级明细账户下，按成本核算对象和成本项目进行明细核算。

2.“开发间接费用”账户

“开发间接费用”账户是核算开发企业内部独立核算的二级管理机构为开发产品而发生的各项间接费用，包括工资、福利费、折旧费、修理费、办公费、水电费、劳动保护费、周转房摊销等。其借方登记企业内部独立核算单位为开发产品而发生的各项间接费用，贷方登记期末分配结转到开发成本各成本核算对象的开发间接费用，期末无余额。

“开发间接费用”账户的性质、作用与工业企业的“制造费用”和施工企业的“工程施工——间接费用”账户类似，都属于成本类账户。企业发生的应计入开发成本的各项间接费用，借记“开发间接费用”账户，贷记“应付职工薪酬”“累计折旧”“周转房”等账户；期末分配结转开发企业内部的开发间接费用，按照不同的单位、部门设置明细账进行明细核算。企业行政管理部门（总部）为组织和管理生产经营活动而发生的管理费用不在该账户内核算。

（四）开发成本核算对象的确定

合理确定成本核算对象，是企业开发产品成本核算的重要条件。开发产品成本的核算对象，就是在开发产品成本的计算过程中，为归集和分配费用而确定的费用承担者。成本核算对象如果划分过粗，则不能反映独立开发项目的实际水平；如果划分过细，则会增加许多间接费用的分配，增加核算工作量，并影响成本的准确性。

由于房地产开发企业是按照城市总体规划、土地使用规划和城市建设规划的要求，在特定的固定地点进行开发经营的，因此，在确定成本核算对象时，一般应结合开发工程的地点、用途、结构、装修、层高、施工队伍等因素来进行。其一般原则见图3-2。

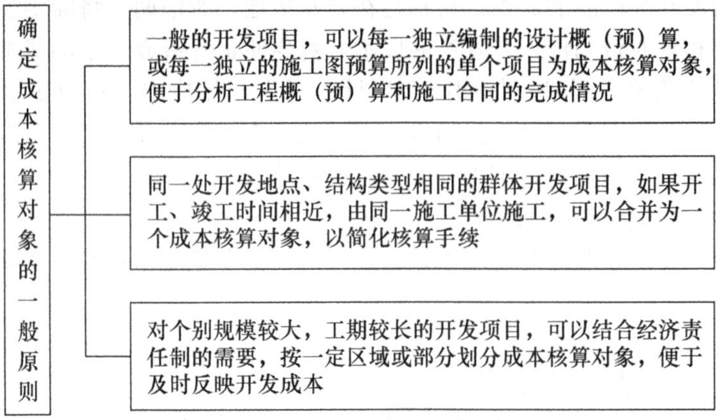

图3-2　确定成本核算的一般原则

成本核算对象一经确定，不得任意变更，并应及时通知企业内部各有关部门，以统一成本核算口径。为了集中反映各个成本核算对象本期应负担的房地产开发费用，企业财会部门应按每一成本核算对象分别设置成本明细账，并按成本项目分设专栏，以便归集和分配各成本核算对象的房地产开发费用并计算其开发成本。

（五）开发成本计算期

一般而言，房地产开发产品的成本计算期与开发建设周期一致，所以，以房地产开发建设周期作为成本计算期，一般于开发产品销售竣工后进行成本结算。也就是说，开发产品成本是在产品开发完成并验收合格后才结算出来，因而，房地产开发产品成本计算方法与分批（订单）法完全一致。

二、开发成本具体核算方法

（一）土地开发成本的核算

房地产开发企业开发的土地，按其用途可分为两种：一种是为开发商品房、出租房等房屋而开发的自用土地；另一种是为了转让、出租而开发的商品性土地（也叫作商品性建设场地）。

1. 土地开发成本核算的对象

为了既有利于土地开发支出的归集，又有利于土地开发成本的结转，对需要单独核算土地开发成本的开发项目，无论是自用土地开发还是商品性土地开发，都可以按下面原则确定土地开发成本的核算对象：

（1）对于开发面积不大、开发工期较短的土地，可以每一块独立的开发项目为成本核算对象。

（2）对于开发面积较大、开发工期较长、分区域开发的土地，可以一定区域作为土地开发成本核算对象。

成本核算对象应在开工之前确定，一经确定就不能随意更改，更不能互相混淆。

2. 土地开发成本项目的设置

房地产开发企业在取得土地之后，由于土地原有状态的不同，土地在后期建设设计要求的不同，房地产开发企业在对土地进行开发时，所支付开发成本也是不相同的。如果只是耕地或一块没有地上附着物的项目，只进行场地平整就行；如果有建筑物、障碍物等附着物，还需要对其进行拆除和土地平整；还有的除了场地平整外还要铺设地下管线、修建地面道路等。所以企业要根据所开发土地的具体情况和会计制度规定的成本项目，设置土地开发项目的成本项目。一般情况下企业对土地开发成本的核算可设置如下几个明细账户：土地征用及拆迁补偿费或批租地价、前期工程费、基础设施费、开发间接费用。对于会计制度规定的、企业没有发生支出内容的成本项目，如建筑安装工程费、配套设施费等可不必设置。

3. 土地开发支出划分和归集

企业因开发土地而发生的各项费用被称为土地开发成本。对于自用土地和商品性建设场地的会计核算要求是不同的，划分和归集原则如图 3-3 所示。

4. 土地开发成本的结转

房地产开发企业在土地开发过程中发生的各项支出，除可以直接计入房屋开发成本的自用土地的开发支出在“开发成本——房屋开发成本”账户核算外，其他土地开发支出应通过“开发成本——土地开发成本”账户进行核算。为了分清转让、出租用土地开发成本和不能确定负担对象自用土地开发成本，对土地开发成本应按土地项目的类别分别设“自用土地开发成本”和“商品性土地开发成本”两个二级账户，并按照成本核算对象和成本项目设置。对发生的土地征用及拆迁补偿费、前期工程费、基础设施费等土地开发的直接费用，在费用发生时，根据有关凭证直接记入“开发成本——土地开发成本”账户的借方，即借记“开发成本——土地开发成本”或“房屋开发成本”等，贷记“银行存款”“应付账款”“应付职工薪酬”等相关账户；发生的开发间接费用先记入“开发间接费用”

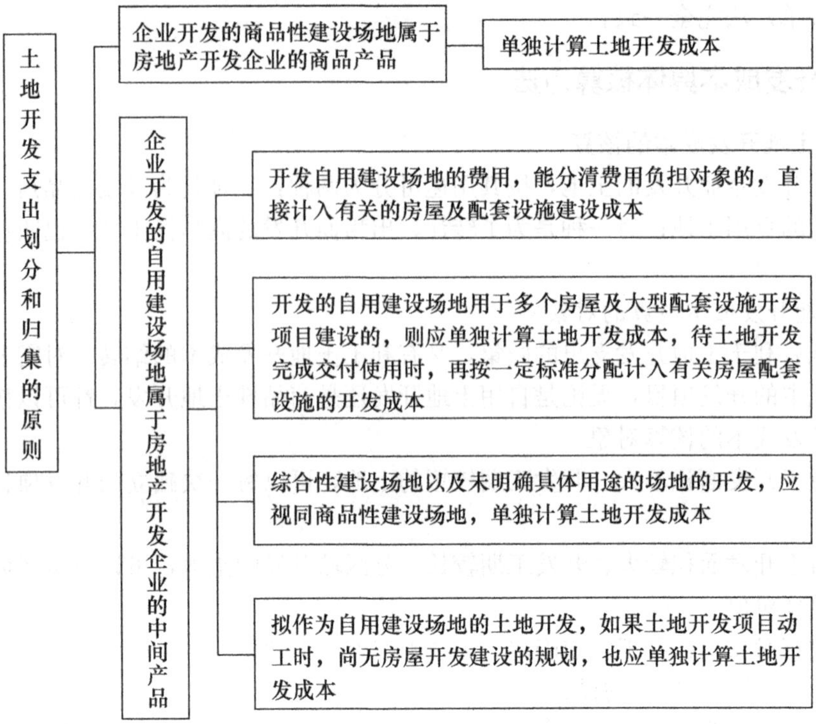

图 3－3　土地开发支出划分和归集的原则

账户的借方；期末按一定标准分配结转应由土地开发成本负担的，借记“开发成本——土地开发”账户，贷记“开发间接费用”账户；在结转开发完工建设场地成本时，根据用地的具体情况，自用建设场地应借记“开发成本——房屋开发成本”账户，商品性建设用地应借记“开发产品”账户，贷记“开发成本——土地开发成本”账户；期末“开发成本——土地开发成本”账户的余额表示正在开发土地的成本。

【典型业务案例】

案例 3－1　中秋房地产开发企业在某月内发生的有关土地开发支出如表 3－1 所示。

表 3－1　中秋房地产开发企业的有关土地开发支出　　单位：元

开发支出	自用土地	商品性土地
支付征地拆迁费	60 000	80 000
支付承包设计单位前期工程款	56 000	45 000
应付承包施工单位基础设施款	34 000	23 000
分配开发间接费用		30 000
合计	150 000	178 000

（1）用银行存款支付征地拆迁费时，编制会计分录如下：

借：开发成本——商品性土地开发成本（土地征用及拆迁补偿费或批租地价）

80 000

开发成本——自用土地开发成本（土地征用及拆迁补偿费或批租地价）

60 000

贷：银行存款　　140 000

(2) 用银行存款支付设计单位前期工程款时，编制会计分录如下：

借：开发成本——商品性土地开发成本（前期工程费）　45 000

　　开发成本——自用土地开发成本（前期工程费）　56 000

　贷：银行存款　101 000

(3) 将应付施工企业基础设施工程款入账时，编制会计分录如下：

借：开发成本——商品性土地开发成本（基础设施费）　23 000

　　开发成本——自用土地开发成本（基础设施费）　34 000

　贷：应付账款——应付工程款（××公司）　57 000

(4) 分配应计入商品性土地开发成本的开发间接费用时，编制会计分录如下：

借：开发成本——商品性土地开发成本（开发间接费）　30 000

　贷：开发间接费用　30 000

(5) 中秋房地产开发公司土地开发工程完工并验收合格，加上以前月份开发支出共计 1 250 000 元，编制会计分录如下：

借：开发产品——商品性土地　1 250 000

　贷：开发成本——商品性土地开发成本　1 250 000

【典型业务案例】

案例 3-2　假如中秋房地产开发企业自用土地在开发完成后，加上以前月份开发支出共 665 000 元，这块土地用于建造周转房和出租房。则应编制如下分录：

借：开发成本——房屋开发成本　665 000

　贷：开发成本——自用土地开发成本　665 000

如果自用土地开发完成后还不能确定房屋和配套设施等项目的用地，则应先将其成本结转“开发产品——自用土地”账户的借方，于自用土地投入使用时，再从“开发产品——自用土地”账户的贷方将其开发成本转入“开发成本——房屋开发成本”等账户的借方。

(二) 房屋开发成本的核算

房屋开发是房屋开发和房屋再开发的统称，是房地产开发企业开发的主要经济业务。房屋开发是指城市各种房屋建设从可行性研究、规划设计、建筑安装工程施工到房屋建成竣工验收的全过程。房屋再开发是指对旧城区成片地进行更新，拆除原有的房屋建筑物，按规划设计要求重新建造各种房屋。房地产开发企业在房屋开发过程中发生的各项支出，应按照房屋成本核算对象和成本项目进行归集。

1. 房屋开发成本核算的对象

房地产开发企业开发建设的房屋按目的和用途可以分为以下四类：

(1) 为了销售而开发的商品房，开发完成以后将作为商品对外销售。

(2) 为了出租经营而开发建设的投资性房地产，出租时按照确定的成本结转投资性房地产。

(3) 为了安置拆迁居民而开发建设的周转房。

(4) 受其他单位委托，代为开发建设的代建房。

这些房屋，虽然用途不同，但其所发生的开发费用的性质和用途，都大体相同，在成本核算上也可采用相同的方法。为了既能总括反映房屋开发所发生的支出，又能分门别类地反映企业各类房屋的开发支出，并便于计算开发成本，在会计上除设置“开发成本——房屋开发成本”账户外，还应按开发房屋的性质和用途，分别设置商品房、出租房、周转房、代建房等三级账户，并按各成本核算对象和成本项目进行明细分类核算。

企业在房屋开发过程中发生的各项支出，应按房屋成本核算对象和成本项目进行归集。房屋的成本核算对象，应结合开发地点、用途、结构、装修、层高、施工队伍等因素加以确定：

（1）一般房屋开发项目，以每一独立编制设计概（预）算，或每一独立的施工图预算所列的单项开发工程为成本核算对象。

（2）同一开发地点，结构类型相同的群体开发项目，开竣工时间相近，同一施工队伍施工的，可以合并为一个成本核算对象，于开发完成算得实际开发成本后，再按各个单项工程概（预）算数的比例，计算各幢房屋的开发成本。

（3）对于个别规模较大、工期较长的房屋开发项目，可以结合经济责任制的要求和工程进度，按房屋开发项目的部位划分成本核算对象，开发完成后再将各部位的实际成本进行汇总，求得该幢房屋的开发成本。

2. 房屋开发成本项目的设置

开发企业对房屋开发成本的核算，应设置如下几个成本项目：（1）土地征用及拆迁补偿费或批租地价；（2）前期工程费；（3）基础设施费；（4）建筑安装工程费；（5）配套设施费；（6）开发间接费。

土地征用及拆迁补偿费是指房屋开发中征用土地所发生的土地征用费、耕地占用税、劳动力安置费，以及有关地上、地下物拆迁补偿费。前期工程费是指房屋开发前期发生的规划设计、项目可行性研究、水文地质勘查、测绘等支出。基础设施费是指房屋开发中各项基础设施发生的支出，包括道路、供水、供电、供气、排污、排洪、照明、绿化、环卫设施等支出。建筑安装工程费是指列入房屋开发项目建筑安装工程施工图预算内的各项费用支出（包括设备费用）。配套设施费是指按规定应计入房屋开发成本不能有偿转让的公共配套设施，如锅炉房、水塔、居委会、派出所、幼托、消防、自行车棚、公厕等支出。开发间接费是指应由房屋开发成本负担的开发间接费用。

3. 房屋开发成本的归集

房屋开发建设发生的各项成本费用支出，能够分清负担对象的，可以直接计入有关房屋开发成本核算对象；有些房屋开发费用发生时由多个成本核算对象共同负担，需要一定标准分配计入有关房屋开发成本核算对象。因此，房地产开发企业应根据不同支出内容，采用相应的办法将房屋开发成本归集到各成本核算对象的成本项目。

（1）土地征用及拆迁补偿费或批租地价。

房屋开发过程中发生的土地征用及拆迁补偿费或批租地价，能分清成本核算对象的，应直接计入有关房屋开发成本核算对象的“土地征用及拆迁补偿费”成本项目，并记入“开发成本——房屋开发成本”账户的借方和“银行存款”等账户的贷方。

房屋开发过程中发生的自用土地征用及拆迁补偿费，如分不清成本核算对象的，应先将其支出先通过“开发成本——自用土地开发成本”账户进行汇集，待土地开发完成投入使用时，再按一定标准将其分配计入有关房屋开发成本核算对象，并记入“开发成本——

房屋开发成本”账户的借方和“开发成本——自用土地开发成本”账户的贷方。

房屋开发占用的土地，如属企业综合开发的商品性土地的一部分，则应将其发生的土地征用及拆迁补偿费，先在“开发成本——商品性土地开发成本”账户进行汇集，待土地开发完成投入使用时，再按一定标准将其分配计入有关房屋开发成本核算对象，并记入“开发成本——房屋开发成本”账户的借方和“开发成本——商品性土地开发成本”账户的贷方。如开发完成商品性土地已经转入“开发产品”账户，则在用以建造房屋时，应将其负担的土地征用及拆迁补偿费计入有关房屋开发成本核算对象，并记入“开发成本——房屋开发成本”账户的借方和“开发产品”账户的贷方。

(2) 前期工程费。

房屋开发过程中发生的规划、设计、可行性研究以及水文地质勘查、测绘、场地平整等各项前期工程支出，能分清成本核算对象的，应直接计入有关房屋开发成本核算对象的“前期工程费”成本项目，并记入“开发成本——房屋开发成本”账户的借方和“银行存款”等账户的贷方。应由两个或两个以上成本核算对象负担的前期工程费，应按一定标准将其分配计入有关房屋开发成本核算对象的“前期工程费”成本项目，并记入“开发成本——房屋开发成本”账户的借方和“银行存款”等账户的贷方。

(3) 基础设施费。

房屋开发过程中发生的供水、供电、供气、排污、排洪、通信、绿化、环卫设施以及道路等基础设施支出，一般应直接或分配计入有关房屋开发成本核算对象的“基础设施费”成本项目，并记入“开发成本——房屋开发成本”账户的借方和“银行存款”等账户的贷方。如开发完成商品性土地已转入“开发产品”账户，则在用以建造房屋时，应将其应负担的基础设施费（按归类集中结转的还应包括应负担的前期工程费和开发间接费）计入有关房屋开发成本核算对象，并记入“开发成本——房屋开发成本”账户的借方和“开发产品”账户的贷方。

(4) 建筑安装工程费。

房屋开发过程中发生的建筑安装工程支出，应根据工程的不同施工方式，采用不同的核算方法。采用发包方式进行建筑安装工程施工的房屋开发项目，其建筑安装工程支出，应根据企业承付的已完工工程价款确定，直接计入有关房屋开发成本核算对象的“建筑安装工程费”成本项目，并记入“开发成本——房屋开发成本”账户的借方和“应付账款——应付工程款”等账户的贷方。如果开发企业对建筑安装工程采用招标方式发包，并将几个工程一并招标发包，则在工程完工结算工程价款时，应按各项工程的预算造价的比例，计算它们的标价即实际建筑安装工程费。

采用自营方式进行建筑安装工程施工的房屋开发项目，其发生的各项建筑安装工程支出，一般可直接计入有关房屋开发成本核算对象的“建筑安装工程费”成本项目，并记入“开发成本——房屋开发成本”账户的借方和“库存材料”“应付工资”“银行存款”等账户的贷方。如果开发企业自行施工大型建筑安装工程，可以设置“工程施工”“施工间接费用”等账户，用来核算和归集各项建筑安装工程支出，月末将其实际成本转入“开发成本——房屋开发成本”账户，并计入有关房屋开发成本核算对象的“建筑安装工程费”成本项目。

企业用于房屋开发的各项设备，即附属于房屋工程主体的各项设备，应在出库交付安装时，计入有关房屋开发成本核算对象的“建筑安装工程费”成本项目，并记入“开发成本——房屋开发成本”账户的借方和“库存设备”账户的贷方。

(5) 配套设施费。

房屋开发成本应负担的配套设施费是指开发小区内不能有偿转让的公共配套设施支出。在具体核算时，应根据配套设施的建设情况，采用不同的费用归集和核算方法。

配套设施与房屋同步开发，发生的公共配套设施支出，能够分清并可直接计入有关成本核算对象的，应直接计入有关房屋开发成本核算对象的“配套设施费”项目，并记入“开发成本——房屋开发成本”账户的借方和“应付账款——应付工程款”等账户的贷方。如果发生的配套设施支出，应由两个或两个以上成本核算对象负担的，应先在“开发成本——配套设施开发成本”账户进行汇集，待配套设施完工时，再按一定标准（如有关项目的预算成本或计划成本），分配计入有关房屋开发成本核算对象的“配套设施费”成本项目，并记入“开发成本——房屋开发成本”账户的借方和“开发成本——配套设施开发成本”账户的贷方。

配套设施与房屋非同步开发，即先开发房屋，后建配套设施；或房屋已开发等待出售或出租，而配套设施尚未全部完成，在结算完工房屋的开发成本时，对应负担的配套设施费，可采取预提的办法。即根据配套设施的预算成本（或计划成本）和采用的分配标准，计算完工房屋应负担的配套设施支出，计入有关房屋开发成本核算对象的“配套设施费”成本项目，并记入“开发成本——房屋开发成本”账户的借方和“预提费用”账户的贷方。预提数与实际支出数的差额，在配套设施完工时调整有关房屋开发成本。

(6) 开发间接费。

企业内部独立核算单位为开发各种开发产品而发生的各项间接费用，应先通过“开发间接费用”账户进行核算，每月终了，按一定标准分配计入各有关开发产品成本。应由房屋开发成本负担的开发间接费用，应自“开发间接费用”账户的贷方转入“开发成本——房屋开发成本”账户的借方，并计入有关房屋开发成本核算对象的“开发间接费”成本项目。

4. 房屋开发成本的结转

房地产开发企业对已完成开发过程的商品房、代建房、出租房、周转房，应在竣工验收以后将其开发成本结转“开发产品”账户。会计人员应根据房屋开发成本明细分类账记录的完工房屋实际成本，记入“开发产品”账户的借方和“开发成本——房屋开发成本”账户的贷方。“开发产品”账户应按房屋类别分别设置“商品房”“代建房”“出租房”“周转房”等二级账户，并按各成本核算对象进行明细分类核算。期末“开发成本——房屋开发成本”账户的余额表示正在开发的房屋的成本。房地产开发企业自行建造或开发的房地产，只有在建造或开发活动完成（即达到预定可使用状态）的同时对外出租，才能将自建房地产确认为“投资性房地产”。

【典型业务案例】

案例 3-3 中秋房地产开发公司开发的怡园小区在 2020 年度内发生的有关房屋开发支出如表 3-2 所示。

表 3-2　怡园小区的房屋开发支出

单位：元

开发支出	101 号商品房	102 号商品房	出租房	周转房
支付征地拆迁费	120 000	90 000		
结转自用土地征地拆迁费	80 000	80 000		
支付设计单位项目可行性研究报告费	35 000	35 000	35 000	35 000
应付承包施工企业基础设施工程款	90 000	75 000	70 000	70 000
应付承包施工企业建筑安装工程款	650 000	480 000	450 000	450 000
分配水塔费用	80 000	65 000	55 000	55 000
预提幼托费用	80 000	70 000	66 000	66 000
分配开发间接费用	82 000	64 000	58 000	58 000

（1）用银行存款支付征地拆迁费时，编制会计分录如下：

借：开发成本——房屋开发成本——土地征用及拆迁补偿费或批租地价（101 号商品房）120 000

——房屋开发成本——土地征用及拆迁补偿费或批租地价（102 号商品房）90 000

贷：银行存款　210 000

（2）结转商品房使用土地应负担的自用土地开发成本时，编制会计分录如下：

借：开发成本——房屋开发成本——土地征用及拆迁补偿费或批租地价（101 号商品房）　80 000

——房屋开发成本——土地征用及拆迁补偿费或批租地价（102 号商品房）　80 000

贷：开发成本——自用土地开发成本（拆迁费）　160 000

（3）支付承包设计单位项目可行性研究报告费入账时，编制会计分录如下：

借：开发成本——房屋开发成本——前期工程费（101 号商品房）　35 000

——房屋开发成木——前期工程费（102 号商品房）　35 000

——房屋开发成本——前期工程费（出租房）　35 000

——房屋开发成本——前期工程费（周转房）　35 000

贷：银行存款　140 000

（4）将应付施工企业基础设施工程款入账时，编制会计分录如下：

借：开发成本——房屋开发成本——基础设施费（101 号商品房）　90 000

——房屋开发成本——基础设施费（102 号商品房）　75 000

——房屋开发成本——基础设施费（出租房）　70 000

——房屋开发成本——基础设施费（周转房）　70 000

贷：应付账款——应付工程款（××公司）　305 000

（5）将应付承包施工企业建筑安装工程款入账时，编制会计分录如下：

借：开发成本——房屋开发成本——建筑安装工程费（101 号商品房）　650 000

——房屋开发成本——建筑安装工程费（102 号商品房）　480 000

——房屋开发成本——建筑安装工程费（出租房）　450 000

——房屋开发成本——建筑安装工程费（周转房） 450 000

贷：应付账款——应付工程款（××公司） 2 030 000

（6）分配应由房屋开发成本负担的水塔配套设施支出时，编制会计分录如下：

借：开发成本——房屋开发成本——配套设施费（101号商品房） 80 000

——房屋开发成本——配套设施费（102号商品房） 65 000

——房屋开发成本——配套设施费（出租房） 55 000

——房屋开发成本——配套设施费（周转房） 55 000

贷：开发成本——配套设施开发成本——水塔 255 000

（7）预提应由房屋开发成本负担的幼托设施配套设施支出时，编制会计分录如下：

借：开发成本——房屋开发成本——配套设施费（101号商品房） 80 000

——房屋开发成本——配套设施费（102号商品房） 70 000

——房屋开发成本——配套设施费（出租房） 66 000

——房屋开发成本——配套设施费（周转房） 66 000

贷：其他应付款——预提配套设施费（幼托） 282 000

（8）分配应由开发成本负担的开发间接费用时，编制会计分录如下：

借：开发成本——房屋开发成本——开发间接费（101号商品房） 82 000

——房屋开发成本——开发间接费（102号商品房） 64 000

——房屋开发成本——开发间接费（出租房） 58 000

——房屋开发成本——开发间接费（周转房） 58 000

贷：开发间接费用 262 000

【典型业务案例】

案例3-4 承案例3-3，如果中秋房地产公司的房屋开发已完工，结转完工验收的商品房、出租房、周转房的开发成本，编制会计分录如下：

借：开发产品——101号商品房 1 217 000

贷：开发成本——房屋开发成本（101号商品房） 1 217 000

借：开发产品——102号商品房 959 000

贷：开发成本——房屋开发成本（102号商品房） 959 000

借：开发产品——出租房 734 000

贷：开发成本——房屋开发成本（出租房） 734 000

借：开发产品——周转房 734 000

贷：开发成本——房屋开发成本（周转房） 734 000

（三）配套设施开发成本的核算

1. 配套设施开发成本核算的对象

房地产开发企业开发的配套设施可以分为如下两类：一类是开发小区内开发的不能有偿转让的公共配套设施，如水塔、派出所、幼儿园、消防设施、锅炉房、自行车棚、公厕等。另一类是能有偿转让的城市规划中规定的大型配套设施项目，包括开发小区内营业性公共配套设施，如商店、银行、邮局等；开发小区内非营业性配套设施，如中小学、文化站、医院等；开发项目外为居民服务的给排水、供电、供气的增容增压、交通道路等。

属于配套设施开发成本核算的公共配套设施工程包括以下两部分：

(1) 在开发小区以内不能有偿转让，应直接计入开发项目成本，但是由于不能同受益开发项目同步建设，或虽可同步建设，但有两个或者两个以上受益对象的公共配套设施工程。

(2) 能有偿转让的公共配套设施工程。一般来说，对能有偿转让的大配套设施项目，应以各配套设施项目作为成本核算对象，借以正确计算各设施的开发成本。

2. 配套设施开发成本项目的设置

对于不能有偿转让的配套设施，应直接计入开发项目成本（受益者成本）。对于能有偿转让的配套设施的开发成本应设置如下几个成本项目：(1) 土地征用及拆迁补偿费或批租地价；(2) 前期工程费；(3) 基础设施费；(4) 建筑安装工程费；(5) 配套设施费；(6) 开发间接费。

3. 配套设施开发成本的归集

为了正确核算和反映企业开发建设中各种配套设施所发生的支出，并准确地计算房屋开发成本和各种大配套设施的开发成本，对配套设施支出的归集，可分为如下三种：

(1) 对能分清并能直接计入某个成本核算对象的第一类配套设施支出，可直接计入有关房屋的开发成本，并在“开发成本——房屋开发成本”账户中归集其发生的支出。

(2) 对不能直接计入有关房屋开发成本的第一类配套设施支出，应先在“开发成本——配套设施开发成本”账户进行归集，于开发完成后再按一定标准分配计入有关房屋的开发成本。

(3) 对能有偿转让的第二类大配套设施支出，应在“开发成本——配套设施开发成本”账户进行归集。

由此可知，在配套设施开发成本中核算的配套设施支出，只包括不能直接计入有关房屋等成本核算对象的第一类配套设施支出和第二类大配套设施支出。

4. 配套设施开发成本的结转

已完成全部开发过程并验收合格的配套设施，应按其不同情况和用途结转其开发成本。

(1) 对能有偿转让的配套设施，应在竣工验收后将其实际成本转入“开发产品——配套设施”账户，即借记“开发产品——配套设施”账户，贷记“开发成本——配套设施开发”账户。

(2) 按规定应将其开发成本分配计入商品房等开发产品成本的公共配套设施，在完工验收后，应将其发生的实际开发成本按一定的标准（有关开发产品的实际成本、预算成本或计划成本），分别计入有关房屋和大配套设施等的开发成本。

【典型业务案例】

案例 3-5　中秋房地产开发公司根据建设规划要求，在开发的怡园小区内负责建设一个商场和一座锅炉房。上述设施均发包给施工企业施工，其中商场建成后，有偿转让给商业部门。锅炉房的开发支出按规定计入有关开发产品的成本。上述各配套设施共发生了下列有关支出，如表 3-3 所示。

表 3-3　怡园小区的配套设施开发支出

单位：元

开发支出	商场	锅炉房
支付土地出让款	320 000	
支付设计单位设计费	180 000	90 000
应付施工企业基础设施工程款	500 000	300 000
应付施工企业建筑安装工程款	1 500 000	500 000
分配开发间接费用	90 000	

1）用银行存款支付土地出让款时，编制会计分录如下：

借：开发成本——配套设施开发成本——土地征用及拆迁补偿费或批租地价（商场）　320 000

　贷：银行存款　320 000

2）用银行存款支付设计单位设计费时，编制会计分录如下：

借：开发成本——配套设施开发成本——前期工程费（商场）　180 000

　　开发成本——配套设施开发成本——前期工程费（锅炉房）　90 000

　贷：银行存款　270 000

3）根据工程结算单，应付施工企业基础设施工程款时，编制会计分录如下：

借：开发成本——配套设施开发成本——基础设施费（商场）　500 000

　　开发成本——配套设施开发成本——基础设施费（锅炉房）　300 000

　贷：应付账款——应付工程款（××公司）　800 000

4）根据工程结算单，应付施工企业建筑安装工程款时，编制会计分录如下：

借：开发成本——配套设施开发成本——建筑安装工程费（商场）　1 500 000

　　开发成本——配套设施开发成本——建筑安装工程费（锅炉房）　500 000

　贷：应付账款——应付工程款（××公司）　2 000 000

5）根据分配标准，分配开发间接费用，只有商场负担开发间接费用，锅炉房是不能有偿转让的，因此不用负担开发间接费用，编制会计分录如下：

借：开发成本——配套设施开发成本——开发间接费（商场）　90 000

　贷：开发间接费用　90 000

6）锅炉房已竣工验收，其总成本为 890 000 元，按一定标准分摊到商品房 690 000 元，商场 200 000 元，编制会计分录如下：

借：开发成本——配套设施开发成本——配套设施费（商场）　200 000

　　开发成本——房屋开发成本——配套设施费　690 000

　贷：开发成本——配套设施开发（锅炉房）　890 000

【典型业务案例】

案例 3-6　承案例 3-5，商场竣工验收，假如只发生上述费用，将其实际成本转入“开发产品——配套设施”账户，编制会计分录如下：

借：开发产品——配套设施（商场）　2 790 000

　贷：开发成本——配套设施开发（商场）　2 790 000

（四）代建工程开发成本的核算

代建工程开发成本是指开发企业接受有关单位的委托，代为开发建设的工程（或参加委托单位招标，经过投标中标后承建的开发项目）所发生的费用支出。其具体内容包括土地开发、房屋开发、市政工程开发（城市道路、基础设施、园林绿化、旅游风景区开发）等开发项目的支出。

1. 代建工程开发成本的核算对象和成本项目

代建工程开发成本的核算对象应根据各项工程的实际情况确定。成本项目一般可设置如下几项：土地征用及拆迁补偿费、前期工程费、基础设施费、建筑安装工程费、开发间接费用。在实际核算工作中，房地产开发企业应根据代建工程支出内容设置明细分类账。

2. 代建工程开发成本归集和结转

房地产开发企业接受委托代为开发的建设场地和房屋，其建设内容和特点与企业的土地开发和房屋开发基本相同，所以可比照土地开发和房屋开发的核算方法进行核算，其开发费用分别在“开发成本——土地开发成本”和“开发成本——房屋开发成本”两个明细账户核算。开发工程完工验收合格时，转入“开发产品——代建工程”账户。其他代建工程开发项目应在“开发成本——代建工程开发成本”账户核算。发生各项开发直接费用时，记入该账户的借方，以及各有关账户的贷方；期末分配结转开发间接费用时，记入该账户的借方，以及“开发间接费用”账户的贷方；代建开发工程竣工验收合格后，应将实际开发成本自“开发成本——代建工程开发成本”科目的贷方，转入“开发产品”或“库存商品”科目的借方。在将代建工程移交委托单位，办妥工程价款结算手续后，将代建工程开发成本自“开发产品”或“库存商品”科目的贷方，转入“经营成本”或“主营业务成本”科目的借方。期末“开发成本——代建工程开发成本”账户的余额表示正在开发的代建工程的成本。

【典型业务案例】

案例 3-7 中秋房地产开发公司接受市政工程管理部门的委托，代为扩建开发小区旁边的一条道路。扩建过程中，用银行存款支付拆迁补偿费 200 000 元，前期工程费 150 000 元，应付基础设施工程款 540 000 元，分配开发间接费用 80 000 元。

在发生上列各项扩建工程开发支出和分配开发间接费用时，编制会计分录如下：

借：开发成本——代建工程开发成本——土地征用及拆迁补偿费或批租地价（道路） 200 000
　贷：银行存款 200 000
借：开发成本——代建工程开发成本——前期工程费（道路） 150 000
　贷：银行存款 150 000
借：开发成本——代建工程开发成本——基础设施费（道路） 540 000
　贷：应付账款——应付工程款 540 000
借：开发成本——代建工程开发成本——开发间接费（道路） 80 000
　贷：开发间接费用 80 000

道路扩建工程完工并验收，结转已完工工程成本时，编制会计分录如下：

借：开发产品——代建工程 970 000
　贷：开发成本——代建工程开发成本 970 000

（五）开发间接费用的核算

1. 开发间接费用的归集

开发间接费用是指房地产开发企业内部独立核算单位在开发现场组织管理开发产品而发生的各项费用。这些费用虽然也属于直接为房地产开发而发生的费用，但其不能确定为某项开发产品所应负担的，因而无法将其直接计入各项开发产品成本。为了简化核算手续，应将其先记入“开发间接费用”账户，然后按照适当分配标准将它分配记入各项开发产品成本。为了组织开发间接费用的明细分类核算，分析各项费用增减变动的原因，进一步节约费用开支，开发间接费用应分别设置工资、福利费、折旧费、修理费、办公费、水电费、劳动保护费、周转房推销、利息支出等明细项目进行核算。

开发间接费用属于相对固定的费用，其费用总额并不随着开发产品量的增减而成比例的增减。但就单位开发产品分摊的费用来说，则随着开发产品量的变动而成反比例的变动，即完成开发产品数量增加，单位开发产品分摊的费用随之减少；反之，完成开发产品数量减少，单位开发产品分摊的费用随之增加。因此，超额完成开发任务就可降低开发成本中的开发间接费用。

开发间接费用的总分类核算在“开发间接费用”账户进行。企业所属各内部独立核算单位发生的各项开发间接费用都要自“应付职工薪酬”“累计折旧”“递延资产”“长期待摊费用”“银行存款”“周转房——周转房摊销”等账户的贷方转入“开发间接费用”账户的借方。如对中秋房地产开发公司的怡园小区汇总的开发间接费用可编制如下会计分录：

借：开发间接费用	41 600	
贷：应付职工薪酬——工资		8 000
——福利费		1 120
累计折旧		10 000
长期待摊费用		3 500
银行存款		8 480
周转房——周转房摊销		10 500

特别需要注意的是，如果开发企业不设置现场管理机构而由企业（公司本部）定期或不定期的派人到开发现场组织开发活动，其所发生的费用，除周转房摊销外，其他开发间接费用可计入企业的管理费用。

2. 开发间接费用的分配

企业可根据开发经营的特点自行确定开发间接费用的分配方法。土地开发、房屋开发、配套设施和代建工程均应分配开发间接费用。为了简化核算手续并防止重复分配，对应计入房屋等开发成本的自用土地和不能有偿转让的配套设施的开发成本均不分配开发间接费用。这部分开发产品应负担的开发间接费用可直接分配计入有关房屋的开发成本。也就是说，企业内部独立核算单位发生的开发间接费用可仅对有关开发房屋、商品性土地、能有偿转让的配套设施及代建工程进行分配。开发间接费用的分配标准可按月份内各项开发产品实际发生的直接成本（包括土地征用及拆迁补偿费或批租地价、前期工程费、基础设施费、建筑安装工程费、配套设施费）进行。

开发间接费用的分配标准，可按月份内各项开发产品实际发生的直接成本（包括土地征用及拆迁补偿费、前期工程费、基础设施费、建筑安装工程费、配套设施费）进行，即

$$\frac{\text{某项开发产品成本}}{\text{分配的开发间接费}} = \text{月份内该项开发产品实际发生的直接成本} \times \frac{\text{本月实际发生的开发间接费用}}{\text{应分配开发间接费各开发产品实际发生的直接成本总额}}$$

【典型业务案例】

案例 3-8　中秋房地产开发公司内部独立核算单位在 2020 年 6 月份共发生了开发间接费用 41 600 元，应分配开发间接费用的各开发产品实际发生的直接成本如表 3-4 所示。

表 3-4　各开发产品实际发生的直接成本

单位：元

开发项目名称	直接成本
1001 号商品房	50 000
1002 号商品房	120 000
21 号出租房	75 000
31 号周转房	70 000
401 号大型配套设施	80 000
505 号商品性土地	125 000
合计	520 000

根据以上数据，可为各开发产品算出 6 月份应分配的开发间接费用。

分配率＝41 600/520 000×100%＝8%

1001 号商品房：50 000×8%＝4 000（元）；
1002 号商品房：120 000×8%＝9 600（元）；
21 号出租房：75 000×8%＝6 000（元）；
31 号周转房：70 000×8%＝5 600（元）；
401 号大型配套设施：80 000×8%＝6 400（元）；
505 号商品性土地：125 000×8%＝10 000（元）。
根据以上计算结果，编制如表 3-5 所示的开发间接费用分配表。

表 3-5　开发间接费用分配表

2018 年 6 月份

单位：元

开发项目名称	直接成本	分配开发间接费用
1001 号商品房	50 000	4 000
1002 号商品房	120 000	9 600
21 号出租房	75 000	6 000
31 号周转房	70 000	5 600
401 号大型配套设施	80 000	6 400
505 号商品性土地	125 000	10 000
合计	520 000	41 600

根据开发间接费用分配表，即可将各开发产品成本分配的开发间接费用计入各开发产品成本核算对象的“开发间接费用”成本项目，并将其记入“开发成本”各二级账户的借方和“开发间接费用”科目的贷方。相关会计分录如下：

借：开发成本——房屋开发成本——开发间接费用　　25 200

——配套设施开发成本——开发间接费用　6 400
——商品性土地开发成本——开发间接费用　10 000
贷：开发间接费用　41 600

任务三　房地产开发企业开发产品典型业务核算

开发产品是指企业已经完成全部开发过程，经验收合格，符合设计标准，可以按照合同规定的条件移交购货单位，或者可以作为商品对外销售的产品，包括土地、房屋、配套设施和代建工程等。产品开发完成后，企业根据其使用用途的不同分别做如下处理：

（1）作为商品对外销售的通过“开发产品”核算。

（2）用于出租经营的通过“出租开发产品”核算。

出租开发产品是指由房地产开发企业开发完成，用于出租经营的土地和房屋。

（3）用于安置周转使用的通过“周转房”核算。

（4）自建自用的房产通过“固定资产”核算。

房地产开发企业用于办公楼等自行使用的自建房产，作为企业不动产计入房屋建筑物类固定资产。

一、开发产品的核算

（一）开发产品完工的核算

房地产开发项目完成全部开发过程后，经过验收合格，需要结转开发产品成本。在竣工验收时借记“开发产品”账户，贷记“开发成本”账户。

【典型业务案例】

案例 3-9　中秋房地产开发公司 2020 年 12 月 31 日完工验收一栋商品房，该商品房建造完工结转成本 9 600 000 元，编制会计分录如下：

借：开发产品——房屋（商品房）　9 600 000
　贷：开发成本——房屋开发成本（商品房）　9 600 000

（二）开发产品销售、转让的核算

企业有偿转让或出售开发产品，应于每月终了结转对外转让、销售开发产品的实际成本。结转时，借记“主营业务成本”账户，贷记“开发产品”账户。

企业将开发的营业性配套设施作为本企业从事第三产业用房，应视同自用固定资产进行处理，并将营业性配套设施的实际成本自“开发产品”账户转入“固定资产”账户，借记“固定资产”账户，贷记“开发产品——配套设施”账户。

企业将开发的房屋用于安置拆迁居民，应按实际安置面积进行实物管理和结转。对于已经交付使用或办理销售和结转手续，而产权尚未移交出去的开发产品，如商品房和配套设施等，应由企业设置“代管房产备查簿”，进行实物管理的企业不得将这部分财产入账，也不得计提折旧和摊销。企业在代管房产过程中取得的收入和发生的各项支出，应作为其他业务收支处理，不在“开发产品”账户内核算。

【典型业务案例】

案例 3-10　中秋房地产开发公司出售商品房住宅一套，结转销售住宅楼实际成本 1 000 000 元，编制会计分录如下：

借：主营业务成本——商品房销售成本　　1 000 000
　贷：开发产品——房屋　　1 000 000

【典型业务案例】

案例 3-11　中秋房地产开发公司将其开发建设的阳光小区商铺作为营业性配套设施的商店，用作本企业第三产业经营用房，实际成本为 18 000 000 元，编制会计分录如下：

借：固定资产　　18 000 000
　贷：开发产品——配套设施（商店）　　18 000 000

【典型业务案例】

案例 3-12　中秋房地产开发公司为安置怡园小区的动迁居民，将其开发的一幢房屋作为周转房使用，实际开发成本为 9 000 000 元。编制会计分录如下：

借：周转房　　9 000 000
　贷：开发产品——房屋　　9 000 000

（三）分期收款开发产品的核算

企业以分期收款方式销售开发产品，在将开发产品移交购买单位（或个人）或办妥分期收款销售合同时，应按商品房等开发产品的实际成本，借记“分期收款开发产品”账户，贷记“开发产品”账户。

企业按合同规定的期限收取销售价款时（包括第一次收款），借记“银行存款”“应收账款”等账户，贷记“主营业务收入”账户。同时，按收入与费用相配比的原则，按开发产品全部销售成本占全部销售收入的比率计算本期应结转的销售成本，借记“主营业务成本”账户，贷记“分期收款开发产品”账户。

“分期收款开发产品”账户应按销售对象设置明细账或设置“分期收款开发产品备查簿”，详细记录分期收款开发产品的坐落地点、结构、层次、面积、售价、成本、分期收款时间、价款及已收取价款和尚未收取的价款等有关资料。

【典型业务案例】

案例 3-13　中秋房地产开发公司采用分期收款方式销售一套商品房，该商品房的开发成本为 300 000 元，售价为 700 000 元，双方签订的合同规定价款分三次支付：2018 年 2 月移交房屋时支付 60%，计 420 000 元；2019 年 2 月支付 30%，计 210 000 元；2020 年 2 月支付 10%，计 70 000 元。根据资料，编制会计分录如下：

（1）签订分期收款销售合同时：

借：分期收款开发产品　　300 000
　贷：开发产品——房屋　　300 000

（2）在移交房屋、收到第一次房款时：

借：银行存款　　420 000
　贷：主营业务收入　　420 000

同时结转与上述商品房销售收入相关的销售成本 300 000×60%=180 000（元）。

借：主营业务成本　　180 000

　贷：分期收款开发产品　　180 000

（3）2019 年 2 月收到 30％房款时：

借：银行存款　　210 000

　贷：主营业务收入　　210 000

同时结转与上述商品房销售收入相关的销售成本 300 000×30％＝90 000（元）。

借：主营业务成本　　90 000

　贷：分期收款开发产品　　90 000

（4）2020 年 2 月收到 10％房款时：

借：银行存款　　70 000

　贷：主营业务收入　　70 000

同时结转与上述商品房销售收入相关的销售成本 300 000×10％＝30 000（元）。

借：主营业务成本　　30 000

　贷：分期收款开发产品　　30 000

二、出租开发产品的核算

（一）房地产出租业务核算的账户设置

（1）对于出租的开发产品，应设置“出租开发产品”账户核算。

为核算出租开发产品的库存及损耗价值，下设“出租产品”和“出租产品摊销”两个二级账户。企业接受其他单位和个人的委托，代管的房产，应设置“代管房产备查簿”进行登记，不在该账户核算。

（2）对于在出租经营过程中所发生的经营收入和经营成本，可通过设置“主营业务收入”和“主营业务成本”账户进行核算。

（二）房地产出租业务的核算

1．出租开发产品增加的核算

当房地产开发企业开发建成了用于出租的土地和房屋，应在签订出租合同协议后，按各房屋的实际成本，借记“出租开发产品——出租产品”账户，贷记“开发产品”账户。

【典型业务案例】

案例 3－14　中秋房地产开发公司将开发竣工的一栋写字楼出租给鑫鑫公司使用，该楼开发总成本为 9 000 000 元，完工后即投入出租经营使用。编制相关会计分录如下：

写字楼完工结转开发成本：

借：开发产品——房屋　　9 000 000

　贷：开发成本——房屋开发成本　　9 000 000

签订出租合同后：

借：出租开发产品——出租产品　　9 000 000

　贷：开发产品——房屋　　9 000 000

2．出租开发产品摊销的计算和账务处理

出租开发产品在租赁经营期间，由于使用及自然力的侵蚀，其价值会逐渐减少，企业应根据出租开发产品的账面原价（实际成本）、预计净残值和使用年限，计算其价值损耗，按月计提出租开发产品的摊销额并计入主营业务成本。摊销时，借记“主营业务成本”账户，贷记“出租开发产品——出租产品摊销”账户。

出租开发产品摊销额的计算公式如下：

出租开发产品月摊销率＝(1－估计净残值率)/预计使用年限÷12

出租开发产品月摊销额＝出租房屋原值×出租开发产品月摊销率

【典型业务案例】

案例3-15　承案例3-14，中秋房地产秋房地产开发公司出租的写字楼的摊销期限为40年，估计净残值率为4%。

月摊销率＝(1－4%)÷40÷12＝0.2%

月摊销额＝9 000 000×0.2%＝18 000(元)

编制相关会计分录如下：

借：主营业务成本　　18 000

　贷：出租开发产品——出租产品摊销　　18 000

3. 出租开发产品修理的核算

(1) 出租期间发生的修理费，金额不大的直接借记“主营业务成本”账户，贷记“银行存款”“应付职工薪酬”等有关账户。

(2) 出租期间对所出租产品进行装饰及增添相关设施而发生的装饰工程支出，应先通过“开发成本”账户进行归集，完工后结转工程的成本时，借记“出租开发产品”账户，贷记“开发成本”账户。

(3) 出租期间房地产开发企业的出租产品改变用途，作为商品对外销售发生的修理费用，应列为“销售费用”，不得作为“主营业务成本”进行列支。

4. 出租开发产品改变用途对外销售的核算

房地产开发企业出租产品与企业的固定资产不同，是企业的一种开发产品。因此，企业如果改变出租开发产品用途，将其作为产品对外销售时，则应其视同开发产品销售处理。

销售实现时，借记“银行存款”或“应收账款”账户，贷记“主营业务收入”账户。期末，结转对外销售的出租开发产品成本时，按其摊余价值，借记“主营业务成本”账户；按其已计提累计摊销额，借记“出租开发产品——出租产品摊销”账户；按原值，贷记“出租开发产品——出租产品”账户。

【典型业务案例】

案例3-16　中秋房地产开发公司出租的写字楼出租3年后，将其对外销售，收取价款9 500 000元。该房屋摊销额为18 000×12×3＝648 000（元），原值为9 000 000元。

编制相关会计分录如下：

借：银行存款　　9 500 000

　贷：主营业务收入　　9 500 000

借：主营业务成本　　8 352 000

　　出租开发产品——出租产品摊销　　648 000

贷：出租开发产品——出租产品　　9 000 000

三、周转房的核算

周转房是指企业用于安置拆迁居民周转使用，产权归企业所有的各种房屋。政策性出租住房俗称“周转房”。

（一）周转房账户设置

为了核算周转房的使用、摊销及变动情况，企业应设置“周转房”账户，并在其下设置“在用周转房”和“周转房摊销”两个二级账户，用以核算在用周转房的使用情况。同时根据周转房的具体情况，按周转房栋号（或楼层、房间号）进行明细核算，并建立“周转房卡片”，详细记录周转房坐落地点、结构、层次、面积、租金单价等情况。

（二）周转房增加的核算

企业开发完成用于安置拆迁居民周转使用的周转房，应在其竣工后，按照实际开发成本借记“开发产品——周转房”账户，贷记“开发成本——房屋开发成本”账户，于投入使用时，按房屋的实际成本，借记本科目（在用周转房），贷记“开发产品——房屋”科目。

企业开发完成的商品房，在尚未销售以前，用于安置拆迁居民周转使用，应于投入使用时，将其实际成本自“开发产品”科目转入本科目，借记“周转房——在用周转房”科目，贷记“开发产品——房屋”科目。企业搭建的用于安置拆迁居民周转使用的临时性简易房屋，应于建成交付使用时，按实际搭建成本，借记“周转房——在用周转房”科目，贷记“开发产品——房屋”科目。

【典型业务案例】

案例 3-17　中秋房地产开发公司为安置怡园小区的动迁居民，将建造的 1 号楼作为周转房，实际开发成本为 6 000 000 元。

企业开发完成时，编制会计分录如下：

借：开发产品——周转房　　6 000 000

　贷：开发成本——房屋开发成本　　6 000 000

企业将 1 号楼交由动迁居民时，编制会计分录如下：

借：周转房——在用周转房　　6 000 000

　贷：开发产品——周转房　　6 000 000

（三）周转房摊销的核算

周转房随着使用及自然力的侵蚀会逐渐发生损耗而形成周转房的损耗价值，应将它计入土地、房屋的开发成本。周转房损耗价值的摊销，应根据周转房的结构、使用情况，分别采用平均年限摊销法和周转使用次数摊销法。周转房摊销额的基本计算公式为：

周转房月摊销率＝(1－估计净残值率)÷(摊销年限×12)

周转房月摊销额＝周转房账面价值×月摊销率

周转房损耗价值的摊销额应在“周转房——周转房摊销”账户核算。每月计提的周转房摊销额，对能确定由某项土地或房屋开发项目负担的周转房摊销额，应借记“开发间接费用”账户，贷记“周转房——周转房摊销”账户。

【典型业务案例】

案例 3-18　2020年中秋房地产开发公司计提1号楼周转房的摊销额10 000元，编制会计分录如下：

借：开发间接费用（或开发成本）	10 000	
贷：周转房——周转房摊销		10 000

（四）周转房修理费的核算

房地产开发企业的周转房在供拆迁居民使用过程中发生的修理费，应按其受益对象，作为开发期间的费用计入土地、房屋的开发成本。实际发生修理费用时，借记"开发成本——商品性土地开发成本""开发成本——房屋开发成本""开发间接费用"账户，贷记"银行存款""应付职工薪酬"等账户。按照现行会计制度的规定，摊销期限在一年以上的周转房大修理支出，应先记入"长期待摊费用"账户。记入"长期待摊费用"账户的周转房大修理支出，一般应以大修理时间作为摊销月数计算摊销额。周转房大修理支出月摊销额的计算公式为：

月摊销额＝周转房大修理支出额/摊销月数

【典型业务案例】

案例 3-19　2020年中秋房地产开发公司1号楼周转房发生修理费用98 000元，用银行存款支付，该费用分14个月摊销计入成本。编制会计分录如下：

支付费用时：

借：长期待摊费用	98 000	
贷：银行存款		98 000

每月摊销费用时：

借：开发间接费用（或开发成本）	7 000	
贷：长期待摊费用		7 000

（五）周转房改变用途对外销售的核算

改变用途对外销售的周转房应视作开发产品对外销售处理。周转房在改装修复或根据购房单位要求改建扩建后对外销售时，应在办理房屋交接、开出发票账单时，按其价款借记"银行存款""应收账款"账户，贷记"主营业务收入——商品房销售收入"账户；同时应结转对外销售周转房的销售成本。在结转周转房销售成本时，应扣除周转房累计摊销额，按"周转房——在用周转房"的原值减去"周转房摊销额"累计摊销额后的净值，记入"主营业务成本——商品房销售成本"账户的借方；同时要注销周转房的原值和累计摊销额，将周转房累计摊销额记入"周转房——周转房推销"账户的借方，周转房原值记入"周转房——在用周转房"账户的贷方。

【典型业务案例】

案例 3-20　承案例3-18，中秋房地产开发公司1号楼周转房使用24个月后，公司将其作为商品房对外销售，取得售房收入9 000 000元，并存入银行。增值税税率9%，该房累计摊销额为240 000（＝10 000×24）元。

根据结算凭证，编制会计分录如下：

借：银行存款	9 810 000	

贷：主营业务收入　9 000 000
　　应交税费——应交增值税（销项税额）　810 000

同时结转成本，编制会计分录如下：

借：主营业务成本　5 760 000
　　周转房——周转房摊销　240 000
　贷：周转房——在用周转房　6 000 000

任务四　房地产开发企业营业收入典型业务核算

房地产开发企业的营业收入，是指房地产开发企业在开发经营过程中，由销售开发产品、出租商品、提供劳务以及其他多种经营活动所实现的收益。房地产开发企业的营业收入包括主营业务收入和其他业务收入。主营业务收入也叫经营收入，是指开发企业通过转让、销售、结算和出租开发产品等主要经营业务所取得的收入，包括土地转让收入、商品房销售收入、配套设施销售收入、出租开发产品租金收入和代建工程结算收入等。

在确认开发产品经营收入时，应按权责发生制原则以销售实现为依据，具体确认标准参照《企业会计准则第 14 号——收入》中的详细规定。企业的土地、房屋及配套设施的销售等属于房地产企业的产品销售行为，按销售收入确认条件予以确认，即要满足以下条件：

（1）企业已将商品所有权上的主要风险和报酬转移给购买方。

（2）企业没有保留通常与所有权相联系的继续管理权，也没有对已售出的商品实施控制。

（3）与交易相关的经济利益能够流入企业。

（4）相关的收入和成本能够可靠地计量。

其他业务收入是指除主营业务以外不独立核算的其他业务或附加业务所发生的收入，主要包括商品房售后服务收入、材料销售收入、固定资产出租收入和其他多种经营收入等。

一、主营业务收入的核算

企业按照签订的销售合同结算开发产品价款时，借记“银行存款”“应收账款”等账户，贷记“主营业务收入”账户，并在“主营业务收入”账户下按收入类别设置“土地转让收入”“商品房销售收入”“配套设施销售收入”“代建工程结算收入”“出租产品租金收入”等二级账户进行明细核算。

根据主营业务收入应与其相关的成本、费用配比的原则，开发企业在将各期实现的经营收入入账时，应同时将其相关的经营成本结转入账，借记“主营业务成本”账户，贷记“开发产品”“出租开发产品”“周转房”等账户。

【典型业务案例】

案例 3-21　中秋房地产开发公司出售商品住宅楼一栋，取得价款收入 9 000 000 元，款项已存入银行。该住宅的实际成本为 5 000 000 元，增值税率 9%，根据相关信息，编制会计分录如下：

出售确认收入时：

借：银行存款　9 810 000

　贷：主营业务收入——商品房销售收入　9 000 000

　　　应交税费——应交增值税（销项税额）　810 000

同时结转成本：

借：主营业务成本　5 000 000

　贷：开发产品——房屋　5 000 000

【典型业务案例】

案例 3－22　中秋房地产开发公司出租商铺一栋，收到本月租金收入 700 000 元，已存入银行，同时计提月摊销额 210 000 元。增值税率 9%，根据相关信息，编制会计分录如下：

借：银行存款　763 000

　贷：主营业务收入——出租产品租金收入　700 000

　　　应交税费——应交增值税（销项税额）　63 000

借：主营业务成本　210 000

　贷：出租开发产品——出租产品摊销　210 000

二、其他业务收入的核算

为了反映其他业务收入的核算，企业应设置“其他业务收入”账户，“其他业务收入”账户的贷方登记取得的各项其他业务收入；借方登记期末转入“本年利润”账户的金额；结转后，本账户应无余额。在“其他业务收入”账户下，可按商品房售后服务收入、材料销售收入、无形资产转让收入、固定资产出租收入等其他业务收入的种类设置明细账，进行明细分类核算。

根据收入与费用配比的原则，房地产开发企业在各期实现的其他业务收入入账时，应同时将相关的成本结转入账，借记“其他业务成本”账户，贷记有关账户。

案例 3－23　中秋房地产开发公司附设的物业管理处对已建成售出的某商品楼进行售后服务。该物业管理处本月收取治安管理费、卫生清洁费、大楼管理费等物业管理收入 40 000 元，并发生以下各项物业管理费用：职工薪酬 20 600 元，领用材料费 7 000 元，现金支付其他费用 1 170 元。根据有关凭证，财会部门应编制如下会计分录：

借：银行存款　40 000

　贷：其他业务收入——商品房售后服务收入　40 000

借：其他业务成本——商品房售后服务支出　28 790

　贷：应付职工薪酬　20 620

　　　库存材料　7 000

　　　库存现金　1 170

任务五 房地产开发企业与工业企业典型业务核算比较

一、存货构成及核算的差异

（一）存货构成的差异

存货是指企业为销售或耗用而储存的各种资产，因生产经营特点不同，各种类型企业存货的构成也都有所不同。

相比而言，外包建筑安装工程的房地产开发企业与提供建筑安装劳务的施工企业拥有相同类型的存货。房地产开发企业作为耗用的建筑材料等主要材料和其他材料、周转材料、低值易耗品、机械配件、结构件等与施工企业的基本相同，都是为有助于建筑安装工程形成或者便于施工的进行而储备的，但工业企业和房地产开发企业的存货中占比重较大的还有待销售的产品（商品或房屋），而施工企业的存货中没有待销售的产品。

房地产开发企业作为存货核算的还有库存设备，其价值形态随着领用或安装一次性转移到开发产品（工程）产成品中，构成工程实体的重要组成部分。房地产开发企业的建筑安装工程不论是自行施工，还是委托施工企业施工，安装工程所需的设备都由其自行采购与储备。而施工企业对于承包安装工程所需的设备，都由发包单位提供而不必自行采购。工业企业为生产商品、提供劳务等所拥有的机器设备作为固定资产管理与核算，不属于存货。

房地产开发企业作为安置动拆迁居民周转使用的周转房和用于出租经营的出租房，虽然表现为房屋建筑物，但在房地产企业视同存货管理和核算，属于其特有的存货。周转房和出租开发产品随使用而计提摊销额的计算方法却与固定资产直线法（平均年限法）计提折旧额的计算原理一致。

（二）存货核算使用的会计科目的差异

由于上述原因，房地产开发企业和施工企业应设置“库存材料”“采购保管费”科目核算外购材料物资的采购成本，但存货的计价原则与方法、存货日常核算的组织等都与工业企业相同。与施工企业不同的是，房地产开发企业“材料采购”和“采购保管费”科目的核算内容，除材料外，还包括外购设备，并单独设置“库存设备”“周转房”“出租开发产品”“分期收款开发产品”等科目，对其特有存货进行核算。

二、成本核算的差异

（一）成本核算对象确定的差异

房地产开发产品成本核算对象的确定方法与单件小批生产的工业企业和建筑安装工程的成本核算对象基本相同。特别是具体确定房屋、配套设施开发成本核算对象与建筑安装工程成本核算对象的确定方法可以完全一致，即以每一独立的施工图预算所列的单项工程为成本核算对象。

（二）成本账户设置的差异

工业企业成本账户主要包括“生产成本”和“制造费用”；施工企业成本账户主要包括“工程施工”“机械作业”“工程结算”；房地产开发企业成本账户包括“开发成本”和“开发间接费用”。在成本账户中都根据成本核算对象和成本项目或费用内容进行明细核算。

（三）成本项目划分的差异

工业产品成本项目一般划分为直接材料、直接人工、燃料和动力、废品损失和制造费用；建筑安装工程成本项目划分为直接材料、直接人工、机械使用费、其他直接费和间接费用。而房地产开发企业产品成本项目则划分为土地征用及拆迁补偿费、前期工程费、建筑安装工程费、基础设施费、公共配套设施费和开发间接费用。作为房地产开发间接成本项目的开发间接费用的核算内容，相当于工业产品的制造费用和建筑安装工程的间接费用。

（四）成本计算期的差异

房地产开发产品成本计算期的确定与开发建设周期保持一致，与单件小批生产下的工业产品成本计算期和采用竣工结算法下建筑安装工程成本计算期的确定方法相同。即在产品完工时，成本账户归集的费用就是完工产品的总成本，产品完工前不存在生产费用在完工产品与在产品之间的分配问题。根据生产经营特点的不同，工业产品成本计算期还有多种方法可供选择。

三、生产经营特点的差异

由于房地产开发行业的特殊性，其发生的经济业务与制造企业不同，所以其生产经营特点与工业企业也有所区别，如表 3－6 所示。

表 3－6 房地产开发企业与工业企业的生产经营特点比较

房地产开发企的生产经营特点	工业企业的生产经营特点
在进行房地产开发前必须取得土地使用权，然后才可兴建建筑物	在营业执照范围内，有厂房、机器、人员、材料等必备资源就可进行产品生产
经营范围涉及房地产开发、经营、物业管理等	经营范围涉及产品的生产和销售，提供加工修理、修配劳务等
房地产开发企业产品销售后位置不变	产品销售后位置会发生转移，并发生实物消耗
房产完工后根据用途不同，分别作为开发产品、出租开发产品、周转房使用	产品生产完成后，作为产成品入库，一般用于对外销售
房屋销售后，购房者取得房屋的所有权及国有土地使用权	产品销售后，购买人取得产品所有权
土地使用权期限较长：居住用地 70 年；工业用地 50 年；商业、旅游、娱乐用地 40 年等	寿命期限因具体产品而有所不同

知识拓展

房地产开发企业设立和获取土地阶段相关知识

一、房地产开发企业的开办费

房地产开发企业在筹建期间内发生的开办费，包括人员工资、办公费、培训费、差旅费、印刷费、注册登记费以及不计入固定资产成本的借款费用等。筹建期为从企业开始筹建之日起至取得营业执照之日止。开办费在实际发生时，借记“长期待摊费用——开办费”，贷记“银行存款”等科目。

二、房地产开发企业获取土地的主要方式

获取土地使用权是房地产项目开发的首要条件，土地成本一般占商品房成本的30%以上，能否及时获取相应的土地资源以及土地价格的变化都对房地产项目的开发有很大的影响。根据《城市房地产管理法》《城市房地产开发经营管理条例》的规定，用于房地产开发的土地来源主要包括出让方式、划拨方式、转让方式、股东投资入股方式以及其他方式。出让取得是在土地交易的一级市场，从政府手中，或由政府征收集体土地或从政府手中经过市场交易（招标投标、挂牌交易等）方式取得；转让取得是在土地交易的二级市场，从市场主体手中通过互换、买卖、赠予等各种交易方式取得；划拨方式是土地使用者经县级以上人民政府依法批准，在缴纳补偿、安置等费用后所取得的或者无偿取得的没有使用期限限制的国有土地使用权方式。

思考题

1. 与制造企业相比较，房地产开发企业的会计核算主要有什么特点？
2. “开发成本”账户与“生产成本”账户的用法有何异同？
3. 房地产开发企业的开发成本主要包括哪些？如何设置账户？
4. 什么是周转房？周转房的核算主要涉及哪些业务？
5. 房地产开发企业的“开发间接费用”账户与制造企业的哪个账户用法相似？如何使用？
6. 房地产开发企业的成本核算与其他行业会计是否相同？为什么？

业务实训

一、单项选择题

1. 房地产开发企业为将一处商品房出租而对其进行了装修，发生的装修费应在（　　）账户中核算。

A. “主营业务成本”　　B. “开发成本”

C. “出租开发产品”　　D. “开发间接费用”

2. 对出租的商品房进行修理，发生的修理费应记入（　　）账户。

A. “主营业务成本”　　B. “开发成本”

C. “开发间接费用” D. “开发产品”

3. 房地产开发企业对周转房进行了修理，其修理费用应计入（ ）账户。

A. “开发产品” B. “主营业务成本”

C. “开发间接费用” D. “销售费用”

4. 分期收款开发产品的成本应（ ）结转。

A. 在合同成立时一次 B. 按收款比例

C. 在全部房款收齐后 D. 按月

5. 开发成本中的公共配套设施费包括开发项目内的（ ）设施支出。

A. 照明 B. 锅炉 C. 环卫 D. 供电

6. （ ）属于房地产开发企业的其他业务收入。

A. 出租开发产品的租金收入 B. 配套设施销售收入

C. 土地转让收入 D. 商品房售后服务收入

7. 下列存货属于房地产开发企业特有的存货项目的是（ ）。

A. 低值易耗品 B. 开发产品

C. 库存商品 D. 原材料

8. 房地产开发企业出租开发产品的收入应作为（ ）核算。

A. 主营业务收入 B. 其他业务收入

C. 营业外收入 D. 递延收益

9. 房屋开发前的规划设计费应列为（ ）。

A. 土地征用及拆迁补偿费 B. 前期工程费

C. 基础设施费 D. 开发间接费用

10. 下列项目属于非营业性配套设施的是（ ）。

A. 邮局 B. 商店 C. 文化站 D. 银行

11. 房地产开发企业内部独立核算单位及开发现场为开发房地产而发生的现场管理人员的工资、福利费计入（ ）。

A. 配套设施费 B. 开发间接费用

C. 建筑安装工程费 D. 基础设施费

12. 直接为本企业兴建商品房和其他经营性房屋而开发的土地为（ ）。

A. 商品性建设土地 B. 出租建设土地

C. 自用建设场地 D. 经营建设场地

13. “开发间接费用”账户的作用、性质与工业企业的（ ）账户类似。

A. “生产成本” B. “主营业务成本”

C. “管理费用” D. “制造费用”

14. 企业以分期收款方式销售开发产品，在将开发产品移交购买单位（或个人）或办妥分期收款销售合同时，应按商品房等开发产品的实际成本借记（ ）账户，贷记“开发产品”账户。

A. “主营业务成本” B. “其他业务成本”

C. “主营业务收入” D. “分期收款开发产品”

15. 房地产开发企业通过出租开发产品取得的收入计入（ ）账户。

A. “主营业务收入” B. “其他业务收入”
C. “营业外收入” D. “营运收入”

16. 房地产开发企业开发的不属于能有偿转让的配套设施项目的是（ ）。

A. 锅炉房 B. 商店 C. 医院 D. 邮局

17. 房地产开发企业开发的能有偿转让的配套设施的项目是（ ）。

A. 锅炉房 B. 派出所 C. 自行车棚 D. 商店

二、多项选择题

1. 周转房计提摊销额应借记（ ）账户。

A. “开发成本” B. “主营业务成本”
C. “开发间接费用” D. “周转房摊销”

2. 开发成本中的基础设施费包括开发小区的（ ）工程支出。

A. 绿化 B. 排污 C. 居委会 D. 自行车棚

3. 开发成本中的前期工程费包括（ ）。

A. 土地征用费 B. 勘察测绘费
C. 规划设计费 D. 项目可行性研究费

4. 企业代管房发生的收入与支出应在（ ）账户中核算。

A. “主营业务收入” B. “其他业务收入”
C. “主营业务成本” D. “其他业务成本”

5. 开发成本中的土地征用及拆迁补偿费包括（ ）。

A. 耕地占用税 B. 三通一平费
C. 劳动力安置费 D. 安置动迁用房支出

6. 企业在房屋建设过程中进行的建筑安装工程，如采用自营方式的，即房地产开发企业组织自有的工程队进行施工，其发生的建筑安装工程费，根据实际情况可以通过（ ）账户进行核算。

A. “开发成本——房屋开发” B. “工程施工”
C. “开发产品” D. “施工间接费用”

7. 房地产开发企业开发的房屋包括（ ）。

A. 商品房 B. 出租房 C. 周转房 D. 代建房

8. 开发小区内的营业性配套设施包括（ ）。

A. 学校 B. 商店 C. 银行 D. 警务区

9. 房地产开发企业开发的房屋类型主要有（ ）。

A. 小区内的医院 B. 小区内用于出售的房屋
C. 用于出租的房屋 D. 安置拆迁居民的临时性简易房

10. 房地产开发企业开发产品时为安置被拆迁居民使用而开发的周转房包括（ ）。

A. 开发过程中已明确其为安置被动迁居民使用的房屋
B. 开发完成后和其他商品房同样价格出售给动迁居民的房屋
C. 搭建用于安置拆迁居民周转使用的临时性简易房
D. 开发的商品房在未销售前用于安置拆迁居民使用的房屋

三、判断题

1. 房地产开发企业在开发商品房的过程中发生的配套设施工程支出都可以计入商品房成本。（　　）

2. 因为出租的土地不会发生损耗，故在出租期间不用摊销其价值。（　　）

3. 土地开发过程中发生的费用，都应在“开发成本——土地开发”账户中核算。（　　）

4. 公共配套设施与商品房非同步建设时，对应负担的配套设施费可采用预提方法，预先计入商品房成本。（　　）

5. 商品房售后服务收入属于房地产开发企业的其他业务收入。（　　）

6. 周转房价值的摊销额应构成开发产品的成本，最终计入开发产品的成本项目。（　　）

7. 周转房改变用途对外销售时，应作为固定资产的清理进行核算。（　　）

8. 土地开发时，不论是何种开发项目，都应以每一块独立的开发项目为成本核算对象。（　　）

9. 房屋开发项目在开发时，应以单幢房屋作为开发成本项目。（　　）

10. 配套设施与房屋非同步开发时，应将配套设施开发成本采用预提方法计入开发产品成本。（　　）

11. 房地产开发企业开发的中小学、幼儿园、文化站、医院等属于开发小区内非营利性配套设施，可以有偿转让。（　　）

12. 配套设施销售收入属于房地产企业的其他业务收入，出租开发产品的租金收入属于主营业务收入。（　　）

13. 开发成本是指房地产开发企业在开发过程中所发生的各项费用支出。（　　）

四、典型业务实训题

（一）开发成本的核算

业务1　中秋房地产开发公司开发东南小区，开发规划建造商品住宅 31 200 平方米（1 号楼占地 3 120 平方米），邮局 300 平方米、锅炉房 90 平方米，其中邮局建好后将有偿转让给市邮政局。该小区发生的土地征用及拆迁补偿费、前期工程费、基础设施费按各项开发产品的建筑面积进行分配。

东南小区在开发过程中发生了下列有关经济业务：

（1）用银行存款支付土地征用及拆迁补偿费 13 400 000 元、前期工程费 420 000 元、基础设施费 6 740 000 元。

（2）土地开发完工后，结转其开发成本。

（3）将建筑面积 3 120 平方米的 1 号楼商品住宅的建筑安装工程发包给中华建筑施工，工程标价为 2 560 000 元，已预付工程款 2 000 000 元，工程完工验收后用银行存款支付余款。

（4）用银行存款支付各项开发间接费用 501 200 元。

（5）经分配，1 号楼应负担开发间接费用 8 000 元。

（6）锅炉房工程完工，结算工程价款 350 000 元。

（7）计算 1 号楼应负担的锅炉房开发成本。

（8）结转 1 号楼的开发成本。

（9）邮局工程完工后，支付工程价款 249 600 元并结转其成本。

要求：根据上述经济业务编制相关会计分录。

业务 2　利宏房地产开发公司接受市电信公司的委托，代为建设办公楼，发生下列经济业务：用银行存款支付土地征用及拆迁补偿费、前期工程费等共计 320 000 元，结转应付建筑安装工程费 4 600 000 元，应负担开发间接费用 20 000 元。工程完工验收合格，结转其开发成本。

要求：对利宏房地产开发公司的上述业务进行会计处理。

业务 3　鑫鑫房地产公司开发的商品房 A、商品房 B 和周转房，在 2018 年共发生了下列有关开发支出：

（1）2 月份，用银行存款支付征地拆迁费 290 万元，其中商品房 A 应负担 200 万元，商品房 B 应负担 90 万元。

（2）4 月份，用银行存款支付承包设计单位设计费 105 万元，其中商品房 A 的设计费 70 万元，商品房 B 的设计费 20 万元，周转房的设计费 15 万元。

（3）5 月份，用银行存款支付承包施工企业基础设施工程款 70 万元，其商品房 A 应负担的工程款为 40 万元，商品房 B 应负担的工程款为 20 万元，周转房应负担的工程款为 10 万元。

（4）9 月份，根据工程结算单，应付甲承包施工企业建筑安装工程款 510 万元，其中商品房 A 应负担的工程款为 300 万元，商品房 B 应负担的工程款为 150 万元，周转房应负担的工程款为 60 万元。

（5）根据小区要求，在小区内建设一公共配套水塔，其中应由商品房 A 负担的水塔配套设施费为 40 万元，商品房 B 应负担的水塔配套设施费为 20 万元，周转房应负担的水塔配套设施费为 6 万元。

（6）8 月份，共发生开发间接费用 17 万元，其中应由商品房 A 负担 10 万元，应由商品房 B 负担 5 万元，应由周转房负担 2 万元。

（7）12 月份，工程完工，结转开发产品成本。

要求：根据上述资料，对鑫鑫房地产公司业务进行会计处理。

（二）开发产品的核算

业务 4　荣盛房地产开发公司于 2020 年 4 月份将一幢开发完工的商品房采用分期收款方式出售给江南纺织厂作为职工宿舍，房屋售价 3 600 000 元。双方合同规定，价款分三次支付，第一次在 2020 年 5 月移交房屋时支付价款的 50%；第二次在 2020 年 9 月支付价款的 30%；第三次在 2020 年 12 月将价款全部付清。该商品房开发成本为 3 000 000 元。

要求：对荣盛房地产开发公司的上述业务进行会计处理。

业务 5　荣盛房地产开发公司在 2020 年度发生了下列有关出租开发产品的经济业务：

（1）企业开发的一幢商品房于 4 月完工，经计算其实际开发成本为 1 500 000 元，5 月份签订出租合同，将其用于出租。

（2）每月计提该出租房的摊销额，出租房的预计摊销年限为 60 年，预计净残值率为 4%。

（3）10 月，该房承租人退租，公司委托江南建筑公司对该出租房进行装修，装修完工后用银行存款支付装修费共 300 000 元。

(4) 12 月，将装修后的该出租房对外销售，收到价款 20000 000 元并存入银行。

要求：对荣盛房地产开发公司的上述业务进行会计处理。

业务 6　利宏房地产开发公司发生了下列周转房业务：

(1) 为安置安民小区的动迁居民，将其建造的 8 号楼作为周转房，实际成本为 260 000 元。

(2) 利宏房地产开发公司计提 8 号楼周转房的月摊销额 5 000 元。

(3) 8 号楼周转房发生修理费用 20 000 元，以银行存款支付。

(4) 8 号楼周转房使用两年后，公司将其作为商品房对外销售，取得售房收入 700 000 元，已存入银行，该房累计摊销额为 120 000（即 5 000×24）元。

要求：对利宏房地产开发公司的上述业务进行会计处理。

(三) 营业收入的核算

业务 7　金利房地产开发公司发生了下列业务：

(1) 出售商品住宅一栋，取得价款收入 7 600 000 元并存入银行，该住宅的实际开发成本为 6 200 000 元。

(2) 出租写字楼一栋，收到本月租金收入 100 000 元并存入银行，同时计提月摊销额 10 000 元。

(3) 为某公司代建办公楼一幢，按照代建合同规定，竣工后一次结算。该工程本月已全部竣工验收合格，同委托方结算工程价款 3 100 000 元，其代建工程开发成本为 2 200 000 元。

(4) 出售剩余材料，收到价款 45 000 元并存入银行，该材料的成本为 40 000 元。

要求：对金利房地产开发公司的上述业务进行会计处理。

CHAPTER

项目四

交通运输企业会计

知识目标

- 了解交通运输企业的概念及特点
- 理解交通运输企业会计核算的特点
- 掌握交通运输企业核算的主要内容及方法

能力目标

- 会进行交通运输企业典型经济业务的会计核算
- 能区分交通运输企业与工业企业会计核算的异同
- 能胜任交通运输企业会计岗位的工作

情境导入

李红系某高职会计专业学生，大学毕业后应聘到某汽车运输公司从事会计工作，上班第一天整理原始票据，发现有很多油费票及支付给各车队的费用票据，出入库票据中涉及轮胎较多等问题。李红心想："这些票据与在学校所学习的工业企业的票据有哪些区别，会计核算与工业企业是否一样呢？交通运输企业的主要经营业务有哪些呢？这些票据应该对应使用哪些会计科目呢？"

任务一　走进交通运输企业

一、交通运输企业主要经营概述

交通运输企业是指依法自主经营、独立核算，利用工具专门从事运输活动或直接为运输活动服务的企业。运输活动能使劳动对象空间位置发生改变，从而能使旅客到达目的地、货物到达经销商或消费者手中。它将产品的生产、分配和消费有机地结合在一起，是联结社会生产领域和消费领域的桥梁和纽带，是国民经济发展的先行官。

广义的交通运输企业按运输方式不同，主要包括公路运输企业、铁路运输企业、航空运输企业、水路运输企业、管道运输企业五种。

公路运输是产生最早的一种交通运输方式。公路运输企业是以汽车为主要运输工具的运输企业，以货物和旅客作为运输对象，一般分为长途运输业和短途运输业两种。

铁路运输在19世纪初出现。铁路运输企业是以火车作为运输工具，对外提供运输劳务以获得经营收入的生产部门，一般有货运和客运之分。

航空运输企业是以飞机作为运输工具对外提供劳务以获得经营收入的企业，包括货运业和客运业两部分。

水路运输企业是以船舶为主要运输工具的企业。根据运输对象不同，一般分为客运和货运；根据运输路线不同，一般分为内河运输业和海洋运输业。海洋运输业又可分为沿海运输业和远洋运输业。

管道运输企业则是以管道作为运输工具，但它只从事特殊货物的运输，如石油、自来水、天然气等。

按照我国现行会计制度规定的狭义的交通运输企业，是指不包括铁路运输企业、航空运输企业与管道运输企业在内的其他交通运输企业。本项目主要介绍公路运输企业的会计核算。

二、交通运输企业的经营特点

交通运输企业是一种特殊的生产企业，同一般的工业企业比较，交通运输企业的经营特点主要有以下几方面。

（一）主要经营活动特殊

工业企业的生产经营过程包括供应、生产和销售三个环节，而交通运输企业的经营过程主要包括供应过程和营运过程，没有与生产过程相脱离而独立存在的销售过程。在供应过程中，企业需要购买燃料、材料及其他用品等以备在需要时投入营运；在营运过程中，企业要发生各种各样的耗费，包括燃料的消耗，轮胎的耗费，汽车、船舶、装卸机械等固定资产的折旧、人工费用的支出及其他各项费用等，这些构成运输、装卸等营运业务的成本。同时，企业向货主、旅客核收运费、装卸费等，形成运输、装卸等业务的营运收入。由此可以看出，交通运输企业的生产经营活动与工业企业的生产经营活动是明显不同的。

（二）生产经营过程特殊

交通运输企业的运输过程通常被称为运输的生产经营过程，但在运输的生产经营过程中，只能消耗劳动工具，不改变劳动对象的属性和形态，只改变其空间位置。货物从一个地方被运输到另一个地方，货物不会改变。也不能像工业企业一样消耗劳动对象，如果运输生产过程中消耗了劳动对象，则意味着交通事故的发生，因此，在运输生产过程中，确保和提高运输质量就显得尤为重要。在交通运输企业中确保货物和旅客的完好无损是最基本的要求，同时也要注意节约费用并最大限度地方便顾客。

（三）生产产品的特殊

交通运输企业的产品表现为运输服务的完成，运输过程既是生产过程，同时也是销售和消费过程。运输业务的开始意味着收入赚取过程和消费开始过程，运输业务结束意味着营业收入的实现和消费过程结束。对运输产品来说，尽管存在不同的差别，但从基本效用方面来看，都是改变产品（货物或旅客）的空间位置，所以，虽然运输方式不同，但提供的产品具有较强的同一性。不同的运输方式之间必然存在一定程度的替代，同一运输方式内部替代性更强，因此，运输市场的竞争无论是不同运输方式之间还是运输方式内部的不同企业之间都较为激烈。

（四）运输生产的形式特殊

一般工业企业的生产经营场所都是固定的，而运输企业的生产具有较强的流动性，它不可能在一个固定的场所完成，而是在户外进行的，是流动的、分散的，生产场所延伸至广大地区。运输的产品从起点到终点，往往需要采用不同的运输方式、经过不同的运输路线、通过不同的运输单位共同协作才能完成。因此，交通运输企业的生产表现为一个点多、面广、线长、多环节的联合作业过程，需要各部门密切配合、分工协作才能完成。

（五）资产的构成比例特殊

交通运输企业的运输过程需要运输基础设施和交通工具的完备。交通设施建设投入较大，因此，交通运输企业中固定资产比重较大，流动资产比重相对较小。在流动资产中，原材料比重较小，燃料、备品配件及轮胎等比重较大。

三、交通运输企业会计核算的特点

交通运输企业会计是以交通运输企业为会计主体的一种行业会计。它是以货币为主要计量单位，运用专门的方法，对各类运输企业的经济活动进行全面的、连续的、系统的核算和监督，以促进运输企业加强经营管理、提高经济效益的一种管理活动。

交通运输企业的经营特点决定了交通运输企业的会计核算也不同于一般的工业企业，主要表现在以下几个方面。

（一）基本业务核算的特殊性

交通运输企业与工业企业相比没有与生产过程相分离的产品销售过程，运输生产与消费过程同时进行，既不生产有形产品，也不设产成品库储存产品或进行产品的转让，其运输生产过程就是产品消费过程，在生产过程中只是改变产品的空间位置。企业要提高经济效益，就要充分消费，提高载运率。因而交通运输企业会计在基本业务中不需要组织产成品销售的核算。

（二）存货核算的独特性

工业企业的存货主要是原材料、产成品、半成品及周转材料等，而交通运输企业的存货相对比较单一，主要以燃料、轮胎及修理用备件为主，在其核算上有一定的独特性。

（三）计量单位的特殊性

交通运输企业生产的结果是劳动对象的位移，这就决定了其运输生产计量单位的特殊性。运输生产计量单位是货物或旅客的周转量。周转量的计量取决于两个因素，即数量和距离。数量，即货物的重量和旅客的人次；距离，即位移的千米、海里等。因此，运输生产的计量单位为人千米（海里）和吨千米（海里）等。

（四）收入结算的复杂性

交通运输企业取得运输业务收入的方式，是通过出售客票或开出货票同时取得票款的。这种一手交票、一手收钱的方式是一种特殊的销售行为。在结算的过程中涉及的售票点多，在运输的过程中企业生产点多、线长、流动性大，其生产过程要经过多个生产部门、许多单位的共同参与才能完成，这就决定了其收入结算方式的多样性，而收入的处理也根据不同情况分别采用互不结算、相互结算等方式进行处理。因此，会计核算中具有收入结算量大、复杂的特点。

任务二　交通运输企业存货典型业务核算

一、存货的分类

交通运输企业的存货不构成产品的实体，主要是为运输提供服务的燃料、修理用备件和运输途中的用品等。以公路运输企业为例，按存货在生产过程中发挥的作用不同，可分为以下几类。

（一）燃料

燃料是交通运输企业库存和各种运输工具中存放的各种固体燃料、液体燃料和气体燃料，以及可以作为燃料使用的各种废料等。燃料是交通运输企业中最重要的存货，在存货中所占的比重较大。

（二）材料

材料主要是指交通运输企业为维护、保养和修理其所拥有的各种运输设备、装卸机械等而储存的各种材料，主要包括轮胎垫带、内胎、各种消耗性材料、修理用备件等。为正确核算材料，企业应设置“原材料”账户。其中，修理用备件占比重较大的企业，可在“原材料”科目下设“辅助材料”与“修理用备件”账户进行核算。

（三）轮胎

轮胎是指交通运输企业在库和在用的轮胎外胎。它是汽车重要的部件，也是运输过程中损耗最大、更换最频繁的部件，在存货中所占比重较大。

（四）低值易耗品

低值易耗品是指交通运输企业不作为固定资产核算的各种用具、物品，如工具、修理用具、玻璃器皿，以及在营运过程中周转使用的包装容器等。企业应设置“低值易耗品”对其进行核算。对于低值易耗品较少的企业，也可将其列入“原材料”账户进行核算。

上述几种存货中，材料和低值易耗品的核算与工业企业原材料和周转材料中低值易耗品的核算相同，此处不再专门介绍。此外，关于存货的核算还可以采用计划成本核算，与工业企业类似，此处也不再介绍，仅介绍实际成本的核算。

二、燃料的核算

（一）燃料的分类

燃料是交通运输企业重要的存货，按用途可分为以下两种类型。

1. 营运耗用的燃料

营运耗用的燃料是指营运车辆在营业性运行中直接消耗的燃料，主要指营运车辆在运行时消耗的燃料和装卸车倾卸货时消耗的燃料。

2. 非经营用耗用的燃料

非经营用耗用的燃料是指非经营用车辆耗用的燃料与营运车辆在试用或保修过程中消耗的燃料。

（二）燃料的管理

交通运输企业的车（船）领用燃料后，便能正常工作，但在运输一段时间后，再次加油时，油箱内可能还会留有未消耗的燃料，因此，车（船）领用的燃料并不一定等于消耗的燃料。目前，交通运输企业燃料的管理制度有两种：一种是满油箱制油耗管理制度；另一种是盘存制油耗管理制度。

1. 满油箱制油耗管理制度

满油箱制油耗管理制度即运输车（船）在投入运营后，根据车油箱的容积填制领用燃料凭证，该凭证由油库保管。满油箱制的特点是在每次加油时必须加满油箱，月末根据领料凭证计算出车（船）的耗油数量，从而考核车（船）的耗油情况。它是一个固定数，即油箱容量。实行满油箱制的运输企业投入运营的车（船），在月初、月末车（船）都满油的情况下，车（船）本月耗油的总数应该等于该车（船）本月领油凭证上每次领油的累计数。

2. 盘存制油耗管理制度

盘存制油耗管理制度是指车（船）在投入运营后，每次加油并非都将油箱加满。盘存制的特点是每次投入运营的车（船）根据实际需要领料加油，月末经过盘存油箱的实存数后计算当月耗油数量。因此，在此种方法下，车（船）存燃料不再是固定数。

（三）燃料的核算

为正确核算燃料，体现会计核算的重要性原则，应单独设置“燃料”作为一级账户进行核算，也可以设置“原材料——××燃料”账户进行核算（在本项目中，采用“原材料——××燃料”账户进行会计核算），一般根据存放地点不同，也可以下设“车存”和“库存”两个明细科目。“原材料——燃料”账户是核算企业库存和车存的各种燃料的成本。本账户借方登记验收入库的燃料成本，贷方登记发出燃料的成本，期末余额在借方，反映库存燃料的成本。

1. 实行满油箱制油耗管理制度核算

在满油箱制油耗管理制度下，日常领用燃料时，领料部门只填制领油凭证，不必进行账务处理。企业可只设燃料总账，不设置库存和车存明细账。在月初、月末车辆都充满油的情况下，本月耗油的总数应该等于该车本月领油凭证上每次领油的累计数。借记“运输成本”“管理费用”“其他业务成本”等账户，贷记“原材料——燃料”账户。

【典型业务案例】

案例 4-1　蓝天汽车运输有限责任公司对燃料实行满油箱制油耗管理。2020 年 12 月发生经济业务如下：5 日采购 92＃汽油 20 000 升，单价 5 元，增值税专用发票列示价款 100 000 元，增值税税额 13 000 元，汽油已验收入库，通过银行存款结算；31 日领用情况汇总为：货运 A 项目领用 9 000 升，货运 B 项目领用 8 000 升，管理部门领用 1 000 升。(假定单位成本为 5 元)

(1) 5 日汽油验收入库时，应编制会计分录如下：

借：原材料——燃料（92＃汽油）	100 000	
应交税费——应交增值税（进项税额）	13 000	
贷：银行存款		113 000

(2) 31 日汇总汽油领用汇总表，应编制会计分录如下：

借：运输成本——A 项目	45 000	
——B 项目	40 000	
管理费用	5 000	
贷：原材料——燃料（92＃汽油）		90 000

2. 实行盘存制油耗管理制度核算

采用盘存制油耗管理制度，企业需设置“库存”和“车存”两个明细账户。领油时，将燃料由“库存”转为“车存”，根据领油凭证，借记“原材料——××燃料（车存）”账户，贷记“原材料——××燃料（库存）”账户；月末，经过实际测量油箱的存油数后，计算出当月耗油的实际数量，借记“运输成本”“管理费用”“其他业务成本”等账户，贷记“原材料——××燃料（车存）”账户。

采用盘存制进行燃料核算时，月末车辆实际耗油数计算公式如下：

当月实际耗油数＝月初车存油数＋本月领用油料数－月末车存油数

月初、月末车存油数需要经过实际盘存，因为它是一个变量，而不是一个固定数。

【典型业务案例】

案例 4-2　蓝天汽车运输有限责任公司对燃料实行盘存制油耗管理。2020 年 12 月发生经济业务如下：6 日购进柴油 2 000 升，单价 8 元，增值税专用发票列示价款 16 000 元，增值税税额 2 080 元，柴油尚未验收入库，通过银行存款结算；21 日柴油验收入库；本月各项目发出及使用情况汇总表如表 4-1 所示。

表 4-1 燃料发出及使用情况汇总表

2020 年 12 月　　　　数量：升　金额：元

使用单位及项目	月初车存		本月领用		月末车存		本月耗油	
	数量	金额	数量	金额	数量	金额	数量	金额
货运队 A 项目	300	2 400	1 500	12 000	150	1 200	1 650	13 200
货运队 B 项目	100	800	300	2 400	80	640	320	2 560
合计	400	3 200	1 800	14 400	230	1 840	1 970	15 760

（1）6 日购进柴油时，应编制会计分录如下：

借：在途物资——燃料（柴油）　16 000

　　应交税费——应交增值税（进项税额）　2 080

　贷：银行存款　18 080

（2）21 日柴油验收入库时，应编制会计分录如下：

借：原材料——燃料——柴油（库存）　16 000

　贷：在途物资——燃料（柴油）　16 000

（3）车队领油时，应编制会计分录如下：

借：原材料——燃料——柴油（A 项目车存）　12 000

　　　　　　　　　——柴油（B 项目车存）　2 400

　贷：原材料——燃料——柴油（库存）　14 400

（4）月末，对油箱进行盘存，计算出本月各项目实际耗用燃料成本：

货运队 A 项目：2 400＋12 000－1 200＝13 200（元）

货运队 B 项目：800＋2 400－640＝2 560（元）

根据计算汇总情况，应编制会计分录如下：

借：运输成本——A 项目　13 200

　　　　　　——B 项目　2 560

　贷：：原材料——燃料——柴油（A 项目车存）　13 200

　　　　　　　　　　——柴油（B 项目车存）　2 560

三、轮胎的核算

轮胎在交通运输企业是重要的存货，其库存量大、更换频繁。为了加强轮胎的管理及核算，一般应单独设置“轮胎”作为一级账户进行核算，也可以设置“原材料——轮胎”账户进行核算（在本项目中，采用“原材料——轮胎”账户进行会计核算）。“原材料——轮胎”账户是核算企业轮胎外胎的收发和结存情况。本账户借方登记验收入库的轮胎成本，贷方登记发出轮胎的成本，期末余额在借方，反映库存轮胎的成本。

轮胎采购入库的核算方法与工业企业材料核算相同，轮胎领用可以采用一次摊销法、分期摊销法和按行驶里程摊提法。按行驶里程摊提法，轮胎的价值是逐渐转移到运输成本中去的，在会计核算中需在“原材料——轮胎”账户下分别设置“原材料——轮胎——在库”“原材料——轮胎——在用”“原材料——轮胎——摊销”三个明细账户，用以反映库存轮胎及在用轮胎的原值和轮胎的损耗价值。

【典型业务案例】

案例 4-3　蓝天汽车运输有限责任公司购进轮胎外胎 15 个，单价 5 000 元，增值税专用发票上注明价款 75 000 元，增值税税额 9 750 元，轮胎验收入库，款项通过银行存款支付。根据资料编制如下会计分录：

借：原材料——轮胎　　75 000

　　应交税费——应交增值税（进项税额）　　9 750

　贷：银行存款　　84 750

（一）轮胎费用的摊销方法

交通运输企业轮胎的领用发出的核算一般采用一次摊销法、分期摊销法和按行驶里程摊提法。

1. 一次摊销法

一次摊销法，就是在领用轮胎外胎时，一次性将轮胎外胎的成本计入运输成本中。领用时，借记"运输成本""管理费用""其他业务成本"等相关成本费用账户，贷记"原材料——轮胎"账户。

【典型业务案例】

案例 4-4　蓝天汽车运输有限责任公司 2020 年 12 月货运队领用轮胎外胎 8 个，单价 5 000 元，职工班车领用轮胎外胎 2 个，单价 2 500 元。根据资料编制如下会计分录：

借：运输成本——轮胎费用　　40 000

　　管理费用——汽车轮胎费用　　5 000

　贷：原材料——轮胎　　45 000

2. 分期摊销法

分期摊销法，就是一次性领用轮胎外胎的数量很多且摊销期限超过一年，为了合理分摊成本采用的方法。应通过"长期待摊费用"账户进行核算。领用时，借记"长期待摊费用"账户，贷记"原材料——轮胎"账户；每月计算应提摊销额时，借记"运输成本""管理费用""其他业务成本"等相关成本费用账户，贷记"长期待摊费用"账户。

【典型业务案例】

案例 4-5　蓝天汽车运输有限责任公司 2020 年 12 月职工班车领用轮胎外胎 20 个，单价 2 500 元，预计使用 25 个月。

（1）职工班车领用轮胎时，应编制会计分录如下：

借：长期待摊费用　　50 000

　贷：原材料——轮胎　　50 000

（2）计算本月应提摊销额时，应编制会计分录如下：

借：管理费用——汽车轮胎费用　　2 000

　贷：长期待摊费用　　2 000

3. 按行驶里程摊提法

按行驶里程摊提法，是在新车开始运行后便逐月按轮胎预计行驶总公里内实际行驶公里的比例计算其摊销额的方法。其计算公式如下：

轮胎费用摊销率＝轮胎原值×(1－残值率)÷预计行驶公里数

每月摊销额=当月轮胎实际使用公里×轮胎费用摊销率

本月轮胎实际行驶公里数可以从设置的车辆原始记录中查看。

【典型业务案例】

案例 4-6 蓝天汽车运输有限责任公司 2020 年 12 月领用轮胎外胎 15 个，单价 5 000 元，每个轮胎预计可行驶 120 000 公里，预计残值率为 1%，轮胎实际使用 600 000 公里。

（1）本月领用轮胎时，应编制会计分录如下：

借：原材料——轮胎——在用　　75 000

　贷：原材料——轮胎——在库　　75 000

（2）计算本月应提摊销额时，编制会计分录如下：

本月轮胎摊销率=5 000×15×(1−1%)÷(120 000×15)=4.125%

本月轮胎摊销额=600 000×4.125%=24 750(元)

借：运输成本——轮胎费用　　24 750

　贷：原材料——轮胎——摊销　　24 750

【典型业务案例】

案例 4-7 承案例 4-6，假定上述公司轮胎在行驶 1 500 000 公里后全部报废，仅收回残料 5 000 元入库。

应提摊销额=5 000×15−5000=70 000(元)

已提摊销额=1 500 000×4.125%=61 875(元)

应补提摊销额=70 000−61 875=8 125(元)

（1）补提摊销额时，应编制会计分录如下：

借：运输成本——轮胎费用　　8 125

　贷：原材料——轮胎——摊销　　8 125

（2）轮胎报废，残料入库时，应编制会计分录如下：

借：原材料——其他材料　　5 000

　　原材料——轮胎——摊销　　70 000

　贷：原材料——轮胎——在用　　75 000

企业在核算过程中不论采用哪种摊销方法，都应加强在用轮胎的管理，核定车队周转轮胎数量定额，实行交旧领新，建立和健全单胎里程记录。

（二）轮胎的清查

轮胎在清查盘点时，如若发现盘盈、盘亏、毁损的轮胎，应按照实际成本（或估计价值）或计划成本，先记入“待处理财产损溢”科目，待查明原因后，再进行处理，会计核算与工业企业中存货清查的核算相同，本项目不再详细讲解。

任务三　交通运输企业成本费用典型业务核算

交通运输企业的成本费用，从广义上来说，可分为两大部分，即营运成本和期间费用。期间费用包括管理费用、财务费用和销售费用，这三项费用核算方法与工业企业相同，这里不再讲解。

一、营运成本

交通运输企业营运成本是指在营运过程中实际发生的与运输、装卸、堆存和代理等业务直接有关的支出。

（一）营运成本的内容

营运成本主要包括运输成本、装卸成本、堆存成本和代理业务成本等。运输成本指企业完成一定的客运和货运运输周转量所发生的各项运输费用。装卸成本是指企业完成一定的装卸操作量所发生的各项营运费用。堆存成本是指企业经营仓库和堆场业务完成一定的业务量所发生的各项营运费用。代理业务成本是指企业经营各种代理业务所发生的各项费用。

（二）营运成本的账户设置

交通运输企业的生产过程与销售过程是直接统一的，生产过程本身就是销售过程。生产过程的结束也是销售过程的结束，因此，交通运输企业在运输过程中发生的各项成本实际上就是“主营业务成本”，可以直接记入“主营业务成本”账户。在主营业务成本总账科目下设置“运输成本”“装卸成本”“堆存成本”“代理业务成本”等二级科目，在“运输成本”二级科目下设置“客运”“货运”等三级账户进行核算。

为了减少账户的层次，一般也可以直接将“运输成本”“装卸成本”“堆存成本”“代理业务成本”等直接设为一级科目，月末，再将“运输成本”“装卸成本”“堆存成本”“代理业务成本”等科目的发生额全部转入“主营业务成本”账户。但需要注意的是，在交通运输企业核算中，对于客运业务或短途货运业务，成本支出过程一般也是收入实现过程，通常不跨月（期），在一个月内能准确计算其收入和成本，运输成本账户可采用“主营业务成本”账户下设“运输成本”二级账户。但货运业务，一般按项目核算，如果存在跨月（期），需把一级科目设置为“运输成本”，先在其账户进行归集，至本项目完成时，再结转记入“主营业务成本——运输成本”等账户。

1.“运输成本”账户

本账户属于成本类账户，其作用和性质与工业企业中的“生产成本”账户相似。核算交通运输企业经营旅客运输、货物运输业务所发生的各项直接费用。借方登记经营运输业务所发生的各项费用，贷方登记期末结束项目成本的结转额，余额在借方，表示期末未结束项目的金额。本账户按项目名称及成本项目设置明细账进行核算。

2.“主营业务成本——装卸成本”账户

本账户用来核算交通运输企业经营装卸业务所发生的各项费用支出。借方登记经营装卸业务所发生的各项费用，贷方登记期末转入“本年利润”账户的本期实际发生额。结转后，本账户一般无余额。本账户按专业区域或按货种和规定的成本项目设置明细账进行核算。

3.“主营业务成本——堆存成本”账户

本账户用来核算交通运输企业经营仓库和堆场业务所发生的各项费用支出。借方登记经营仓库和堆存业务所发生的各项费用，贷方登记期末转入“本年利润”账户的本期实际发生额。结转后，本账户一般无余额。本账户按装卸作业区、仓库、堆存场所及成本项目设置明细账进行核算。

4. “主营业务成本——代理业务成本”账户

本账户用来核算交通运输企业经营各种代理业务所发生的各项费用支出。借方登记经营各种代理业务所发生的各项费用，贷方登记期末转入“本年利润”账户的本期实际发生额。结转后，本账户一般无余额。本账户按代理业务的种类及成本项目设置明细账进行核算。

5. “辅助营运费用”账户

本账户用来核算交通运输企业辅助生产部门生产产品和供应劳务所发生的辅助生产费用。包括辅助生产部门发生的工资、福利费、燃料、折旧费、劳动保护费、事故损失及其他费用。借方登记辅助生产部门所发生的各项费用，贷方登记期末按一定的分配标准分配转入“主营业务成本——运输成本”“主营业务成本——装卸成本”“主营业务成本——堆存成本”“主营业务成本——代理业务成本”等账户的金额。分配后，本账户一般无余额。本账户按辅助生产部门及其他成本核算对象设置明细账进行核算。

6. “营运间接费用”账户

本账户属于成本类账户，其作用与性质与工业企业“制造费用”相似，用来核算交通运输企业在营运过程中发生的不能直接计入成本核算对象的各种间接费用。具体包括基层单位，如车队、车站为组织和管理营运过程所发生的费用，包括工资、福利费、折旧费、财产保险费、水电费、差旅费、取暖费及劳动保护费等；以及辅助车间管理人员的工资、福利费、折旧费及差旅费等。借方登记实际发生的各项间接费用，贷方登记期末按一定的分配标准分配转入“主营业务成本——运输成本”“主营业务成本——装卸成本”“主营业务成本——堆存成本”“主营业务成本——代理业务成本”及“辅助营运费用”等账户的金额。分配后，本账户一般无余额。本账户按车队、车站及费用项目设置明细账进行核算。

7. “其他业务成本”账户

本账户用来核算交通运输企业在营运过程中发生的不属于上述业务的其他主要业务所发生的费用。当发生时，借记本账户，贷记“原材料”“银行存款”等账户。期末将本账户余额转入“本年利润”账户。

二、运输成本

（一）运输成本的内容

交通运输企业成本的计算是交通运输企业会计核算的重要内容。根据交通运输企业生产耗用的特点，运输成本的内容主要包括以下几项。

1. 直接材料

直接材料是指运输工具在营运过程中实际消耗的各种材料，包括燃料、轮胎、专用工器具及其他材料。

2. 直接人工

直接人工是指运输企业直接从事营运过程中发生的人员工资、奖金、津贴、福利费及出差补助等。

3. 其他直接费用

其他直接费用是指运输企业在营运过程中发生的车辆牌照和检验费、养路费、司机途中的住宿费、保险费及差旅费等。

4. 间接费用

间接费用是指运输企业各个车队、车站等基层单位组织与管理营运所发生的全部支出。

（二）运输成本的核算

为正确核算企业的运输成本，一般需设置“主营业务成本——运输成本”“运输成本”“辅助营运费用”“营运间接费用”等账户。

1. 燃料费用的核算

【典型业务案例】

蓝天汽车运输有限责任公司具体情况介绍如下：

(1) 蓝天汽车运输有限责任公司的营运生产单位有车站、客车队和货车队。

(2) 汽车运输成本按客车、货车运输成本分类计算。车站、车队等基层营运单位的管理和业务费用分别归集车站费用和车队费用，并按一定的分配方法计入各受益对象成本。

(3) 本公司只有一个车站，车站发生的费用主要是为客车服务的。

(4) 本公司车队发生的费用主要是车队为组织管理货物运输发生的间接费用，车队发生的营运间接费用月末按其受益对象进行分配。

案例 4-8　本公司燃料实行盘存制油耗管理制度。2020 年 12 月该公司根据燃料领用凭证和车存燃料盘点表等编制燃料耗用量汇总表，如表 4-2 所示。燃料实际成本为 5 元/升。

表 4-2　燃料耗用量汇总表

2020 年 12 月

使用部门及项目		月初车存（升）	本月领用（升）	月末车存（升）	本月耗用（升）	实际成本（元）
客车队		1 300	35 000	1 500	34 800	174 000
货车队	项目 A	1 500	40 000	1 600	39 900	199 500
	项目 B	2 000	60 000	2 100	59 900	299 500
车站		300	400	300	400	2 000
车队		300	400	300	400	2 000
公司职工班车		1 200	2 500	1 300	2 400	12 000
合计		6 600	138 300	7 100	137 800	689 000

根据燃料耗用量汇总表，应编制会计分录如下：

借：运输成本——客车　　174 000
　　　　　　——货车（项目 A）　　199 500
　　　　　　——货车（项目 B）　　299 500
　　营运间接费用——车站　　2 000
　　　　　　　　——车队　　2 000
　　管理费用——小车燃料费　　12 000

贷：原材料——燃料（车存） 689 000

以上业务处理中，涉及“客车队”成本费用的各项支出也可以直接记入“主营业务成本——运输成本（客车队）”账户。

2. 轮胎的核算

【典型业务案例】

案例 4－9 蓝天汽车运输有限责任公司 2020 年 12 月按实际行驶里程摊销轮胎费用，轮胎费用摊销情况如表 4－3 所示。

表 4－3 轮胎费用摊销计算表

2020 年 12 月 单位：元

使用部门及项目		实际千胎公里	千胎公里摊销额	摊销额
客车队		1 500	7	10 500
货车队	项目 A	1 800	7	12 600
	项目 B	2 200	7	15 400
车站		600	7	4 200
车队		600	7	4 200
公司职工班车		400	6	2 400
合计		7 100		49 300

根据轮胎费用摊销计算表，应编制会计分录如下：

借：运输成本——客车 10 500
　　　　　　——货车（项目 A） 12 600
　　　　　　——货车（项目 B） 15 400
　　营运间接费用——车站 4 200
　　　　　　　　——车队 4 200
　　管理费用——小车轮胎费 2 400
　贷：原材料——轮胎——摊销 49 300

3. 材料费用的核算

在交通运输企业中，货车是按运输的项目进行核算的，因此货车在当月领用的材料不能直接计入某个运输项目中，而车队是为组织管理货物运输发生的间接费用，所以可以先记入“营运间接费用——车队”账户，至项目完成后再按受益对象分配记入“运输成本”账户。

【典型业务案例】

案例 4－10 蓝天汽车运输有限责任公司 2020 年 12 月材料费用的领用情况如表 4－4 所示。

表 4－4 材料领用汇总表

2020 年 12 月 单位：元

使用部门	领用材料			合计
	内胎、垫胎	修理用配件	消耗性材料	
客车队	20 000			20 000
货车队	22 000			22 000

续表

使用部门	领用材料			合计
	内胎、垫胎	修理用配件	消耗性材料	
修理车间		50 000	10 000	60 000
车站	1 500			1 500
车队	2 000			2 000
管理部门	800			800
合计	46 300	50 000	10 000	106 300

根据材料领用表，应编制会计分录如下：

借：运输成本——客车　20 000
　　辅助营运费用——修理车间　60 000
　　营运间接费用——车站　1 500
　　　　　　　　——车队　24 000
　　管理费用——小车材料费　800
　贷：原材料　106 300

4. 人工费用的核算

在交通运输企业中，企业应支付给职工的工资也是运输营运活动中的重要耗费，不论是否已经支付，都应按不同人员类别和工资用途分配记入有关成本费用账户。

直接从事运输的司机和助手的工资及福利费，应直接记入“运输成本”账户；辅助生产部门工人的工资及福利费，应记入“辅助营运费用”账户；车队、车站和辅助生产部门的管理人员的工资及福利费，应先记入“营运间接费用”账户，然后采用合理的分配方法分配计入各运输项目成本中；公司办公室管理人员、长期病假人员的工资及福利费，应记入“管理费用”账户；市场营销人员的工资及福利费应记入“销售费用”账户等。

【典型业务案例】

案例 4-11　蓝天汽车运输有限责任公司 2020 年 12 月应付职工工资及计提福利费汇总情况如表 4-5 所示。

表 4-5　职工工资及福利费汇总表

2020 年 12 月　　单位：元

部门及项目		工资总额	福利费计提比例	福利费	合计
客车司机		100 000	14%	14 000	114 000
货车司机	项目 A	120 000	14%	16 800	136 800
	项目 B	150 000	14%	21 000	171 000
修理车间工人		10 000	14%	1 400	11 400
修理车间管理人员		6 000	14%	840	6 840
车站管理人员		12 000	14%	1 680	13 680
车队管理人员		14 000	14%	1 960	15 960
公司管理人员		20 000	14%	2 800	22 800
合计		432 000	14%	60 480	492 480

根据职工工资及福利费汇总表，应编制会计分录如下：

（1）月末分配工资：

借：运输成本——客车　100 000

——货车（项目A）　120 000

——货车（项目B）　150 000

辅助营运费用——修理车间　10 000

营运间接费用——修理车间　6 000

——车站　12 000

——车队　14 000

管理费用——工资　20 000

贷：应付职工薪酬——工资　432 000

（2）月末计提职工福利费：

借：运输成本——客车　14 000

——货车（项目A）　16 800

——货车（项目B）　21 000

辅助营运费用——修理车间　1 400

营运间接费用——修理车间　840

——车站　1 680

——车队　1 960

管理费用——福利费　2 800

贷：应付职工薪酬——福利费　60 480

5. 折旧费用的核算

在交通运输企业中，货车按运输项目核算，为了方便核算，货车计提的折旧先记入“营运间接费用”账户，不直接记入“运输成本”账户。

【典型业务案例】

案例4-12　蓝天汽车运输有限责任公司2020年12月折旧费用分配情况如表4-6所示。

表4-6　折旧费用分配表

2020年12月　　单位：元

使用部门	本月提取折旧		
	客车	货车	其他固定资产
客车队	120 000		
货车队		200 000	
修理车间			20 000
车站			2 500
车队			3 000
管理部门			5 500
合计	120 000	200 000	31 000

根据折旧费用分配表，应编制会计分录如下：

借：运输成本——客车　　120 000
　　营运间接费用——修理车间　　20 000
　　　　　　　　——车站　　2 500
　　　　　　　　——车队　　203 000
　　管理费用——小车折旧费　　5 500
　贷：累计折旧　　351 000

6. 保险费用的核算

在交通运输企业中，无论是运输车辆还是所运载的旅客或货物都涉及保险费用的核算。如果保险费用的金额较小，就可以一次性计入运输成本或相关费用，也可以在一年内摊销。

【典型业务案例】

案例 4-13　蓝天汽车运输有限责任公司 2020 年 12 月保险费用汇总情况如表 4-7 所示。

表 4-7　保险费汇总表

2020 年 12 月　　单位：元

<table>
<tr><th colspan="2">使用部门及项目</th><th>车辆保险费</th><th>货物保险费</th><th>合计</th></tr>
<tr><td colspan="2">客车队</td><td>15 000</td><td></td><td>15 000</td></tr>
<tr><td rowspan="2">货车队</td><td>项目 A</td><td rowspan="2">38 000</td><td>5 000</td><td rowspan="2">51 000</td></tr>
<tr><td>项目 B</td><td>8 000</td></tr>
<tr><td colspan="2">车站</td><td>2 000</td><td></td><td>2 000</td></tr>
<tr><td colspan="2">车队</td><td>2 500</td><td></td><td>2 500</td></tr>
<tr><td colspan="2">管理部门</td><td>4 000</td><td></td><td>4 000</td></tr>
<tr><td colspan="2">合计</td><td>61 500</td><td>13 000</td><td>74 500</td></tr>
</table>

根据保险费汇总表，应编制会计分录如下：

借：运输成本——客车　　15 000
　　　　　　——货车（项目 A）　　5 000
　　　　　　——货车（项目 B）　　8 000
　　营运间接费用——车站　　2 000
　　　　　　　　——车队　　40 500
　　管理费用——小车保险费　　4 000
　贷：银行存款　　74 500

7. 其他费用的核算

在交通运输企业中，除发生上述主要费用外，平时司机出差补助、过路费、过桥费及司机途中的住宿费等，这些费用在发生时可凭相关凭证直接计入各类运输成本，借记“运输成本”“管理费用”等账户，贷记“银行存款”账户。

8. 辅助间接（管理）费用的归集与分配

在交通运输企业中，辅助生产部门耗费的直接材料、直接人工可根据相关原始凭证和费用分配表直接计入辅助营运费用。辅助间接费用则先在“营运间接费用——（辅助车间名称）”账户进行归集，月末再分配计入各辅助车间的辅助间接费用。

【典型业务案例】

案例 4-14 承案例 4-11 人工费用的核算和案例 4-12 折旧费用的核算，蓝天汽车运输有限责任公司 2020 年 12 月修理车间发生的辅助间接费用为 26 840（=6 000+840+20 000）元。根据资料做出结转辅助间接费用的会计分录。

借：辅助营运费用——辅助间接费用（修理车间） 26 840
　贷：营运间接费用——修理车间 26 840

9. 辅助营运费用的归集与分配

在交通运输企业中，月末，在“辅助营运费用”账户归集的费用应按耗用数量或其他标准在各受益对象之间进行分配。

【典型业务案例】

案例 4-15 假定蓝天汽车运输有限责任公司按修理工时计算分配辅助营运费用。当月修理车间的修理工时共计 250 小时，其中客车耗用 100 小时，货车耗用 150 小时。承案例 4-10 材料费用的核算、案例 4-11 人工费用的核算以及案例 4-14 辅助间接（管理）费用的归集和分配，蓝天汽车运输有限责任公司 2020 年 12 月修理车间发生的辅助营运费用为 98 240（=60 000+10 000+1 400+26 840）元。根据资料做出结转辅助营运费用的会计分录。

（1）编制辅助营运费用明细表如表 4-8 所示。

表 4-8　辅助营运费用明细表

车间：修理车间　　　　单位：元

2020 年		典型案例	摘要	直接材料	直接人工	辅助间接费用	合计	转出	余额
月	日								
12		4-10	材料费用	60 000			60 000		
		4-11	人工费用		11 400		11 400		
			分配辅助间接费用			26 840	26 840		
			合计	60 000	11 400	26 840	98 240		
			分配辅助营运费用					98 240	0

（2）编制辅助营运费用分配表如表 4-9 所示。

表 4-9　辅助营运费用分配表

2020 年 12 月　　　　单位：元

分配对象	耗用工时	单位工时费用分配率	分配额
车站	100	392.96	39 296
车队	150	392.96	58 944
合计	250		98 240

借：营运间接费用——车站 39 296
　　　　　　　　——车队 58 944
　贷：辅助营运费用——修理车间 98 240

10. 营运间接费用的归集与分配

在交通运输企业中，按车站、车队设置明细账，根据有关的原始凭证和费用分配表分别归集。月末，再按照一定的分配方法分别计入各受益对象的成本。

【典型业务案例】

案例 4-16 蓝天汽车运输有限责任公司车站发生的费用主要是为客车服务的，因此车站的费用直接归集到"运输成本——客车"中。承案例 4-8 燃料费用的核算、案例 4-9 轮胎费用的核算、案例 4-10 材料费用的核算、案例 4-11 人工费用的核算、案例 4-12 折旧费用的核算、案例 4-13 保险费用的核算以及案例 4-15 辅助营运费用的归集和分配，蓝天汽车运输有限责任公司 2020 年 12 月车站的营运间接费用为 65 176（=2 000+4 200+1 500+12 000+1 680+2 500+2 000+39 296）元。根据资料做出结转"营运间接费用——车站"的会计分录。

（1）编制"营运间接费用——车站"明细表如表 4-10 所示。

表 4-10 营运间接费用——车站明细表

2020 年 12 月　　单位：元

2020 年		典型案例	摘要	燃料	轮胎	材料	直接人工	折旧	保险	辅助营运	合计	转出	余额
月	日												
12		4-8	燃料费用	2 000							2 000		
		4-9	轮胎费用		4 200						4 200		
		4-10	材料费用			1 500					1 500		
		4-11	人工费用				13 680				13 680		
		4-12	折旧费用					2 500			2 500		
		4-13	保险费						2 000		2 000		
		4-15	分配辅助营运费用							39 296	39 296		
			合计	2 000	4 200	1 500	13 680	2 500	2 000	39 296	65 176	65 176	0

（2）编制会计分录如下：

借：运输成本——客车　　65 176

　贷：营运间接费用——车站　　65 176

交通运输企业车队发生的营运间接费用，月末也应按照受益对象进行分配。其分配标准一般有以下两种：

其一，当月各受益对象的直接成本为分配标准。

其二，当月各受益对象各货车行驶吨千米为分配标准。

分配公式如下：

$$间接费用分配率=\frac{间接费用总额}{当月各受益对象的直接成本之和(或行驶的吨千米之和)}$$

$$\begin{matrix}某受益对象应\\分配的间接费用\end{matrix}=受益对象的直接成本(或行驶的吨千米)\times 间接费用分配率$$

【典型业务案例】

案例 4－17 蓝天汽车运输有限责任公司车队发生的费用主要是为组织管理货物运输发生的间接费用。本例中按受益对象的直接成本为分配标准。承案例 4－8 燃料费用的核算、案例 4－9 轮胎费用的核算、案例 4－10 材料费用的核算、案例 4－11 人工费用的核算、案例 4－12 折旧费用的核算、案例 4－13 保险费用的核算以及案例 4－15 辅助营运费用的归集和分配，蓝天汽车运输有限责任公司 2020 年 12 月车队的营运间接费用为 348 604(＝2 000＋4 200＋24 000＋14 000＋1 960＋203 000＋40 500＋58 944) 元。当月，货物运输项目 A 发生的直接费用为 353 900 (＝199 500＋12 600＋120 000＋16 800＋5 000) 元，项目 B 发生的直接费用为 493 900(＝299 500＋15 400＋150 000＋21 000＋8 000) 元。根据资料做出结转"营运间接费用——车队"的会计分录。

(1) 编制"营运间接费用——车队"明细表如表 4－11 所示。

表 4－11 营运间接费用——车队明细表

2020 年 12 月　　单位：元

2020 年		典型案例	摘要	燃料	轮胎	材料	直接人工	折旧	保险	辅助营运	合计	转出	余额
月	日												
12		4－8	燃料费用	2 000							2 000		
		4－9	轮胎费用		4 200						4 200		
		4－10	材料费用			24 000					24 000		
		4－11	人工费用				15 960				15 960		
		4－12	折旧费用					203 000			203 000		
		4－13	保险费						40 500		40 500		
		4－15	分配辅助营运费用							58 944	58 944		
			合计	2 000	4 200	24 000	15 960	203 000	40 500	58 944	348 604	348 604	0

(2) 编制"营运间接费用——车队"分配表如表 4－12 所示。

表 4－12 "营运间接费用——车队"分配表

2020 年 12 月　　单位：元

分配对象	分配标准	分配率 (%)	分配额
项目 A	353 900	41.12	145 524
项目 B	493 900	41.12	203 080
合计	847 800		348 604

注：项目 B 分配额是由倒挤计算得出，即 348 604－145 524＝203 080 (元)。

(3) 编制会计分录如下：

借：运输成本——货车 (项目 A)　　145 524

　　　　　——货车 (项目 B)　　203 080

　贷：营运间接费用——车队　　348 604

11. 成本的计算与结转

蓝天汽车运输有限责任公司货物运输项目 A 已完成，并且已与客户进行了结算，取得了相关合法票据；项目B尚未完成，未与客户进行结算，未开票据。月末，可进行客运成本与货物运输项目A成本的结转。

【典型业务案例】

案例4-18　承案例4-8燃料费用的核算、案例4-9轮胎费用的核算、案例4-10材料费用的核算、案例4-11人工费用的核算、案例4-12折旧费用的核算、案例4-13保险费用的核算以及案例4-16、案例4-17营运间接费用的归集和分配，分析并计算蓝天汽车运输有限责任公司2020年12月客车运输总成本及货车运输成本。根据资料做出客运成本与货物运输项目A成本结转会计分录。

（1）分析并计算成本。

1）通过分析计算出客车运输总成本为518 676元，包括直接费用与案例4-16分配的营运间接费用之和。

174 000＋10 500＋20 000＋100 000＋14 000＋120 000＋15 000＋65 176＝518 676(元)

2）货物运输项目A发生的总成本为499 424元，包括直接费用与案例4-17分配的营运间接费用之和。

353 900＋145 524＝499 424(元)

3）货物运输项目B发生的总成本为696 980元，包括直接费用与案例4-17分配的营运间接费用之和。

493 900＋203 080＝696 980(元)

（2）该公司当月成本计算表如表4-13所示。

表4-13　蓝天汽车运输有限责任公司成本计算表

2020年12月　　　　单位：元

成本项目	客车	货车	
		项目A	项目B
燃料费用	174 000	199 500	299 500
轮胎费用	10 500	12 600	15 400
材料费用	20 000	—	—
人工费用	114 000	136 800	171 000
折旧费用	120 000	—	—
保险费用	15 000	5 000	8 000
营运间接费用——车站	65 176	—	—
营运间接费用——车队	—	145 524	203 080
合计	518 676	499 424	696 980

（3）编制会计分录如下：

借：主营业务成本——运输成本（客车）　518 676
　　　　　　　　——运输成本（货车）　499 424
　贷：运输成本——客车　518 676
　　　　　　　——货车（项目A）　499 424

三、装卸成本

在交通运输企业中，装卸成本也是运输生产的重要组成部分。它的计算对象是机械装卸和人工装卸，在核算时应按照机械作业和人工作业分别核算。

（一）装卸成本的内容

汽车运输企业的装卸成本的内容一般包括以下几项。

1. 直接材料

直接材料指装卸机械在运行及操作过程中耗用的燃料和动力（如汽油、电力等）以及轮胎的外胎、内胎、垫带、外胎翻新费和零星修补费等。

2. 直接人工

直接人工指支付给装卸机械司机、助手和装卸工人的工资、职工福利费等。

3. 其他直接费用

其他直接费用指装卸过程中发生的机械保养修理费、折旧费及与装卸业务直接有关的工具费、劳动保护费、事故损失（包括货物破损等货损货差损失）等费用。

4. 营运间接费用

营运间接费用指各装卸队为组织与管理装卸业务而发生的管理费用和业务费用。

（二）装卸成本的核算

为正确核算企业的装卸成本，需设置“主营业务成本——装卸成本”账户单独进行核算。

1. 燃料费用的核算

【典型业务案例】

案例 4-19 蓝天汽车运输有限责任公司 2020 年 12 月领用装卸用的燃料 40 000 元，其中机械装卸队 30 000 元，人工装卸队 10 000 元。根据资料编制如下会计分录：

借：主营业务成本——装卸成本——机械（燃料）	30 000	
——人工（燃料）	10 000	
贷：原材料——燃料		40 000

2. 人工费用的核算

【典型业务案例】

案例 4-20 蓝天汽车运输有限责任公司 2020 年 12 月装卸队工资情况如下：机械装卸队司机及助手 25 000 元，保修工人 5 000 元；人工装卸队司机及助手 15 000 元，保修工人 2 000 元；装卸队管理人员工资 3 000 元。职工福利费的计提比例为 14%。根据资料编制如下会计分录：

（1）工资分配：

借：主营业务成本——装卸成本——机械（直接人工）	30 000	
——人工（直接人工）	17 000	
营运间接费用——装卸（人工费）	3 000	
贷：应付职工薪酬——工资		50 000

（2）福利费分配：

借：主营业务成本——装卸成本——机械（直接人工）	4 200	
——人工（直接人工）	2 380	

营运间接费用——装卸（人工费）　420

贷：应付职工薪酬——福利费　7 000

3. 其他直接费用的核算

【典型业务案例】

案例 4-21　蓝天汽车运输有限责任公司 2020 年 12 月装卸队计提折旧如下：机械装卸队 35 000 元，人工装卸队 25 000 元，管理部门 6 000 元。根据资料编制如下会计分录：

借：主营业务成本——装卸成本——机械（折旧费）　35 000

——人工（折旧费）　25 000

营运间接费用——装卸（折旧费）　6 000

贷：累计折旧　66 000

4. 营运间接费用的归集与核算

营运间接费用的核算先通过“营运间接费用——装卸”账户进行归集，月末，再按一定的标准分配到各受益对象中。

【典型业务案例】

案例 4-22　蓝天汽车运输有限责任公司 2020 年 12 月装卸队管理部门报销办公费 1 000 元，差旅费 2 500 元，均以现金支付。根据资料编制如下会计分录：

借：营运间接费用——装卸（办公费）　1 000

——装卸（差旅费）　2 500

贷：库存现金　3 500

【典型业务案例】

案例 4-23　承案例 4-19 至案例 4-22，归集、计算蓝天汽车运输有限责任公司 2020 年 12 月装卸部门发生的营运间接费用，并按受益对象的直接成本为分配标准进行分配。

（1）归集、计算营运间接费用为：3 000＋420＋6 000＋1 000＋2 500＝12 920（元）。

（2）归集、计算装卸队的直接费用为：

机械装卸队：30 000＋30 000＋4 200＋35 000＝99 200（元）；

人工装卸队：10 000＋17 000＋2 380＋25 000＝54 380（元）。

（3）编制“营运间接费用——装卸”分配表如表 4-14 所示。

表 4-14　“营运间接费用——装卸”分配表

2020 年 12 月　　单位：元

分配对象	分配标准	分配率（%）	分配额
机械装卸	99 200	8.41	8 343
人工装卸	54 380	8.41	4 577
合计	153 580		12 920

注：人工装卸分配额是由倒挤计算得出，即 12 920－8 343＝4 577（元）。

（4）编制会计分录如下：

借：主营业务成本——装卸成本——机械（营运间接费用）　8 343

——人工（营运间接费用）　4 577

贷：营运间接费用——装卸　　12 920

5. 装卸总成本的计算与结转

装卸总成本是“主营业务成本——装卸成本”账户的明细账所登记的各项装卸费用之和，包括直接记入受益对象的直接成本以及通过分配“营运间接费用——装卸”账户分配到各受益对象的金额之和。月末，总成本结转到“本年利润”账户中。

【典型业务案例】

案例 4-24　承案例 4-19 至案例 4-23，计算、结转蓝天汽车运输有限责任公司 2020 年 12 月装卸总成本。

(1) 计算总成本为：

机械装卸队：99 200＋8 343＝107 543（元）；

人工装卸队：54 380＋4 577＝58 957（元）。

(2) 编制会计分录如下：

借：本年利润　　166 500

贷：主营业务成本——装卸成本——机械　　107 543

——人工　　58 957

四、堆存成本

在交通运输企业中，堆存成本的计算对象是各种类型的仓库。企业经营堆存业务仓库的类型复杂多样，按建筑可分为露天仓库、简易仓库、平房仓库、楼房仓库和罐式仓库等；按保管货物的特性可分为普通仓库、恒温仓库、冷藏仓库、特种危险仓库等。在核算时应按照仓库的类型分别核算。

(一) 堆存成本的内容

汽车运输企业的堆存成本的内容一般包括以下几项。

1. 直接材料

直接材料指因堆存、保管货物所消耗的各种材料。

2. 直接人工

直接人工指支付给从事堆存业务作业人员的工资、职工福利费等。

3. 动力及照明费

动力及照明费是指冷藏仓库、恒温仓库等仓库耗用的动力费和各种仓库耗用的照明费。

4. 其他直接费用

其他直接费用是指不属于上述项目的堆存直接费用，包括应由本期负担的货架、托盘等低值易耗品的摊销、堆存仓库房屋及设备应计提的折旧费、堆存房屋及设备发生的修理费、劳动保护费、事故损失及财产保险费等。

5. 营运间接费用

营运间接费用是指企业的堆存装卸、营运部门或分公司为管理和组织堆存与装卸业务所发生的管理费用及业务费用。在交通运输企业中，堆存业务与装卸业务是密不可分的，堆存业务和装卸业务往往与客户签订一份合同。

（二）堆存成本的核算

为正确核算企业的堆存成本，需设置“主营业务成本——堆存成本”账户单独进行核算。

堆存成本的具体核算过程与“装卸成本”类似，根据所包含的主要内容分项目核算，即分为材料费用的核算、人工费用的核算、动力及照明费用的核算、其他直接费用的核算、营运间接费用的归集与核算和堆存总成本的结转，在此不再介绍。

五、代理业务成本

（一）代理业务成本的内容

代理业务是指交通运输企业为客户的物资流转办理中介服务。代理业务成本是指在代理业务过程中发生的营业站点管理费用、人员费用以及业务费用等支出。

（二）代理业务成本的核算

为正确核算企业的代理业务成本，需设置“主营业务成本——代理业务成本”账户单独进行核算。

1. 人工费用的核算

【典型业务案例】

案例 4-25　蓝天汽车运输有限责任公司 2020 年 12 月营业站点发生人员工资 5 000 元，并按工资的 14%计提福利费。根据资料编制如下会计分录：

借：主营业务成本——代理业务成本（工资）	5 000	
贷：应付职工薪酬——工资		5 000
借：主营业务成本——代理业务成本（福利费）	700	
贷：应付职工薪酬——福利费		700

2. 折旧费用的核算

【典型业务案例】

案例 4-26　蓝天汽车运输有限责任公司 2020 年 12 月营业站点计提折旧费用 1 200 元。根据资料编制如下会计分录：

借：主营业务成本——代理业务成本（折旧费）	1 200	
贷：累计折旧		1 200

3. 其他费用的核算

【典型业务案例】

案例 4-27　蓝天汽车运输有限责任公司 2020 年 12 月营业站点报销办公费 200 元，差旅费 350 元，均以现金支付。根据资料编制如下会计分录：

借：主营业务成本——代理业务成本（办公费）	200	
——代理业务成本（差旅费）	350	
贷：库存现金		550

4. 代理业务总成本的计算与结转

代理业务总成本是“主营业务成本——代理业务成本”账户的明细账所登记的各项代理业务费用之和。月末，将其结转到“本年利润”账户中。

【典型业务案例】

案例 4－28 承案例 4－25 至案例 4－27，计算、结转蓝天汽车运输有限责任公司 2020 年 12 月代理业务总成本。

(1) 计算总成本为：5 000＋700＋1 200＋550＝7 450（元）。

(2) 编制会计分录如下：

借：本年利润　　7 450

　贷：主营业务成本——代理业务成本　　7 450

六、其他业务成本

在交通运输企业中，“其他业务成本”的核算与工业企业“其他业务成本”的核算相同，本项目不再介绍。

任务四 交通运输企业运营收入典型业务核算

交通运输企业的营业收入是指运输企业完成客、货运输业务，装卸业务及其他业务时，按规定费率向旅客、货物托运人收取的运费、装卸费及其他费用。

一、营业收入的内容

交通运输企业的营业收入，按企业经营业务的范围，可分为以下几类。

（一）运输收入

运输收入是指交通运输企业经营客、货运输业务所取得的各项收入，是企业最主要的收入来源。它主要包括以下几部分。

1. 客运收入

客运收入是指企业经营旅客运输业务所取得的营业收入，包括长短途客票收入、计时或计程包车收入等。

2. 货运收入

货运收入是指企业经营货物运输业务所取得的营业收入，包括长短途整车或零担货运收入和自动装卸车运输货物收取的装卸费。

需要注意的是，客运收入与货运收入的划分，是以票据为依据的，凡是客票收入均属于客运收入，凡是货票收入均属于货运收入。

3. 其他运输业务收入

其他运输业务收入是指随客、货运输业务收入的其他附加收入，包括行李包裹的打包和托运收入、邮件运输收入等。

（二）装卸收入

装卸收入是指交通运输企业经营装卸业务所取得的收入。它包括按规定费率向货物托收人收取的装卸费（不包括自动装卸车运输货物收取的装卸费）、联运货物换装收入、火车汽车倒装收入及临时出租装卸机械的租金收入等。

（三）堆存收入

堆存收入是指交通运输企业经营仓库、堆存业务所取得的收入（包括仓库等堆存设备临时出租的收入）。

（四）代理业务收入

代理业务收入是指交通运输企业办理联运业务，以及其为其他运输企业和社会车辆办理代理业务收取手续费所取得的收入。

（五）其他业务收入

其他业务收入是指企业经营除了上述主营业务外的其他各种业务所取得的收入。如客运服务收入（即车站为方便旅客而经营的不独立核算的小卖部、小件寄存等业务，以及退、补票手续费和其他收入）、汽车修理修配、材料销售、技术转让、广告等业务收入。

二、营业收入的确认

在交通运输企业中，客票或货票是交通运输企业向旅客或货物托运人提供劳务和取得价款的凭证，也是旅客或货物托运人消费劳务和支付价款的依据。由于交通运输企业一般在提供劳务服务前就取得劳务报酬，通常是在售出客票或开出货票时同时收讫价款，因此应在此时确认收入的实现。但如果是大件长途运输，一般是先签订合同，待项目执行结束后才开具发票向托运人结算运输费用、收取价款，这时才能确认收入的实现。

交通运输企业根据营运票据确认收入额，主要有客运票据、货运票据和其他票据。客运票据主要有固定票据、客运包车票据、补充客票、客票退票费收据等。货运票据主要有整车货票、行李包裹票、零担货票、代理业务货票等。其他票据主要有行李装卸费收据、零担装卸费收据、临时收款收据等。若企业发生退票、退运等业务时，应直接冲减营业收入；相反，若发生少收、漏收时，应补计营业收入。

三、营业收入的主要账户设置

为正确核算交通运输企业的各项营业收入，需按收入的种类在“主营业务收入”账户下分别设置“运输收入”“装卸收入”“堆存收入”“代理业务收入”等明细账户来核算主营业务的发生和结转。同时，设置“其他业务收入”账户来核算其他业务收入的发生和结转。

（一）“主营业务收入——运输收入”账户

本账户用来核算交通运输企业经营旅客、货物运输业务所发生的各项收入。一般设置“客运收入”“货运收入”“其他运输收入”等明细账户，也可根据实际管理需要，进一步按照各类车、货种等进行明细核算。

（二）“主营业务收入——装卸收入”账户

本账户用来核算交通运输企业经营装卸业务所发生的收入。一般按照专业作业区或货种进行明细核算。

（三）“主营业务收入——堆存收入”账户

本账户用来核算交通运输企业经营仓库、堆存业务所发生的收入。一般按照仓库、堆场等进行明细核算。

（四）“主营业务收入——代理业务收入”账户

本账户用来核算交通运输企业经营各种代理业务所发生的收入。一般按照代理业务的种类进行明细核算。

（五）“其他业务收入”账户

本账户用来核算交通运输企业除经营主营业务外的其他业务所发生的各项收入。一般按照其他业务种类设置“客运服务收入”“车辆修理收入”“材料销售收入”“技术转让收入”等明细账户进行核算。

四、营业收入的核算

交通运输企业的营业收入核算方式一般存在三种情况：其一，企业集中核算；其二，企业分级核算；其三，企业之间相互核算。

（一）企业集中核算营业收入

【典型业务案例】

案例 4-29 蓝天汽车运输有限责任公司是增值税一般纳税人。2020 年 12 月客运收入1 090 000 元（含税），其中现金收入 1 000 000 元，银行存款收入 90 000 元。已知交通运输企业增值税税率为 9%。根据资料编制如下会计分录：

借：库存现金	1 000 000	
银行存款	90 000	
贷：主营业务收入——运输收入——客运收入		1 000 000
应交税费——应交增值税（销项税额）		90 000

【典型业务案例】

案例 4-30 蓝天汽车运输有限责任公司 2020 年 12 月货运项目 A 已按合同完成运输任务（北华公司货物），取得增值税专用发票，发票上列明的价款为 720 000 元，税款为 64 800 元，款项尚未收到。根据资料编制如下会计分录：

借：应收账款	784 800	
贷：主营业务收入——运输收入——货运收入（项目 A）		720 000
应交税费——应交增值税（销项税额）		64 800

【典型业务案例】

案例 4-31 蓝天汽车运输有限责任公司 2020 年 12 月应收北华公司装卸收入 85 000 元，其中机械装卸队收入 55 000 元，人工装卸队收入 30 000 元；堆存收入 80 000 元，其中恒温仓库 35 000 元，冷藏仓库 45 000 元；代理业务收入 30 000 元，已存入银行。其他款项均未收到。上述收入均为含税收入，已知交通运输企业的上述业务的增值税税率均为 6%。根据资料编制如下会计分录：

借：应收账款——北华公司	165 000	
银行存款	30 000	
贷：主营业务收入——装卸收入——机械队		51 886.79
——人工队		28 301.89
——堆存收入——恒温仓库		33 018.87
——冷藏仓库		42 452.83
——代理业务收入		28 301.89
应交税费——应交增值税（销项税额）		11 037.73

（二）企业分级核算营业收入

我国公路交通运输企业多采用客运、货运兼营的形式，在组织设置上一般是在公司下设基层车站或基层营业所，在基层车站或基层营业所下设有车队或车间。有些运输企业的基层车站或基层营业所和车队或车间是平行的，有的则附属于车站，基层车站有的在辖区内设有若干分站。基层车站或基层营业所一般是内部独立核算单位，与车站平行设置的车队、车辆保修车间一般也为内部独立核算单位。

基层车站或基层营业所将实现的营业收入定期上报给公司，并及时将收入款项向上级解缴。为了核算运输企业内部单位之间的往来款项，可增设资产类账户“应收内部单位款”和负债类账户“应付内部单位款”。

1. 基层站、所营业收入的核算

【典型业务案例】

案例 4－32　假定广贸汽车运输有限责任公司的运输基层车站有第一中心站和第二中心站两个站点。其中，第一中心站设甲、乙两个分站，第二中心站设有丙、丁两个分站，并且中心站和分站都在同一个城市。现以第一中心站为例，介绍营业收入的核算。

2020 年 12 月第一中心站根据本站营业收入日报情况，统计本月收入如下：客运收入 200 000 元，货运收入 150 000 元，装卸收入 15 000 元，堆存收入 12 000 元。各项收入中共收到现金 300 000 元，其余均通过银行结算。根据资料编制如下会计分录：

借：库存现金	300 000	
银行存款	77 000	
贷：主营业务收入——运输收入——客运收入		200 000
——货运收入		150 000
——装卸收入		15 000
——堆存收入		12 000

【典型业务案例】

案例 4－33　2020 年 12 月，广贸汽车运输有限责任公司第一中心站收到分站交来的各项收入如下：甲分站客运收入 100 000 元、货运收入 80 000 元；乙分站客运收入 90 000 元、货运收入 60 000 元；该站本月代收西里企业车辆货运收入 30 000 元。各项收入全部存入银行。根据资料编制如下会计分录：

借：银行存款	360 000	
贷：应收内部单位款——甲分站		180 000
——乙分站		150 000
应付内部单位款——公司		30 000

【典型业务案例】

案例 4－34　承案例 4－33，本月末，将广贸汽车运输有限责任公司第一中心站运输收入 330 000 确认收入。根据资料编制如下会计分录：

借：应收内部单位款——甲分站	180 000	
——乙分站	150 000	
贷：主营业务收入——运输收入——客运收入		190 000
——货运收入		140 000

【典型业务案例】

案例 4-35 2020 年 12 月，广贸汽车运输有限责任公司第一中心站将上述各项收入上交给公司。根据资料编制如下会计分录：

借：应付内部单位款——公司　　737 000
　贷：银行存款　　437 000
　　　库存现金　　300 000

【典型业务案例】

案例 4-36 2020 年 12 月，按西里企业代理车辆货运收入 30 000 元的 3%计算代理手续费并确认收入。根据资料编制如下会计分录：

借：应付内部单位款——公司　　900
　贷：主营业务收入——代理业务收入　　900

【典型业务案例】

案例 4-37 承案例 4-32 至案例 4-36，月末，各中心站汇总本站及各分站营业收入月报，并编制营业收入月报上报给公司。根据资料编制如下会计分录：

借：主营业务收入——运输收入——客运收入　　390 000
　　　　　　　　　　　　　　——货运收入　　290 000
　　　　　　　　　　　　　　——装卸收入　　15 000
　　　　　　　　　　　　　　——堆存收入　　12 000
　　　　　　　　　　　　　　——代理业务收入　　900
　贷：应付内部单位款——公司　　707 900

在实际工作中，企业一般要求中心站及下属分站 1 天、3 天或 5 天将其收到的款项上交给中心站，中心站据此确认营业收入。同时将本站收到的款项和下属分站上交的款项汇总全额上交，月末再将本站及各所属分站当月的营业收入汇总上报公司并进行相应的账务处理。在上述案例中，为了便于理解，数据都是一个月的汇总数。

2. 公司营业收入的核算

【典型业务案例】

案例 4-38 广贸汽车运输有限责任公司接到银行通知，各基层站、所 12 月上缴营业收入 1 300 900 元已入账。其中第一中心站 707 900 元，第二中心站 593 000 元。根据资料编制如下会计分录：

借：银行存款　　1 300 900
贷：应收内部单位款——第一中心站　　707 900
　　　　　　　　　——第二中心站　　593 000

【典型业务案例】

案例 4-39 2020 年 12 月末，广贸汽车运输有限责任公司根据各基层站、所的营业收入月报汇总编制营业收入汇总表，并根据资料编制会计分录。

(1) 编制营业收入汇总表如表 4-15 所示。

表 4-15　营业收入汇总表

2020 年 12 月　　单位：元

站名	运输收入			装卸收入	堆存收入	代理业务收入	营业收入合计
	客运收入	货运收入	小计				
第一中心站							
本站	200 000	150 000	350 000	15 000	12 000	900	377 900
甲分站	100 000	80 000	180 000				180 000
乙分站	90 000	60 000	150 000				150 000
小计	390 000	290 000	680 000	15 000	12 000	900	707 900
第二中心站							
本站	160 000	120 000	280 000	12 000	10 000	1 000	303 000
丙分站	90 000	70 000	160 000				160 000
丁分站	80 000	50 000	130 000				130 000
小计	330 000	240 000	570 000	12 000	10 000	1 000	593 000
合计	720 000	530 000	1 250 000	27 000	22 000	1 900	1 300 900

上述各项收入均为含税收入，已知交通运输企业运输收入的增值税税率为 9%，装卸收入、堆存收入、代理业务收入的增值税税率为 6%。

（2）编制会计分录如下：

借：应收内部单位款——第一中心站　　707 900

　　　　　　　　——第二中心站　　593 000

　贷：主营业务收入——运输收入——客运收入　　660 550.46

　　　　　　　　　　　　　　——货运收入　　486 238.53

　　　　　　　　——装卸收入　　25 471.70

　　　　　　　　——堆存收入　　20 754.72

　　　　　　　　代理业务收入　　1 792.45

　　应交税费——应交增值税（销项税额）　　106 092.14

（三）企业之间相互核算营业收入

交通运输企业在经营上存在联结点和网络性的特点，因此，在结算的过程中企业间需要相互代理售票。企业相互之间发生需要结算的款项时，通过“应收账款”和“应付账款”账户来核算。在结算过程中方法多种多样，主要有以下几种。

1. 按实际收入结算

按实际收入结算就是在两企业双方共同经营的线路上，无论是在起点还是在中间站，双方均按旅客上车实际人数、金额填制“售出客票结算单”，一式三联，运输车辆所属单位、驾驶员、售票单位各执一联作为每月结算的依据。

2. 按固定比例结算

按固定比例结算就是在同一线路上共同经营的客运业务，双方经调查并协定，按照双方管辖站点的实载率和双方经营的座位数，估算各方的收入，并据此确定双方结算的固定比例，在结算时按此比例进行。

3. 按差额结算

按差额结算就是两企业客运班次相互对开，收入相互传递，月终或定期各持路单记录或售出客票的结算单，互相审核，并按其总收入的实际差额进行结算。

4. 互不结算

互不结算就是两个企业双方经营同一线路时，其对开的客运班次、站点设置、路段里程是一致的，双方完成的旅客周转量和客运收入也大致相同，经协议，以其各自站点的车票收入作为本企业的营业收入，相互之间不再进行结算。

【典型业务案例】

案例 4-40 蓝天汽车运输有限责任公司是增值税一般纳税人，2020 年 12 月核算与安泰汽车运输有限责任公司的往来情况。根据两企业同一线路的售出客票结算单汇总数据显示：蓝天公司代售安泰公司的客运票款收入为 50 000 元，安泰公司代售蓝天公司的客运票款收入为 60 000 元，安泰公司扣除 3%的代理手续费后将差额通过银行转账给蓝天公司。以上收入均为含税收入。根据资料做出蓝天汽车运输有限责任公司的会计分录。

（1）确认蓝天公司收入，并编制会计分录。

安泰公司代售部分应扣除代理手续费：60 000×3%＝1 800（元）。

应确认的收入为：(60 000－1 800)÷(1＋9%)＝53 394.5（元）。

借：应收账款——安泰公司	58 200	
贷：主营业务收入——运输收入——客运收入		53 394.5
应交税费——应交增值税（销项税额）		4 805.5

（2）确认代售安泰公司的客票收到款项，并编制会计分录。

应确认的收入：50 000×3%÷(1＋6%)＝1 415.09（元）。

借：银行存款	50 000	
贷：应付账款——安泰公司		48 500
主营业务收入——代理业务收入		1 415.09
应交税费——应交增值税（销项税额）		84.91

（3）收到安泰公司汇付的补差款项，编制会计分录如下：

借：银行存款	9 700	
应付账款——安泰公司	48 500	
贷：应收账款——安泰公司		58 200

任务五 交通运输企业与工业企业典型业务核算比较

一、存货的比较

（一）存货内容的比较

工业企业中的存货主要是指企业在日常活动中持有以备出售的产成品或商品、处在生产过程中的在产品、在生产过程或提供劳务过程中耗用的材料或物料等，包括各类材料、在产品、半成品、产成品或库存商品以及包装物、低值易耗品、委托加工物资等。而交通运输企业的生产过程比较特殊，生产过程与销售过程是相统一的，不需要备有原材料、半成品等存货，因此交通运输企业的存货不构成产品的实体，而主要是为运输提供服务的燃料、修理用备件和运输途中的用品等，核算内容主要包括材料的核算、燃料的核算、轮胎及低值易耗品的核算等。而其中最典型的差别是工业企业的存货核算没有轮胎的核算，轮胎核算是交通运输企业独有的核算。

（二）存货核算的比较

1. 存货账户设置的比较

工业企业存货的核算用到的账户主要有“原材料”“周转材料”“库存商品”等；交通运输企业的存货核算用到的账户除了主要有“原材料”外，由于交通运输企业特殊的经营特点导致会计核算也有其自身的特点，不设置“库存商品”账户，而在“原材料”账户下核算，根据重要性原则，还可以把运营过程中耗用较多的原材料，如燃料、轮胎等，设置为一级核算账户，即可增设“燃料”“轮胎”账户。工业企业设置“周转材料——低值易耗品——包装物”账户；而在交通运输企业中，由于其产品是无实物形态的运输劳务，所以不存在“包装物”的核算。

2. 存货核算方法的比较

工业企业中的原材料涉及购进和发出两个核算环节，购进环节的核算与交通运输企业相同，都可采用实际成本法或计划成本法进行核算。在发出时，可采用先进先出法、月末一次加权平均法、移动加权平均法和个别计价法等。交通运输企业中燃料和轮胎的核算采用专门的方法，其中领用发出轮胎时可以采用一次摊销法、分期摊销法和按行驶里程摊提法。

二、成本的比较

（一）成本构成内容的比较

成本项目可以反映产品成本的构成情况。在工业企业中成本项目主要包括直接材料（形成产品的主要材料及辅料）、燃料和动力（电、天然气等）、直接人工（工资及福利费等）、制造费用（直接组织生产的车间管理人员发生的所有费用），企业根据管理需要还可增设废品损失、停工损失等项目。交通运输企业的成本项目与工业企业差别较大，在交通运输企业中生产消耗主要是运输工具、燃料和辅助材料的消耗，因而成本项目主要包括直接材料（燃料、轮胎及修理备用件等）、其他直接费用（运输过程中发生的车辆牌照、检验费、养路费、司机途中的住宿费、保险费及差旅费等）、直接人工（工资及福利费等）和营运间接费用（在营运过程中发生的不能直接计入成本核算对象的各种间接费用，如车站、车队发生的费用等）。

（二）成本核算的比较

1. 成本账户设置的比较

工业企业中的成本账户设置主要有“生产成本”和“制造费用”。在交通运输企业中，因运输旅客、短途货物运输、装卸、堆存及代理业务等在较短的时间内就能完成，一般就不再通过“生产成本”等账户进行归集，而是直接计入损益类账户，因此，交通运输企业的成本账户设置主要有“主营业务成本——运输成本”“主营业务成本——装卸成本”“主营业务成本——堆存成本”“主营业务成本——代理业务成本”等。但在货物运输过程中也存在大件长途运输项目有可能在一个月内不能完成运输任务，成本结算不能及时进行的情况，因此可设置“运输成本”为一级账户，性质与工业企业的“生产成本”账户相同，对其运输成本进行归集核算，月末按完工情况进行结转，再将其金额结转至“主营业务成本——运输成本”中。

2. 成本核算方法的比较

工业企业中的成本计算方法主要有品种法、分批法和分步法。但在实际工作中由于企业情况错综复杂，各个企业实际采用成本计算的方法通常不止一种。即使是同一种产品，由于它的各个生产步骤、各个半成品的生产特点和管理要求不同，在计算产品成本时，可能要将几种成本计算方法结合起来综合加以应用。而交通运输企业由于生产的“产品”单一，一般不存在“完工产品”和“在产品”之间分配的情况，所以其成本计算方法一般采用与品种法相结合的成本计算方法。

三、营运收入的比较

（一）收入构成内容的比较

工业企业中的主营业务收入主要是指产品销售收入。交通运输企业中的主营业务收入除了主要以运输收入为主外，还包括装卸收入、堆存收入和代理业务收入。

（二）收入核算的比较

1. 收入账户设置的比较

工业企业中的主营业务收入核算除了设置“主营业务收入”“其他业务收入”等账户外，还根据销售是否一次实现设置“分期收款发出商品”账户进行核算。而交通运输企业在基本业务中不需要组织产成品和销售的核算，不需要设置此类账户。

2. 增值税税率的比较

工业企业一般纳税人增值税销项税额的增值税税率为13%。交通运输企业一般纳税人运输收入的增值税税率为9%，装卸收入、堆存收入、代理业务收入的增值税税率为6%。

3. 结算方式的比较

工业企业中产品销售价款的结算方式多种多样，主要有现收现付、赊销、商业汇票、托收承付、委托收款及分期收款等。交通运输企业因其自身的经营特点，它主要采用现收现付的结算方式，一手售票一手结算向旅客或货主收取现款，并由各客运站汇缴至企业集中；同时往往要与其他运输企业相互代理客、货运输业务收入的核算，采用企业间相互结算等比较特殊的核算方法。

知识拓展

交通运输企业其他费用的核算

一、交通运输企业吊装费用的核算

在交通运输企业中，运输大宗货物时有发生，有时需要吊车进行吊装，所以需与吊装公司签订吊装合同，等此次吊装任务结束取得合法票据时支付相关费用。

承接本项目案例，蓝天汽车运输有限责任公司2020年12月通过银行存款支付高启吊装公司承揽项目A的吊装费5 300元，取得增值税专用发票，发票上注明价款5 000元，税款300元。根据资料编制如下会计分录：

借：运输成本——货车（项目A） 5 000
　　应交税费——应交增值税（进项税额） 300
　贷：银行存款 5 300

二、交通运输企业外委运输费的核算

运输企业承揽一项运输业务后，有时由于公司车辆不能满足本次运输的需要，只能将部分业务委托其他运输单位代为运输，双方签订合同，待本次运输项目结束并取得合法票据时支付外委运输费用，金额较大的，还需按合同要求提前预付部分费用。

承接本项目案例，假定蓝天汽车运输有限责任公司不能独立完成项目A的运输任务，需委托某运输公司另行运输，支付外委运输费21 800元，取得增值税专用发票，发票上注明价款20 000元，税款1 800元。当月通过银行支付外委费用。根据资料编制如下会计分录：

借：运输成本——货车（项目A） 20 000
　　应交税费——应交增值税（进项税额） 1 800
　贷：银行存款 21 800

思考题

1. 交通运输企业的经营特点主要有哪些？
2. 交通运输企业会计核算有什么特点？
3. 交通运输企业存货核算的主要内容包括哪些？与工业企业有什么异同？
4. 交通运输企业成本费用核算设置的主要账户有哪些？与工业企业有什么异同？
5. 交通运输企业的营业成本包括哪些内容？
6. 交通运输企业营业收入的核算方式有哪几种？
7. 阐述交通运输企业与工业企业会计核算的主要联系与区别。

业务实训

一、单项选择题

1. 交通运输企业装卸业务发生的全部费用应记入（　　）账户。

A. “运输成本”　　B. “主营业务成本——装卸成本”
C. “主营业务成本——堆存成本”　　D. “其他业务成本”

2. 交通运输企业中，如果低值易耗品较少，可直接记入（　　）账户。

A. “运输成本”　　B. “存货”　　C. “低值易耗品”　　D. “原材料”

3. 交通运输企业中，运输收入的销项税额的计税比例为（　　）。

A. 3%　　B. 6%　　C. 9%　　D. 13%

4. 交通运输企业中直接从事运输的司机和助手的工资及福利费，应直接记入（　　）账户。

A. “运输成本”　　B. “辅助营运费用”
C. “营运间接费用”　　D. “管理费用”

5. 交通运输企业中，长期病假人员的工资及福利费，应记入（　　）账户。

A. “销售费用”　　B. “辅助营运费用”
C. “营运间接费用”　　D. “管理费用”

6.（　　）活动能使劳动对象空间位置发生改变，从而能使旅客到达目的地、货物到达经销商或消费者手中。

A. 采购　　B. 销售　　C. 生产　　D. 运输

7. 交通运输企业中，“营运间接费用”账户与工业企业的（　　）账户性质相似。

A. “生产成本”　　B. “制造费用”　　C. “管理费用”　　D. “销售费用”

8.（　　）运输是产生最早的一种交通运输方式。

A. 公路　　B. 铁路　　C. 航空　　D. 管道

9.（　　）和轮胎是交通运输企业中最重要的存货，在存货中所占的比重较大。

A. 燃料　　B. 材料　　C. 低值易耗品　　D. 修理配件

10. 在对轮胎进行清查盘点时，如若发现盘盈、盘亏、毁损的轮胎，应按照实际成本（或估计价值）或计划成本，先记入（　　）科目，待查明原因后，再进行处理。

A. “轮胎”　　B. “营业外收入”
C. “其他业务收入”　　D. “待处理财产损溢”

11. 交通运输企业的成本费用，从广义上来说，可分为两大部分，即营运成本和（　　）。

A. 生产成本　　B. 制造费用　　C. 期间费用　　D. 间接费用

12. 下列账户，在交通运输企业的存货核算中没有涉及的是（　　）。

A. 燃料　　B. 库存商品　　C. 低值易耗品　　D. 原材料

13. 交通运输企业中，装卸收入、堆存收入及代理业务收入的销项税额的计税比例为（　　）。

A. 3%　　B. 6%　　C. 9%　　D. 13%

14. 交通运输企业中，车队、车站和辅助生产部门的管理人员的工资及福利费，应先记入（　　）账户，然后采用合理的分配方法分配计入各运输项目成本中。

A. “运输成本”　　B. “辅助营运费用”
C. “营运间接费用”　　D. “管理费用”

15. 交通运输企业中，营运车间的修理费，应记入（　　）账户，再进行分配。

A. “间接费用”　　B. “辅助营运费用”
C. “营运间接费用”　　D. “管理费用”

16. 满油箱制和盘存制是（　　）管理的两种方法。

A. 车存燃料　　B. 库存燃料　　C. 车耗燃料　　D. 发出燃料

二、多项选择题

1. 交通运输企业的营运成本主要包括（　　）等。

A. 运输成本　　B. 装卸成本
C. 堆存成本　　D. 代理业务成本

2. 交通运输企业的会计核算不同于一般的工业企业，主要表现在（ ）方面。
A. 基本业务核算的特殊性 B. 存货核算的独特性
C. 计量单位的特殊性 D. 收入结算的复杂性
3. 交通运输企业中的“营运间接费用”账户核算的主要内容包括（ ）。
A. 车队、车站为组织和管理营运过程所发生的工资及福利费
B. 辅助生产部门发生的工资及福利费
C. 车队、车站发生的水电费
D. 辅助生产部门发生的劳动保护费
4. 交通运输企业的运输成本主要包括（ ）。
A. 直接材料 B. 直接人工 C. 其他直接费用 D. 间接费用
5. 广义的交通运输企业按运输方式不同，主要包括（ ）。
A. 公路运输企业 B. 铁路运输企业
C. 水路运输企业 D. 管道运输企业
6. 下列以管道作为运输工具进行运输的产品有（ ）。
A. 石油 B. 自来水 C. 天然气 D. 流体的化工产品
7. 交通运输企业的生产表现为（ ）特点，需要各部门密切配合、分工协作才能完成。
A. 点多 B. 面广 C. 线长 D. 单一环节
8. 交通运输企业按存货在生产过程中发挥的作用不同，可分为（ ）。
A. 库存商品 B. 材料 C. 轮胎 D. 低值易耗品
9. 燃料采用盘存制油耗管理制度，企业需设置（ ）两个明细账户。
A. “在库” B. “库存” C. “车存” D. “摊销”
10. 交通运输企业核算中，期间费用包括（ ）。
A. 营运费用 B. 管理费用 C. 销售费用 D. 财务费用
11. 交通运输企业的代理业务成本是指在代理业务过程中发生的营业站点（ ）等支出。
A. 管理费用 B. 业务费用 C. 财务费用 D. 人员费用
12. 交通运输企业的收入主要是由运输收入、（ ）等组成。
A. 装卸收入 B. 堆存收入 C. 代理业务收入 D. 营业外收入
13. 交通运输企业购进（ ）的税款可以抵扣销项税额。
A. 材料 B. 燃料 C. 轮胎 D. 货车
14. 交通运输企业轮胎领用发出时，采用的摊销方法有（ ）。
A. 一次摊销法 B. 五五摊销法
C. 分期摊销法 D. 按行驶里程摊销法
15. 交通运输企业采用企业之间相互核算营业收入的结算方式，方法多种多样，主要有（ ）。
A. 按实际收入结算 B. 按固定比例结算
C. 按差额结算 D. 互不结算

三、判断题

1. 一般工业企业的生产经营场所都是固定的，而交通运输企业的生产具有较强的流动性，它不可能在一个固定的场所完成。（　　）

2. 交通运输企业中固定资产比重较大，流动资产比重相对较小，在流动资产中，原材料比重较小，燃料、备品配件及轮胎等比重较大。（　　）

3. 运输活动能使劳动对象空间位置发生改变，从而能使旅客到达目的地、货物到达经销商或消费者手中。（　　）

4. 交通运输企业的产品表现为运输服务的完成，运输过程是生产过程，但销售和消费过程是分离的。（　　）

5. 交通运输企业的营业收入是指运输企业完成客、货运输业务，装卸业务及其他业务时按规定费率向旅客、货物托运人收取的运费、装卸费及其他费用。（　　）

6. 交通运输企业虽然生产的“产品”单一，但在核算成本时也需按照“完工产品”和“在产品”进行分配，所以其成本计算方法一般采用与品种法相结合的成本计算方法。（　　）

7. 交通运输企业将产品的生产、分配和消费有机地结合在一起，是联结社会生产领域和消费领域的桥梁和纽带，是国民经济发展的先行官。（　　）

8. “营运间接费用”账户属于成本类账户。其作用与性质与工业企业“制造费用”相似。（　　）

9. 在交通运输企业中，如果保险费用的金额较小，就可以一次性计入运输成本或相关费用，也可以在一年内摊销。（　　）

10. 交通运输企业与工业企业的生产经营过程一样，同样包括供应、生产和销售三个环节。（　　）

11. 交通运输企业的运输过程通常被称为运输的生产经营过程，但在运输的生产经营过程中，只能消耗劳动工具，不改变劳动对象的属性和形态，只改变其空间位置。（　　）

12. 辅助生产部门发生的工资、福利费、燃料、折旧费、劳动保护费、事故损失及其他费用，通过“营运间接费用”账户进行核算。（　　）

13. 在交通运输企业中确保货物和旅客的完好无损是最基本的要求，同时也要注意节约费用并最大限度地方便顾客。（　　）

14. 交通运输企业的生产表现为一个点多、面广、线长但合作环节单一的作业过程，需要各部门密切配合、分工协作才能完成。（　　）

15. 工业企业中存货主要是原材料、产成品、半成品及周转材料等，而交通运输企业中存货相对比较单一，主要以燃料、轮胎及修理用备件为主，在其核算上有一定的独特性。（　　）

16. 交通运输企业生产的结果是劳动对象的位移，这就决定了其运输生产计量单位的特殊性，为人千米（海里）和吨千米（海里）等。（　　）

17. 在交通运输企业中，货车按运输项目核算，为了方便核算，货车计提的折旧先记入“辅助营运费用”账户，不直接记入“运输成本”账户。（　　）

18. 交通运输企业的存货不构成产品的实体，而主要是为运输提供服务的燃料、修理用备件和运输途中的用品及库存商品等。（　　）

19. 轮胎是指交通运输企业在库和在用的轮胎内胎。它是汽车重要的部件，也是运输过程中损耗最大、更换最频繁的部件，在存货中所占比重较大。(　　)

20. 在盘存制油耗管理制度下，日常领用燃料时，领料部门只填制领油凭证，不必进行账务处理。(　　)

21. 交通运输企业的成本费用，从广义上来说，可分为两大部分，即营运成本和期间费用。(　　)

22. “辅助营运费用”账户用来核算交通运输企业辅助生产部门生产产品和供应劳务所发生的辅助生产费用。(　　)

23. 在交通运输企业中，堆存成本的计算对象是各种类型的仓库。按保管货物的特性可分为普通仓库、恒温仓库、冷藏仓库、特种危险仓库等。(　　)

24. 铁路运输在19世纪初出现。铁路运输企业是以火车作为运输工具，对外提供运输劳务以获得经营收入的生产部门，一般分为长途运输企业和短途运输企业两种。(　　)

25. 管道运输企业则是以管道作为运输工具，但它只从事特殊货物的运输，如石油、自来水、天然气等。(　　)

26. 轮胎核算中，一次摊销法就是在领用轮胎外胎时，一次性将轮胎外胎的成本计入运输成本中。(　　)

27. 在交通运输企业中，对于低值易耗品较少的企业，也可将其列入“原材料”账户进行核算。(　　)

28. 交通运输企业取得运输业务收入的方式，是通过出售客票或开出货票取得票款，是先售票后收钱的普通销售行为。(　　)

29. 交通运输企业燃料的管理制度有两种：一种是满油箱制油耗管理制度；另一种是盘存制油耗管理制度。(　　)

30. 企业在对轮胎的核算过程中不论采用哪种摊销方法，都应加强在库轮胎的管理，核定车队周转轮胎数量定额，实行交旧领新，建立和健全单胎里程记录。(　　)

四、典型业务实训题

(一) 昌盛汽车运输有限责任公司发生如下经济业务

业务1　昌盛汽车运输有限责任公司对燃料实行盘存制油耗管理。根据如下业务编制会计分录。

(1) 2020年12月8日购入柴油800升，单价6元，价款4 800元，增值税专用发票上注明税款624元，以银行存款支付价税款。

(2) 上述柴油已入库，根据“入库单”编制会计分录。

(3) 2020年12月燃料发出及使用情况汇总表如表4-16所示，单价为6元。编制领油时的会计分录。

表4-16　燃料发出及使用情况汇总表

2020年12月　　　　单位：元

使用单位及项目	月初库存		本月领用		月末盘存		本月耗油	
	数量	金额	数量	金额	数量	金额	数量	金额
货运队	300	1 800	1 000	6 000	200	1 200	1 100	6 600

续表

使用单位及项目	月初库存		本月领用		月末盘存		本月耗油	
	数量	金额	数量	金额	数量	金额	数量	金额
办公室	100	600	300	1 800	100	600	300	1 800
合计	400	2 400	1 300	7 800	300	1 800	1 400	8 400

（4）月末，对油箱进行盘存，计算出本月各项目实际耗用燃料成本，编制会计分录。

要求：根据上述经济业务，编制相关会计分录。

（二）富华汽车运输有限责任公司发生如下经济业务

业务 1　富华汽车运输有限责任公司对燃料实行满油箱制油耗管理。2020 年 12 月发生经济业务如下：10 日用转账支票采购 92＃汽油 40 000 升，增值税专用发票列示价款为 200 000 元，增值税税额为 26 000 元，汽油已验收入库；31 日各部门领用情况汇总为：货车领用 8 900 升，客车领用 8 000 升，企业管理部门领用 800 升。（假定单位成本为 5 元）

（1）10 日汽油验收入库时，编制会计分录。

（2）31 日汇总汽油领用汇总表，编制会计分录。

业务 2　富华汽车运输有限责任公司 12 月 12 日以现金支付公司办公用品费 2 000 元，其中公司管理部门 1 000 元，车站 600 元，车队 400 元。

业务 3　富华汽车运输有限责任公司 12 月 13 日以银行存款支付公司水电费 6 000 元，其中公司管理部门 2 500 元，车站 1 500 元，车队 1 200 元，堆场 800 元。

业务 4　富华汽车运输有限责任公司 12 月 15 日货车队领用轮胎 4 只，共 10 000 元；客车队领用 2 只，共 4 000 元。

业务 5　富华汽车运输有限责任公司 12 月 18 日以银行存款支付货物吊装费 2 000 元，取得增值税专用发票，发票上注明的税款为 120 元。

业务 6　富华汽车运输有限责任公司 12 月 20 日报销差旅费 5 000 元，其中，货车司机报销差旅费 2 500 元，客车司机报销差旅费 2 000 元，公司管理人员报销差旅费 500 元。

业务 7　富华汽车运输有限责任公司 12 月底结算应付给工人工资 50 000 元，其中，货车司机及助手 20 000 元，客车司机及助手 10 000 元，车站管理人员 5 000 元，车队管理人员 5 000 元，公司管理人员 6 000 元，堆场人员 4 000 元。同时按 14％计提本月工人工资福利费。

业务 8　假定富华汽车运输有限责任公司采用的是分级核算营运收入。该运输公司下设第一中心站和第二中心站两个分站。第一中心站设天平、大厂两个分所；第二中心站设六方、东阳两个分所。其中，第一中心站上报的 2020 年 12 月 6 日收入日报为：该中心站当天客运收入 7 000 元，货运收入 5 000 元。款项均存入银行。

业务 9　承业务 8，假定 2020 年 12 月富华汽车运输有限责任公司第一中心站收到分站交来的各项收入如下：天平分站客运收入 80 000 元、货运收入 50 000 元；大厂分站客运收入 60 000 元、货运收入 40 000 元；该站本月代收东城企业车辆货运收入 20 000 元。款项均已收并全部存入银行。

业务 10　承业务 9，本月末，将富华汽车运输有限责任公司第一中心站运输收入 230 000 确认收入。

业务 11　31 日，将富华汽车运输有限责任公司的营运间接费用进行结转。

业务12 31日，计算富华汽车运输有限责任公司客车、货车的总成本并进行结转。

要求：根据上述经济业务，编制相关会计分录。

（三）路通汽车运输有限责任公司发生如下经济业务

业务1 路通汽车运输有限责任公司收到各基层站、所2020年12月1日至12月10日营业收入30 000元。其中，第一中心站20 000元，第二中心站10 000元。上述款项存入银行，收到银行收款通知书。

业务2 路通汽车运输有限责任公司根据各基层站、所的营业收入月报汇总编制2020年12月营业收入汇总表，如表4-17所示。以下收入均为含税收入。

表4-17 营业收入汇总表

2020年12月 单位：元

站名	运输收入			代理业务收入	营业收入合计
	客运收入	货运收入	小计		
第一中心站					
本站	17 000	96 000	113 000	1 500	114 500
小陈分站	65 000	77 000	142 000	800	142 800
大水分站	50 000	60 000	110 000	1 000	111 000
小计	132 000	233 000	365 000	3 300	368 300
第二中心站					
本站	12 000	10 000	22 000	2 000	24 000
胜利分站	45 500	30 000	75 500	1 000	76 500
东广分站	50 000	45 000	95 000	1 000	96 000
小计	107 500	85 000	192 500	4 000	196 500
合计	239 500	318 000	557 500	7 300	564 800

要求：分别根据银行收款通知书和“营业收入汇总表”编制相关会计分录。

CHAPTER

项目五

旅游服务业会计

知识目标

- 了解旅游服务业的概念及特点
- 理解旅游服务业会计核算的特点
- 掌握旅游服务业核算的主要内容

能力目标

- 能进行旅游服务业典型经济业务的会计核算
- 能区分旅游服务企业与工业企业会计核算的异同
- 能胜任旅游服务业会计岗位的工作

情境导入

随着科技进步和经济发展，人们的休闲时间与时俱增，恩格尔系数则与时俱减，人们可自由支配的收入大幅度增加。目前全世界大部分国家实行每周5天工作制，同时又实行每年5～52天不等的在职带薪休假制。因此，在“可支配收入增加”及“闲暇时间增加”两大因素的驱动下，休闲度假旅游成为现代人生活的重要组成部分。更显而易见的是，这种“无烟产业”“无形贸易”已经发展成为国民经济的支柱产业。在一些旅游资源丰富的国家，其旅游服务业收入占其国民收入的50%以上，世界已经迈入了“旅游时代”。在我国旅游服务业已经成为我国国民经济中发展速度最快和具有明显国际竞争优势的产业之一，中国已成为世界上第二大入境旅游接待国及第一大出境旅游客源国。旅游服务业要想创造更大的经济效益和社会效益，必须不断加强经营管理，其中会计核算是提高企业经营管理水平的一项重要工作。作为一名会计工作者，如何更加准确、全面、明晰地对各项旅游活动进行记录和核算，早已成为会计人值得思考的课题，通过努力我国已经建立起了旅游服务业会计核算的完善体系，本项目就带领着同学们走进旅游服务业会计核算体系的海洋，去感受它的与众不同。

任务一　走进旅游服务业

一、旅游服务业主要经营概述

从广义上而言，旅游服务业是指以旅游资源、设施为条件，以旅游者为对象，为旅游者的旅游活动创造便利条件并提供其所需服务和商品的综合性产业。旅游者的旅游活动主要包括吃、住、行、游、购、娱六个方面，涉及的相关产业包括餐饮业、旅馆业、交通运输业、旅游景区业、零售业和娱乐服务业。旅游服务业的业务内容如图 5－1 所示。

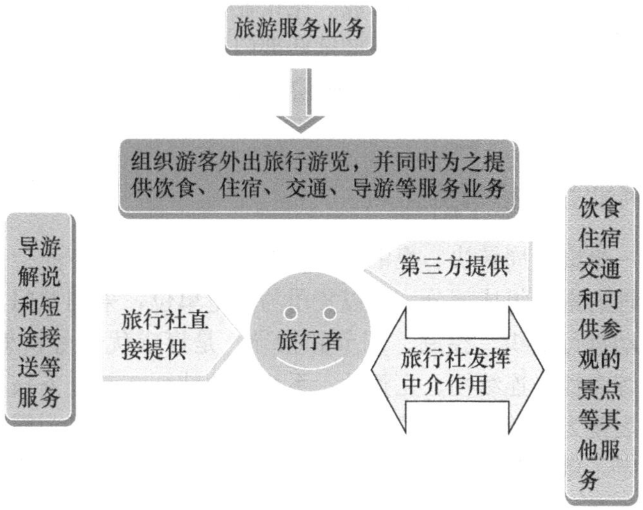

图 5－1　旅游服务业的业务内容

二、旅游服务业的经营特点

由于旅游服务业主要通过劳动服务的劳务形式，向社会提供无形的效用，即特殊的使用价值，以满足旅游者进行旅行游览的消费需要。其行业的基本特征是非生产性的，所以又称无烟工业。旅游服务业从整体上看，它不是实现商品流通的经济部门，而是凭借旅游资源，利用旅游设施，提供食、住、行、游、娱、购的劳务活动，去满足旅游者旅行游览消费的需要，所以也称为无形贸易。因此，旅游服务业的经营特点主要有以下几方面：

（1）旅游服务业的依赖性。

（2）旅游服务业的综合性。

（3）旅游服务业的脆弱性。

（4）旅游服务业的波动性。

（5）旅游服务业的季节性。
（6）旅游服务业的带动性。
（7）旅游服务业的涉外性。
（8）旅游服务业是资金密集型和劳动密集型产业。

三、旅游服务业的重要性

旅游服务业包括国际旅游和国内旅游两个部分。两者由于接待对象不同而有所区别，但其性质和作用是基本一致的。经济发达国家的旅游服务业，一般是从国内旅游服务业开始，逐步向国际旅游服务业发展。一些发展中国家，由于经济落后，经济建设需要外汇，大多是从国际旅游服务业开始发展的。国内旅游服务业和国际旅游服务业是密切相连的统一体，统筹规划、合理安排，能够互相促进、互相补充、共同发展。

旅游服务业能够满足人们日益增长的物质和文化的需要。通过旅游使人们在体力上和精神上得到休息，改善健康情况，开阔眼界，增长知识，推动社会生产的发展。旅游服务业的发展以整个国民经济发展水平为基础并受其制约，同时又直接、间接地促进国民经济有关部门的发展，如推动商业、饮食服务业、旅馆业、民航、铁路、公路、邮电、日用轻工业、工艺美术业、园林等的发展，并促使这些部门不断改进和完善各种设施、增加服务项目，提高服务质量。随着社会的发展，旅游服务业日益显示它在国民经济中的重要地位。

四、旅游服务业会计核算的特点

旅游服务业是一个资金周转快、换汇成本低的行业。旅游服务业会计是企业会计的一个分支，是企业管理的重要组成部分。它以货币为计量单位，采用专门方法，收集处理经济信息，对经济活动进行组织、控制、调节和指导，是谋求优化经济效益的一种管理活动。会计核算具有综合性、连续性、完整性、系统性的特征，其财务核算相对于工业、商业企业而言，主要表现为旅游服务业的收入、成本的确认和计量较为简单。但是，旅游服务业的经营特点决定了旅游服务业的会计核算也不同于一般的工业企业，其独特的特点主要表现在以下几个方面。

（一）核算对象的多样性

旅游服务业经营业务的开展往往带有系统性和配套性，如旅游服务业除了组团旅游外，有条件的旅行社同时还经营客房、餐饮、售货、娱乐及其他业务；餐饮业除了经营餐饮业务外，还开展娱乐、售货及其他业务；服务业也可同时经营文化娱乐、体育健身、美容美发、桑拿洗浴、照相、修理等多种业务。因此，为了分别提供各项经营业务的会计信息，就必须分门别类进行会计核算。

（二）核算方法的特殊性

与工业企业和商品流通企业相比，旅游服务业会计的核算方法不同。旅游服务业在会计核算上应分不同业务结合工业企业、流通企业的会计核算方法进行核算。为了满足旅游者食、住、行、游、买多方面的消费，旅游服务业的经营涉及旅行社、旅游饭店、旅游商场、旅游娱乐场等也涉及民航、铁路、文物、园艺、工艺美术等部门和行业。因此，许多旅游服务业兼有生产、销售和服务职能。

(三) 货币核算的涉外性

我国旅游服务业的接待工作有三种类型：第一种是组织国内居民在国内旅游；第二种是组织国内居民出境旅游；第三种是接待外国人来华旅游。后两种类型的业务活动都具有涉外性质，在这两类接待工作中必然涉及外币收支业务。因此，涉外旅游餐饮服务企业的会计核算，应按我国的外汇管理条例和外汇兑换管理办法办理外汇的存入、转出和结算业务，并以人民币为记账本位币，采用货币记账，计算汇兑损益。

五、旅游服务业会计监督的特点

旅游服务业会计的监督职能主要体现了以下两个方面：

(1) 经济业务发生过程中合法性、合规性的检查。

(2) 经济活动过程的合理性、有效性的检查。

任务二　旅游服务业营业收入典型业务核算

一、旅游经营业务概述

目前我国经营旅游服务业务的三大组织体系是中国国际旅行社（国旅）系统、中国旅行社（中旅）系统和青年旅行社（青旅）系统。如图 5－2 所示。

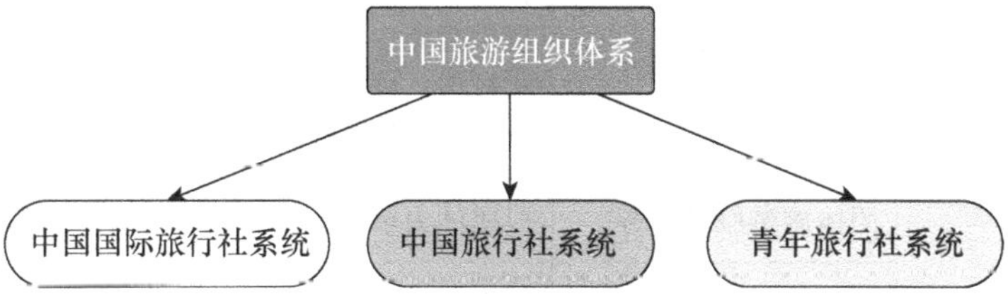

图 5－2　中国旅游组织体系图

其中，“国旅”负责接待外国自费旅游者；“中旅”负责接待海外华侨、外籍华人、港澳及台湾同胞；“青旅”负责接待世界各国或地区的青年旅游者。

旅行社是招徕、联系、接待和组织旅游者外出游览，并为其提供交通、食宿、导游等服务的行业，是旅游服务业供需的媒介。旅行社通常承担下列代办业务：

(1) 为旅游者配备翻译、导游。

(2) 为旅游者抵达或离开机场、车站、码头提供接送服务。

(3) 为旅游者代订客房、代租汽车。

(4) 为旅游者代办出入境、过境、居留和旅行所必需的证件，如护照、签证等。

(5) 代购、订购、代签飞机、火车、轮船等交通运输工具票据。

(6) 为旅游者接送行李。

(7) 为旅游者向海关申报检验手续。

(8) 为旅游者代办旅行意外事故保险等。

由于旅行社不同于工业企业和商业企业直接进行物资的生产及流通，其经营特点是没有物质形态的转移，只有价值形态的运动，因此，其主要核算内容是组团社对外收取旅游服务费用的结算、组团社与接团社之间服务费用拨付的结算、接团社与接待单位之间的费用结算。旅游服务业务的种类见表 5-1。

表 5-1　旅游服务业务的种类

<table>
<tr><th>分类标准</th><th colspan="2">项目</th><th>内容</th></tr>
<tr><td rowspan="3">按旅游者活动的空间范围不同</td><td rowspan="2">国际旅游服务业务</td><td>入境旅游服务业务</td><td>组织国外旅游者以团体或散客的形式在本国境内进行的旅游活动</td></tr>
<tr><td>出境旅游服务业务</td><td>组织本国公民以团体或散客的形式自费前往国外进行的旅游活动</td></tr>
<tr><td>国内旅游服务业务</td><td colspan="2">组织本国公民在国家行使主权的疆域内所进行的旅游活动</td></tr>
<tr><td rowspan="2">按服务形式不同</td><td>组团旅游服务业务</td><td colspan="2">旅行社预先制定包括旅游目的地、日程、交通或食宿服务内容、旅游费用的旅游计划，通过广告等推销方式招徕旅游者，组织旅游团队，为旅游者办理签证、保险等手续，并通过接待计划的形式与接团旅游服务业务进行衔接</td></tr>
<tr><td>接团旅游服务业务</td><td colspan="2">根据旅游计划安排，为旅游者在某一地方或某一区域提供翻译、导游，安排旅游者的旅行游览活动，并负责订房、订餐、订票、旅游目的地的联络等，为旅游者提供满意的综合服务</td></tr>
<tr><td rowspan="2">按组织形式不同</td><td>团体旅游服务业务</td><td colspan="2">以团体为单位，通常设有导游陪同</td></tr>
<tr><td>散客旅游服务业务</td><td colspan="2">以个人或少数人为单位，通常不设有导游陪同</td></tr>
</table>

二、旅行社营业收入的核算

（一）旅行社营业收入核算的内容及账户设置

旅行社的营业收入是指旅行社通过各项经营业务所得的全部收入，包括旅行社按照规定的旅游服务收费标准，在一定时期内提供各种劳务的全部收入。其具体包括综合服务收入、组团外联收入、零星服务收入、劳务收入、票务收入、地游及加项收入和其他服务收入。旅行社的营业收入应通过“主营业务收入”账户进行核算。旅行社平时取得的各项经营业务收入，记入该账户的贷方；月末，将其贷方余额通过借方转入“本年利润”账户；该账户月末应无余额。

“主营业务收入”账户应按经营业务的性质设置二级明细账，如“综合服务收入”“组团外联收入”“零星服务收入”“劳务收入”“票务收入”“地游及加项收入”“其他业务收入”等。企业如需提供更为详细的会计信息，还可根据具体情况设置三级明细账户，如在

“综合服务收入”二级明细账下设置“房费收入”“餐费收入”“车费收入”“其他收入”等。

在财务核算方面，涉及资金收付的会计科目成为旅游服务业会计最常用的科目，例如“应收账款”和“预收账款”科目。门市接收散客组团，一般情况下不存在应收款项的问题。除了在营业厅接收散客组团出游之外，旅行社一般情况下需要开拓一些大型企业客户，这些客户为了给员工提供较好的福利政策，以体现企业的凝聚力，一般都会定期组织员工外出考察旅游。企业客户多属于固定客户，因此大多数旅行社会先组织员工出游之后才进行收款结算，形成企业的应收账款。“应收账款”科目核算本期收到前期旅游团款及本期应收未收团款。当月收到前期应收款时，借记“库存现金（银行存款）”账户，贷记“应收账款”账户；在月末结转收入时，对尚未收到的旅游团款，借记“应收账款”账户，贷记“主营业务收入”账户。为核算组团社的对外结算业务，企业可在“应收账款”账户下设置“应收国外结算款”。为核算接团社的经营成果，应按照权责发生制原则，无论款项是否已收到，应以向有关组团社发出“拨款单”的时间和金额作为计算本期营业收入的依据，借记“应收账款”账户，贷记“主营业务收入”账户。实际收到组团社的拨款时，借记“银行存款”账户，贷记“应收账款”账户。预收账款当月收到当期旅游团款时，借记“库存现金（银行存款）”账户，贷记“预收账款”账户。

【典型业务案例】

案例 5-1 阳光旅行社（接团社）2020 年 2 月 3 日向中华旅行社（组团社）发出拨款结算通知单，金额为 80 000 元。该笔款项于 2 月 5 日收到。根据相关资料做出会计分录。

（1）2 月 3 日，发出拨款通知单时，应编制会计分录如下：

借：应收账款——应收国内结算款（中华旅行社）	80 000	
贷：主营业务收入		80 000

（2）2 月 5 日，收到款项时，应编制会计分录如下：

借：银行存款	80 000	
贷：应收账款——应收国内结算款（中华旅行社）		80000

（二）组团社营业收入的核算

由于组团社与接团社的业务内容不尽相同，因而其具体的营业收入核算方法也不完全相同，以下介绍组团社营业收入核算的具体方法。

组团社是连接旅游供需者的桥梁。各组团社根据制定的旅游服务价格，一方面与接团社联系，另一方面公布旅游线路价格，招揽游客，签订旅游合同。一般情况下组团社应按照路线价格一次收取游客的全部旅游服务费用，包括自身的合理收费，以及分配到接团社、饭店、交通部门等单位的代收代购费用。组团社在收费方式上通常采用包价形式，与旅游者一次结算费用，旅行社同国外旅游机构的款项往来，称为对外结算。对外结算的基本程序如图 5-3 所示。

1．编制“报价单”

旅游服务一般需要多个机构共同完成。旅游服务企业向游客收取的款项既包括自身的收入，也包括代收的各项费用。为了准确地核算旅游服务业务的收入，先要了解旅游报价方式，以准确地判断各项收款的性质。旅游服务业务常见的报价方式有以下几种：

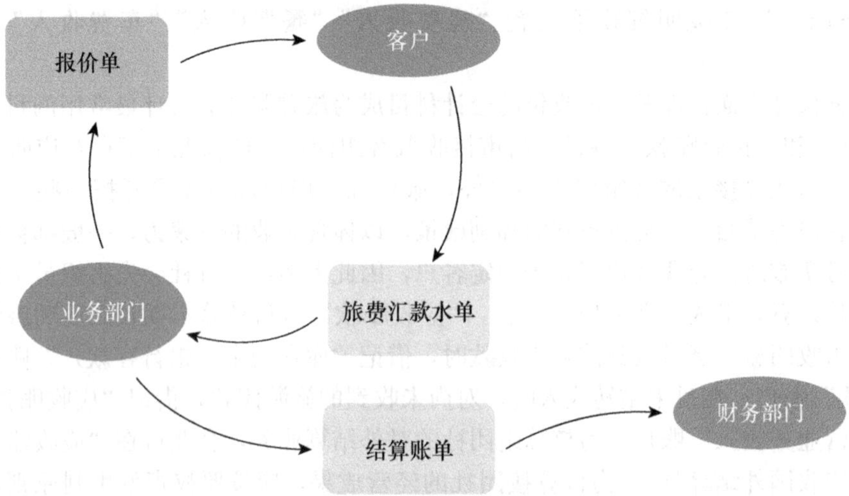

图 5-3　组团社对外结算程序

（1）组团包价。组团包价又名总包价，是由组团社根据成团人数、等级、路线、时间和提供服务的质量等制定的价格。旅游价格一般包括综合服务费、房费、城市间交通费和专项附加费等。具体分解如下：

1）综合服务费。包括：

①餐饮费。提供一日早、午、晚三餐的收费标准。

②市内车费。即市内交通费含接送机场或车站行李运输费。

③杂费。包括游览点门票、行李搬提、途中饮料等费用。

④领队减免费。只限于标准 A 等的 15 人以上团队，实行每 16 人减免 1 人综合服务费。

⑤劳务费。包括翻译和导游劳务费。

⑥接待手续费。计划变更时通知下站的通信联络费。

⑦公差费。用于陪同人员的城市交通费、房费和共餐费。

⑧销售手续费。用于电话、传真等销售通信费用。

2）房费。

房费是指按旅游者要求预订高、中、低档饭店或由旅游者自订房、委托代订房和委托代订指定房的收费标准。

3）城市间交通费。

城市间交通费是指飞机、火车、轮船、内河及古运河船和汽车客票价格。

4）专项附加费。

专项附加费包括：

①汽车超公里费。凡是去机场、车站、码头接送旅游者，接送各按一次（即一次实驶、一次空驶）单程公里数计费。几个旅游点在同一方向路线上，单程游览时按单项计算，多项游览时只取最远点计费，不能多项合并计算。

②游江游湖费。

③特殊游览点门票费。

④风味餐费。它是指在食用普通的中国餐食外，品尝地方风味的收费标准。

⑤专业活动费。

⑥旅游保险费。为了使旅游者在旅游期间发生伤亡、疾病、被盗等意外事件时能得到必要的补偿，在对外报价时每人加收保险费，并统一在中国人民保险公司投保。

⑦文娱费。

编制“报价单”时，首先，要掌握价格类区，如国家旅游局规定一类价格区为北京、广州、上海、桂林、西安、厦门、深圳、珠海、大连 9 个城市，西藏为特类价格区，除上述地区外的其他城市均属二类价格区。不同的价格类区、同一价格类区的不同季节、不同的游览人数等，收费标准均有所不同。其次，要掌握综合服务包价计算的具体规定，如综合服务包价天数的计算，城市超公里、游江游湖、门票等收费的计算，对随父母旅行的儿童收费标准的规定，城市间交通工具价格的计算等。最后，根据旅游团旅游计划，计算出每个旅游者综合服务包价和按预订人数计算的全部旅游费用包价。旅游日程及收费表的格式见表 5－2。

表 5－2　旅游日程及收费表

日期	行程			费用				游玩内容			
	时间	路线	交通工具	交通	门票	住宿/人	饮食	景点	住宿	饮食	购物

(2) 半包价。半包价是指不包含午餐、晚餐费用的综合包价。

(3) 小包价。小包价仅包括住宿费、早餐费、保险费、接送服务费、国内城市间交通费及手续费。

(4) 单项服务价格。旅游服务企业接受旅客的委托，提供单项旅游服务的收费标准，每个单项服务的价格通常由旅游服务企业的购入成本加毛利（毛利＝购入成本×毛利率）所组成。

(5) 特殊形式的旅游收费。旅游服务企业开展的新婚旅游、生态旅游、森林旅游、体育旅游、学术交流旅游等特殊形式的旅游收费。

2. 审核“旅费汇款水单”

按照国际惯例，国外旅游机构需于旅游者入境日 15 天前，通过中国银行将旅游包价费用汇到组团社。“旅费汇款水单”是中国银行办妥收汇后，通知组团社入账的存款单据，是组团社财务部门进行账务处理的重要凭据。因此，财务部门在收到“旅费汇款水单”后，应认真核对有关项目，审核无误后，及时记入相应旅游团的往来账户内。

3. 编制“结算账单”

“结算账单”是旅游团在我国境内旅游的全部实际费用账单。组团社组织国外旅游团结束旅游后，应根据旅游团的实际来华人数及实际旅游项目等，编制“结算账单”送交财务部门入账，同时把“结算账单”的有关联寄给国外旅游机构，通过中国银行退还余款或补收欠款。结算账单的格式见表5-3。

表5-3 结算账单

年 月 日

客户名称		人数		应收团款	
旅游线路		导游		业务员	
旅游时间		天数		计调	
代收代付费用项目	金额（元）		人数	备注	
房费					
餐费					
机票					
票务费					
陪同费					
综合费					
保险、包、帽					
交通费					
停车费					
其他					
接待地地接社					
地接费用合计					
合计人民币（大写）：					
活动成本					
毛利总计			业务毛利率		
业务提成					

批准： 审核： 财务： 填报人：

组团社一般采取先收取部分预订金，服务后结清费用的结账方式，尤其是对于国外旅游服务企业通常采取“先收费，后接团”的方式。其业务程序及相应的会计处理如下：

（1）组团社的外联部门根据境外旅行机构或游客的申请及要求，以及国内交通、住宿、膳食等情况，编制出国（内）外游客在我国境内旅游期间参观游览的顺序表，即“旅游日程表”，经审核后，据以计算出每人的旅游费用，向游客预收定金。

组团社在收到国（内）外旅行机构（个人）的定金时，借记“银行存款”账户，贷记“应收账款（预收账款）”账户。

（2）组团社在旅游团（者）的旅游行程结束后，根据实际支出填制“结算账单”，核销应收账款或预收账款，结清全部的旅游费用，借记“预收账款（应收账款）”“银行存款（应收游客补交差额）”账户，贷记“主营业务收入”与“银行存款（退游客多交款）”账户。

如果旅行团因故取消旅行，按规定组团社应将预收款扣除手续费后退回原单位（游客）。退回时，借记“预收账款（应收账款）”账户，贷记“银行存款（按实际退回数）”账户与“主营业务收入——手续费收入（按所扣除的手续费）”账户。

实务中，对于款项的结算还可能采取先接待后收费的方式。在这种结算方式下，组团社根据旅游团（者）在本地旅游活动的游览项目，以及对食宿、交通工具的要求，按收费标准计算出应收的旅游款项并确认收入，借记“应收账款”账户，贷记“主营业务收入”账户。

收到旅游服务企业汇来的旅游款项时，根据银行收账通知，借记“银行存款”账户，贷记“应收账款”账户。

【典型业务案例】

案例 5－2　5 月 5 日，科莱酒店旅行部组织一个 A55 旅游团赴法国 5 日游，预收旅行团旅游费 70 000 元。11 日，该旅行团返回，由于天气原因，减少了一个行程点，向游客退款 5 000 元。根据资料组团社编制会计分录。

（1）5 日预收款项时，应编制会计分录如下：

借：库存现金	70 000	
贷：预收账款——A55 旅行团		70 000

（2）11 日退款时，应编制会计分录如下：

借：预收账款——A55 旅行团	70 000	
贷：主营业务收入——组团包价收入		65 000
库存现金		5 000

（三）接团社营业收入的核算

接团社的营业收入是指接团社为旅行团（者）提供旅游服务所取得的各项收入，包括向组团社、旅行团和旅客收取的综合服务费或零星服务费及代办票务等收入。

接团社与组团社之间的结算一般是接待在前，结算在后。接团社在接到组团社的接待计划（或合同）后，对旅行团（游客）在本地的旅游计划、游览项目及食、宿、行等进行安排，做好接待前的准备工作。当旅行团（游客）完成本地旅游计划后，接团社根据旅行团（游客）在本地旅游活动的费用支出情况填制“旅游费用结算通知单”，旅游费用结算通知单和旅游费用汇总表如表 5－4、表 5－5 所示。

表 5－4　旅游费用结算通知单

填发日期：　　　　　　　　　　　　　　　　　　　　　　　　编号：

<table>
<tr><td>总社计划号</td><td></td><td>国别</td><td></td><td>旅行社名称</td><td colspan="2"></td><td rowspan="3">外宾人数</td><td>成人　人</td></tr>
<tr><td colspan="2">旅行团（者）名</td><td colspan="5"></td><td>6 至 11 岁儿童　人</td></tr>
<tr><td>旅行等级</td><td></td><td colspan="2">全陪姓名及性别</td><td colspan="2"></td><td></td><td>2 至 5 岁儿童　人</td></tr>
<tr><td rowspan="2">外宾到离时间</td><td colspan="8">月　日　时　机　到用　餐至　月　日　时用　后乘　机离</td></tr>
<tr><td colspan="8">车　　　车</td></tr>
</table>

<table>
<tr><td colspan="3" rowspan="2">项目</td><td colspan="4">拨款结算</td></tr>
<tr><td>天数</td><td>单价</td><td>人数</td><td>金额</td></tr>
<tr><td rowspan="11">旅行团（者）综合服务费</td><td colspan="2">综合服务费拨款</td><td></td><td></td><td></td><td></td></tr>
<tr><td colspan="2"></td><td></td><td></td><td></td><td></td></tr>
<tr><td colspan="2"></td><td></td><td></td><td></td><td></td></tr>
<tr><td colspan="2"></td><td></td><td></td><td></td><td></td></tr>
<tr><td colspan="2">夜房费</td><td></td><td></td><td></td><td></td></tr>
<tr><td colspan="2">晚餐后到达或未用早餐离开的接送费</td><td></td><td></td><td></td><td></td></tr>
<tr><td rowspan="4">计划内拨款项</td><td>风味餐费次数</td><td></td><td></td><td></td><td></td></tr>
<tr><td>去地汽车费</td><td></td><td></td><td></td><td></td></tr>
<tr><td></td><td></td><td></td><td></td><td></td></tr>
<tr><td></td><td></td><td></td><td></td><td></td></tr>
<tr><td colspan="2">旅行团（者）综合服务费合计</td><td colspan="4"></td></tr>
<tr><td rowspan="2">外宾交通费</td><td colspan="2">（乘坐）飞机、火车、轮船去地</td><td></td><td></td><td></td><td></td></tr>
<tr><td colspan="2">外汇差价</td><td></td><td></td><td></td><td></td></tr>
<tr><td colspan="3">外宾行李托运费</td><td colspan="4"></td></tr>
<tr><td rowspan="6">全程陪同费用</td><td colspan="2">全程陪同劳务费</td><td colspan="4"></td></tr>
<tr><td>交通费</td><td>（乘坐）飞机、火车、轮船去地</td><td></td><td></td><td></td><td></td></tr>
<tr><td></td><td></td><td></td><td></td><td></td><td></td></tr>
<tr><td>共餐费</td><td>早　人次　午　人次　晚　人次</td><td colspan="3"></td><td></td></tr>
<tr><td>房费</td><td>进饭店时间　月　日　时
离饭店时间　月　日　时</td><td></td><td></td><td></td><td></td></tr>
<tr><td colspan="5">全程陪同费用合计</td><td></td></tr>
<tr><td colspan="6">拨款结算总计</td><td></td></tr>
<tr><td>备注</td><td colspan="6"></td></tr>
</table>

汇款日期　　　年　月　日　　　公章　　　　分社　　　地陪

会计　　　　　（全陪）

表 5－5　旅游费用汇总表

年　月　日—　月　日　　　　单位：元

项目	金额		
	团体	其他	合计
综合费用			
住宿费			
午餐、晚餐费			
机、车、船票费			
行李托运费			
全程交通费			
全程陪同费			
合计			

【典型业务案例】

案例 5-3　5 月 5 日，名人酒店旅行部组织一个 A55 旅游团赴法国 5 日游，预收旅行团旅游费 70 000 元。11 日，该旅行团返回，由于天气原因，减少了一个行程点，向游客退款 5 000 元。根据资料做出会计分录。

(1) 5 日预收款项时，应编制会计分录如下：

借：库存现金	70 000	
贷：预收账款——A55 旅行团		70 000

(2) 11 日退款时，应编制会计分录如下：

借：预收账款——A55 旅行团	70 000	
贷：主营业务收入——组团包价收入		65 000
库存现金		5 000

任务三　旅游服务业营业成本典型业务核算

一、旅游经营业务营业成本概述

旅游经营业务的营业成本是指直接用于接待旅游者并为其提供各项服务所发生的全部支出，主要包括旅游者的膳食费、住宿费、游览船（车）票、门票以及交通费、文娱费、行李托运费、票务费、专业活动费、签证费、导游费、劳务费、宣传费、保险费、机场费等。如果由旅行社自行安排旅游车辆的，还包括其耗用的汽油费、车辆折旧费、司机工资等。

二、营业成本的确认及核算特点

(1) 一般情况下，旅游服务业会计的收入是根据与客户签订的旅游合同来确定的，成本的确认根据旅游实际发生的费用及与目的地接待旅行社签订的合同来确定。旅游过程中由于种种原因给予客人的折扣等依据实际情况，按照销售折扣来处理。

(2) 旅游服务业与工业企业比较，其主要特点在于后者为物质产品生产企业，会计核算的主要对象是生产制造过程，而前者为旅游服务性企业，会计核算的主要对象是商品经销和各项服务过程。因此，旅游服务业的营业成本和费用核算有其自身的特点。

(3) 旅游服务业的成本项目和费用主要是按营业成本和营业费用划分的。管理费用和财务费用作为当期费用单独核算，从每期的营业收入中直接扣除。

三、营业成本和费用核算的内容

旅游服务业的成本和费用项目一般是按费用要素划分，即分为“主营业务成本”“营业费用”“辅助营业支出”“管理费用”“财务费用”五项。其中，辅助营业支出在期末要分配摊入各项营业费用中。因此，主要是使用“主营业务成本”和“营业费用”两个科目核算企业各营业部门的成本费用开支。

（一）营业成本的明细项目

1. 汽车营业成本

汽车营业成本应比照运输企业会计制度，即出租汽车经营中所产生的实际成本，包括司机工资、燃料费、材料费、轮胎费、折旧费、维修费、养路费、低值易耗品摊销、制服费和其他直接费用等。

2. 旅行社的营业成本

旅行社的营业成本包括各项代收代付费用，如代收的房费、餐费、交通费、文娱费、行李托运费、票务费、门票费、专业活动费、签证费、陪同费、劳务费、宣传费、保险费、机场费等。

（二）营业费用的明细项目

（1）职工工资：指部门管理人员和服务人员的工资，根据有关规定计提。

（2）职工福利费：指按国家规定企业应支付给职工的洗澡费、交通费、独生子女费、奶费、书报费、探亲路费等各项费用。

（3）工作餐费：指企业按规定为职工提供工作餐而支付的费用。

（4）物料消耗：包括企业的日常用品、办公用品、日常维修材料、零配件等支出。

（5）保管费：指旅游服务业为客人提供行李、服装等物品的保管发生的开支。

（6）清洁卫生费：指宾馆、饭店、酒店、酒楼等企业为保持服务场所和设备的清洁卫生而发生的开支。

（7）展览费：指企业为举办展览而发生的开支。

（8）低值易耗品摊销：指企业使用的低值易耗品摊入本期的金额。

（9）折旧费：指企业内部按提供经营服务的固定资产和有关规定计算的折旧。各部门也可以不计提折旧费，由企业统一计提折旧，列入管理费用。

（10）修理费：指部门财产修理的支出。

（11）燃料费：指餐饮部门烹饪食品实际支付的煤气费用，客车出租等所耗用汽油、柴油费用的实际支出等。

（12）保险费：指部门财产向保险公司投保支付的费用。

（13）水电费：指企业内部各部门实际水电费支出。

（14）制服费：指各部门职工的工作服支出。

（15）洗涤费：指企业为洗涤窗帘、桌布、制服等各种织物的开支。

（16）租赁费：指部门向外单位租赁财产支付的费用，包括租赁的固定资产改良和大修理工程的支出。

（17）劳保用品费：指有关部门职工所需劳保用品支出。

（18）存货盘亏、盘盈：指部门存货发生的盘盈或盘亏。

（19）邮电费：指部门实际支付的邮电费。

（20）差旅费：指部门职工出差费用。

（21）运杂费：指部门购买物品支付的运输费、装卸费、包装费等开支。

（22）手续费：指部门在经营过程中支付给其他单位代销、代营手续费。

（23）广告费：为推广业务发生的各项支出。

(24) 其他营业费用：一般包括报纸杂志费、车船使用牌照费、差旅费。

(三) 管理费用和财务费用开支

管理费用是核算公司管理机构的和非营业性的费用开支。财务费用核算企业的利息支出、汇兑损益和金融机构手续等费用开支。

四、营业成本和营业费用的核算

(一) 营业成本的核算

企业的营业成本应当与其营业收入相互配比。当月实现的销售收入，应当与其相关的营业成本同时登记入账。旅行社之间的费用结算，由于有一个结算期，当发生的费用支出不能与实现的营业收入同时入账时，应按计划成本先行结转，待算出实际成本后再结转其差额。结转营业成本时，借记"主营业务成本"科目，贷记"原材料""库存商品""应付账款""银行存款"等科目；期末，应将"主营业务成本"科目余额转入"本年利润"科目；结转后本科目应无余额。"主营业务成本"科目的明细账应与"主营业务收入"科目的明细账设置相对应。

(二) 营业费用的核算

营业费用是指企业各营业部门在经营中发生的各项费用。费用发生时，借记"营业费用"科目，贷记"库存现金""银行存款""累计折旧""应付职工薪酬"等科目；期末，应将"营业费用"科目余额转入"本年利润"科目；结转后该科目应无余额。"营业费用"科目应按费用项目设置明细账。

在实现营业收入的同时，应本着配比核算原则，将相应的旅行社代付的房费、餐费、车费、游览费等各项直接费用和导游工资、固定资产折旧费等间接费用计入营业成本。为核算旅游服务业务营业成本，企业应设置"主营业务成本"账户。月末，将"主营业务成本"账户的借方余额从其贷方转入"本年利润"账户。

【典型业务案例】

案例 5-4 中华旅行社 2 月份拨付给接团社综合服务费 380 540 元，支付城市间交通费 56 000 元、餐费 7 680 元、专项附加费 21 460 元。根据相关资料做出会计分录。

(1) 支付各种款项时，应及时分别记入有关账户，编制会计分录如下：

借：主营业务成本——综合服务费	380 540	
——城市间交通费	56 000	
——餐费	7 680	
——专项附加费	21 460	
贷：银行存款		465 680

(2) 月末，结转营业成本时，应编制会计分录如下：

借：本年利润	465 680	
贷：主营业务成本		465 680

任务四 旅游服务业与工业企业典型业务核算比较

一、旅游服务企业与工业企业成本核算的差异

（一）旅游服务业务成本的组成

旅游服务企业为单纯的劳务型经营主体，没有产品生产环节，因此无生产成本核算。其成本构成主要是服务运营成本，具体可分为组团社成本核算和接团社成本核算两种情况。组团社成本包括组团社向旅游团体（游客）收取需在以后转移支付给接团社的各项直接支出。接团社成本包括接团社组织旅行团（游客）完成游览需要支付给接待单位（宾馆、景点、车辆等）的各项直接支出。其成本支出项目主要包括房费、餐费、交通费、票务费、门票费、陪同费、劳务费、邮电费、地游及加项费、其他费用。

（二）旅游服务业务成本的特征

（1）旅游服务企业的成本主要是各种服务成本。旅游服务企业在经营过程中几乎不发生实务消耗，主要是向游客提供服务时发生的各项代垫费用。

（2）旅游服务企业的各项成本费用多数不能和相关的收入同时入账。因此，根据权责发生制原则和配比原则，旅游服务企业的成本一般先按照成本预提结转，待计算出实际成本后再进行调整。

（三）旅游服务成本核算方法的不同

1. 不设置“生产成本”账户

旅游服务企业没有产品生产环节，不存在产品成本计算，因此不需要设置“生产成本”账户。

2. 设置“主营业务成本”账户

按照收入费用配比原则，旅游服务企业通过设置“主营业务成本”账户进行成本核算，以确认损益。该账户属于损益类账户，借方登记企业确认的各项营业支出，贷方登记期末转入“本年利润”账户的净支出，结转后该账户无余额。“主营业务成本”账户可根据管理需要采用不同的方法设置二级明细账户，如按成本项目分别设置“组团外联成本”“综合服务成本”“零星服务成本”“劳务成本”“地游及加项成本”“其他服务成本”等明细账户进行明细核算。

二、旅游服务企业与工业企业期间费用核算的差异

职工薪酬计入期间费用。旅游服务业在核算成本时，尽管在业务核算中设置有“主营业务成本”账户，但其核算内容一般不包含职工薪酬。因此，对于服务业的职工薪酬费用的核算一般采用直接计入期间费用的办法处理，发生时，可按部门、服务项目类别等直接列入“管理费用”“营业费用”等账户，计入当期损益。

三、旅游服务企业与工业企业比较其他方面的差异

旅游服务企业针对经营业务的特点，在考核招聘对象的时候，应重点关注应聘者对公

司经营领域会计业务的知会程度，以及未来对公司的贡献潜力等方面的能力与素质。因此，对于应聘者主要从以下几个方面进行考核：

(1) 关注应聘者对于旅游、宾馆、餐饮经营业务特点的认识与了解程度，以及其对这三类经营活动所涉及的一般会计核算理论与技术的熟知程度。

(2) 重点关注应聘者对于旅游服务行业成本管理的认知程度。作为服务行业，成本管理与控制仍是管理者需要重点关注的内容。因此有较丰富的会计工作实际经验者更为合适，这样有助于其更快地适应新的工作。

知识拓展

旅行社国际结算方式详解

旅行社的国际结算方式一般采用汇付法，即汇款结算方式。此外，旅行社还可以使用信用证、旅行支票和信用卡三种国际结算方式。

1. 信用证

(1) 旅行信用证，是专供旅游者出国旅游支付旅杂费而签发，由旅游者自己携带，准予其在一定金额及有效期内，在指定的国外银行取款的一种信用证。

(2) 光票信用证，是供常驻国外机构备付费用的一种支付方式，亦可用于贸易从属费用的结算。与前者的不同之处在于光票信用证限在一国、一个城市、一家银行兑换取款，限期一年。

(3) 环球旅行信用证，也称通天信用证，凭证准许持证人在面额内和一定期限内，要求与开证行有往来的任何一家外国银行支付，不受银行和地点限制。

2. 旅行支票

旅行支票是由大的银行、公司（旅行社或信用卡公司）印发的专供旅游者使用的一种定额支票，汇款人既是支票购买人，也是收款人和持票人。旅行支票具有面额固定、使用方便、安全可靠、流通时间长和用途多样等特点。

3. 信用卡

信用卡系银行或专门机构发给其认为可靠的客户以供其购买商品和取得服务的一种短期消费信贷的凭证。

信用卡分为两类：

(1) 旅游消费卡。它专为持卡人提供旅游、购物和娱乐之用。这种卡要求持卡人定期与发卡机构结算，付清用款，一般以月为单位，不能拖欠或赊欠，故又称支付卡。

(2) 财务卡。它又称银行卡，是专为持卡人提供购买商品和消费之用，且可凭卡支付一定限额的现金。这种卡先用后付款，近似银行贷款，持卡人由发卡机构给予授信限额，一般可享受分期偿还贷款的待遇，允许赊欠，但要计息，利率由发卡机构确定。信用卡根据流通范围还可以分为国际通用和地区通用两种。目前世界上较为流通的信用卡包括美国运通卡、大来卡、签证卡、万事达卡、发达卡、百万卡和日本的JCB卡。

现实工作中旅游服务业在财务核算中应注意的几点问题

1. 实际工作中，为了简化财务核算的工作量，旅游服务业一般在期末确认销售收入及销售成本。

2. 在具体运用应收账款、预付账款、应付账款及预收账款科目时，需要设置二级科目进行明细核算。鉴于旅游服务业的客户非常多，而且很多客户在一个会计年度可能只有一次业务发生。因此，在当前大部分企业均已经实行电算化的情况下，如果在财务软件中各科目下分别设置二级科目，则随着时间的推移，二级科目将不可胜数。因此，建议相关企业设置手工明细账进行辅助核算，这也是旅游服务业企业独特的较为烦琐的工作。

3. 总结旅游服务企业核算的一般步骤如下：

（1）收到当期旅游团款时：

借：库存现金（银行存款）

　贷：预收账款

（2）收到前期旅游团款时：

借：库存现金（银行存款）

　贷：应收账款

（3）支付当期旅游团款时：

借：预付账款

　贷：库存现金（银行存款）

（4）支付前期旅游团款时：

借：应付账款

　贷：库存现金（银行存款）

（5）期末结转收入：

借：预收账款（收当期旅游团款金额）

　贷：应收账款（当期合同金额——收当期旅游团款金额）

　　主营业务收入（当期旅游合同金额）

（6）期末结转成本：

借：主营业务成本（当期旅游合同应支付团款及当期出团实际费用）

　贷：预付账款（支付当期旅游团款金额）

　　应付账款（当期旅游合同应支付团款及当期出团实际费用——支付当期旅游团款金额）

思考题

1. 旅游服务业会计核算的特点有哪些？

2. 旅游服务业有存货吗？存在存货核算的问题吗？

业务实训

一、单项选择题

1. 经营旅游服务的公司（部门）如果开展组团社业务，在收到旅游者的旅游费时一般通过（　　）账户核算。

A. “预收账款”　　B. “应付账款”　　C. “预付账款”　　D. “应收账款”

2. 由于结算时间差异，旅游服务企业的各项成本费用与相关的收入往往不能同时入账，其成本处理方法是（　　）。

A. 根据权责发生制原则和配比原则，先按计划（或估计）成本预提结转，待计算出实际成本后，再进行调整

B. 按实际支出款项时间入账

C. 按计划成本入账

D. 按成本率预估入账

3. 因客观原因导致没有完成旅游行程而退还给旅游者款项时，记（　　）。

A. “营业费用”借方红字　　B. “主营业务成本”借方红字

C. “主营业务收入”借方红字　　D. “主营业务收入”贷方红字

4. 接团社的营业收入是（　　）。

A. 组团社的拨付款

B. 向旅游者收取的各种款项

C. 向旅游者收取的房费、餐费等

D. 组团社的拨付款扣除为旅游者支付的景点门票、餐费等费用后的余额

5. 组团社在收费方式上通常采用（　　）形式。

A. 包价形式　　B. 定价形式

C. 对内结算形式　　D. 对外结算形式

6. 旅行社的营业收入应通过（　　）账户进行。

A. “主营业务收入”　　B. “主营业务成本”

C. “其他业务收入”　　D. “其他业务成本”

7. 旅行社的营业成本应通过（　　）账户进行。

A. “主营业务收入”　　B. “主营业务成本”

C. “其他业务收入”　　D. “其他业务成本”

8. （　　）一般采取先收取部分预订金，服务后结清费用的结账方式，尤其是对于国外旅游服务企业通常采取“先收费，后接团”的方式。

A. 组团社　　B. 接团社　　C. 旅行社　　D. 第三方服务组织

9. （　　）是旅游团在我国境内旅游的全部实际费用账单。

A. 结算账单　　B. 旅费汇款水单

C. 报价单　　D. 价格明细表

10. （　　）是中国银行办妥收汇后，通知组团社入账的存款单据，是组团社财务部门进行账务处理的重要凭据。

A. 结算账单　　B. 旅费汇款水单

C. 报价单　　D. 价格明细表

二、多项选择题

1. 组团社的对外结算程序有（　　）。

A. 编制“报价单”　　B. 审核“旅费汇款水单”

C. 编制“结算账单”　　D. 编制“结算汇总表”

2. 旅游价格一般包括（　　）。

A. 综合服务费　　B. 房费

C. 城市间交通费　　D. 专项附加费

3. 按服务形式的不同，旅游服务业务分为（　　）。

A. 组团旅游服务业务　　B. 接团旅游服务业务

C. 国际旅游服务业务　　D. 国内旅游服务业务

4. 按旅游活动的空间范围不同，旅游服务业务分为（　　）。

A. 组团旅游服务业务　　B. 接团旅游服务业务

C. 国际旅游服务业务　　D. 国内旅游服务业务

5. 旅游服务业的会计核算也不同于一般的工业企业，其独特的特点主要表现在（　　）。

A. 核算对象的多样性　　B. 核算方法的特殊性

C. 货币核算的涉外性　　D. 资金核算的时效性

6. 我国旅游服务业的接待工作有（　　）。

A. 组织国内居民在国内旅游　　B. 组织国内居民出境旅游

C. 接待外国人来华旅游　　D. 以上均是

7. 对于应聘者的考核主要从以下方面（　　）进行。

A. 关注应聘者对于旅游经营业务特点的认识与了解程度

B. 关注应聘者对旅游服务业经营活动所涉及的一般会计核算理论与技术的熟知程度

C. 应聘者的品德

D. 应聘者的外部形象

8. 旅行社的国际结算方式一般采用汇付法，即汇款结算方式。此外，旅行社还可以使用（　　）国际结算方式。

A. 信用证　　B. 旅行支票　　C. 信用卡　　D. 支票

9. 在财务核算方面，涉及资金收付的会计科目成为旅游服务业会计最常用的科目有（　　）。

A. “应收账款”　　B. “预收账款”　　C. “应付账款”　　D. “预付账款”

10. 旅游服务企业的服务形式分为（　　）。

A. 组团社　　B. 接团社　　C. 旅行社　　D. 导游团

11. 旅游服务业成本的特点有（　　）。

A. 旅游服务企业的成本主要是各种服务成本

B. 旅游服务企业的各项成本费用多数不能和相关的收入同时入账

C. 旅游服务企业的成本主要是各种销售成本

D. 旅游服务企业的各项成本费用多数要和相关的收入同时入账

12. 旅游服务业成本的构成主要是服务运营成本，具体又分为（　　）和（　　）。

A. 组团社成本核算　　B. 接团社成本核算

C. 旅行社成本核算　　D. 服务运营成本核算

13. 旅游服务业务常见的报价方式有（　　）。

A. 组团包价　　B. 半包价　　C. 小包价　　D. 单项服务价格

E. 特殊形式的旅游收费

14. 旅游服务企业在组织业务收入时，针对不同的管理要求和结算对象，可采用（　　）收款结算方式。

A. 预收　　B. 现收　　C. 事后结算　　D. 免收

15. 组团社在收到国（内）外旅行机构（个人）的定金时，借记“银行存款”账户，贷记（　　）账户。

A. “应收账款”　　B. “预收账款”　　C. “应付账款”　　D. “预付账款”

三、判断题

1. 按《企业会计准则》的要求，旅游餐饮服务业务收入都通过“主营业务收入”账户核算，但须按服务项目进行明细核算。（　　）

2. 旅游服务企业的收入核算只包括向游客收取的款项中归自身的收入，不包括代收的各项费用。（　　）

3. 对于接团社，旅游服务企业的成本只包括接团社组织旅行团（游客）完成游览需要支付给接待单位（宾馆、景点、车辆等）的各项直接支出。（　　）

4. 旅游服务企业中接团社和组团社在会计核算方法和程序上完全一致。（　　）

5. 旅游服务企业成本核算中的交通费是指代游客支付的整个游览行程的车船费、包车费用、游船费、聚务费等。（　　）

6. 旅游服务企业期间费用中的“销售费用”账户核算的内容与工业企业“销售费用”账户相同。（　　）

7. 接待外国人来华旅游，有两种类型的业务活动都具有涉外性质，在这两类接待工作中必然涉及外币收支业务。因此，组织国内居民出境旅游和接待外国人来华旅游，涉外旅游餐饮服务企业的会计核算，应按我国的外汇管理条例和外汇兑换管理办法办理外汇的存入、转出和结算业务，并以人民币为记账本位币，采用货币记账，计算汇兑损益。（　　）

8. 旅游服务企业没有产品生产环节，不存在产品成本计算，因此不需要设置“生产成本”账户。（　　）

9. 如果旅行团因故取消旅行，按规定组团社应将预收款扣除手续费后退回原单位（游客）。退回时，借记“预收账款（应收账款）”账户，贷记“银行存款（按实际退回数）”账户与“主营业务收入——手续费收入（按所扣除的手续费）”账户。（　　）

10. 对于服务业的职工薪酬费用的核算一般采用直接计入期间费用的办法处理，发生时，可按部门、服务项目类别等直接列入“管理费用”“营业费用”等账户，计入当期损益。（　　）

四、典型业务实训题

业务 1　北京某旅行社 3 月 20 日组织 30 人的旅行团赴海南 7 日游，已收旅行团费用 70 000 元。3 月 27 日该旅行团返回北京。

要求：根据经济业务编制 3 月 20 日收取旅行团费用时和 3 月 27 日旅行团返回北京确认营业收入时的相关会计分录。

业务 2　上海阳光旅行社（组团社）3 月 22 日接银行通知，收到日本交通会社 6-D20 旅游团团费 58 000 元。3 月 25 日该团旅游结束离境后，根据有关部门报递的结算凭证计算出该团各项费用总计 56 000 元。

要求：根据经济业务编制 3 月 22 日收取旅行团费用时和 3 月 25 日结算后的相关会计分录。

业务 3　杭州泰安旅行社（接团社）根据有关协议，完成香港国旅 G-677 团接团任务，该团已于 2 月 4 日离境返港，该团各项费用为 68 000 元，协议规定采用美元结算，当日美元兑人民币的汇率为 1∶6.8，总计折合美元 10 000 元。

要求：根据经济业务编制相关会计分录。

业务 4　大连周全旅行社（组团社）3 月 26 日尚未收到接团社开封宋都旅行社的结算通知，按预计成本进行核算。预计发生各项成本如下：综合服务成本 22 000 元，劳务成本 3 000 元，地游及加项成本 5 000 元，票务成本 1 200 元，总计 31 200 元。

要求：根据经济业务编制相关会计分录。

业务 5　接业务 4，3 月 31 日，收到开封宋都旅行社寄来的“旅游团费用拨款结算通知单”，涉及各项费用开支如下：综合服务成本 21 500 元，劳务成本 2 800 元，地游及加项成本 5 500 元，票务成本 1 200 元，其他成本 400 元，总计 31 400 元，经审核无误，已汇付款项。

要求：根据经济业务编制调整会计分录。

业务 6　4 月 20 日，九寨旅行社（接团社）在接待上海外滩旅行社组织的高校旅游团过程中，发生餐费 5 300 元，住宿费 36 000 元，四川风味小吃费 800 元，代购机票手续费 500 元，共计 42 600 元。以银行存款支付。

要求：根据经济业务编制相关会计分录。

CHAPTER

项目六

餐饮及宾馆服务业会计

知识目标

- 了解餐饮及宾馆服务业的特点
- 理解餐饮及宾馆服务业会计核算的要求
- 掌握餐饮及宾馆服务业核算的主要内容

能力目标

- 能处理餐饮及宾馆服务企业常见的会计核算
- 能胜任餐饮及宾馆服务企业会计岗位的工作

情境导入

顺飞公司是一家集宾馆、餐饮为一体的综合性服务企业。因业务发展需要，2018 年 4 月，该公司公开招聘会计人员一名，要求具有高职以上学历，能熟练处理餐饮和宾馆行业的会计业务。

经过选拔有两名应聘者进入复试，一名为某高职院校会计专业毕业生，有两年会计岗位工作经验。另一名为会计专业本科毕业生，无工作经验。

请问：公司应该聘用哪位更为合适呢？

任务一 走进餐饮及宾馆服务业

一、餐饮及宾馆服务业的会计对象

餐饮及宾馆服务业会计是会计学的一个分支，应用会计学的基本原理结合本行业的特点形成的一种行业会计科学。其核心内容是对餐饮及宾馆服务业的资金运动及发生的各相关经济事项进行合理确认、准确计量、客观披露，从而实现对餐饮及宾馆服务企业经济活动反映和控制的管理目标。

二、餐饮及宾馆服务业的特点及对会计核算的要求

餐饮、宾馆服务业的特点及对会计核算的要求如下。

（一）采用多种形式经营，收益分配形式灵活

由于餐饮宾馆行业在客观上需要提供多种服务，因此餐饮宾馆行业的经营形式非常灵活。比如，一般的宾馆都有餐饮，宾馆餐饮既可以是饭店管理方直接经营，也可以采用招商的方式，以出租或承包的方式由其他企业经营。收益的分配形式也非常灵活，既可以采用固定租金形式，也可以采用比例分成形式或者两者结合。餐饮宾馆企业会计在会计核算中必须清楚经济业务的性质，予以正确的记录。

（二）宾馆餐饮企业具有生产、销售和服务三种职能

宾馆餐饮企业除了服务外，还有商品的加工和销售。因此，会计核算时，需根据经营业务的特点，采用不同的核算方法。如餐饮业务，根据消费者的需要，加工烹制菜肴和食品，这具有工业企业的性质；然后将菜肴和食品供应给消费者，这又具有商品流通企业的性质；同时，为消费者提供消费设施、场所和服务，这又具有服务的性质。但这种生产、销售和服务是在很短的时间内完成，并且菜肴和食品的花色品种多、数量零星。因此，不可能像工业企业那样区分产品，分别计算其总成本和单位成本，而只计算菜肴和食品的总成本。售货业务则采用商品流通企业的核算方法；而纯服务性质的经营业务，如客房、娱乐、美容美发等业务，只发生服务费用，不发生服务成本，因此采用服务企业的核算方法。

（三）有所规模的宾馆餐饮企业，既经营自制商品，又经营外购商品

为了分别考核自制商品与外购商品的经营成果，加强对自制商品的管理和核算，需要对自制商品和外购商品分别进行核算。

（四）宾馆餐饮企业收入的结算以货币资金为主要结算方式

在会计职能上，既有核算上的职能，更有加强货币资金各种结算方式的管理职能。现金结算是宾馆餐饮企业最古老的一种结算方式，随着现代科技的不断更新与进步，银行卡、信用卡、用餐卡、微信、支付宝等先进结算方式粉墨登场，给宾馆业会计的现金结算带来了前所未有的生机和活力。因此，现金结算有多种多样的方式，有的也有潜在的风险。宾馆企业的财务会计部门应采取相应的核算管理方法和制度。随着我国改革开放政策的实施，有相当多的饮食服务业有外汇货币收入。在进行会计核算时，应按照国家外汇管理条例和外汇兑换的管理办法，办理外汇存入、转出和结算业务，核算汇兑损益。

三、应选择的会计政策

虽然宾馆餐饮业会计核算有其特点，但我们国家正逐步统一企业会计制度，宾馆餐饮业会计核算仍然应选择执行《企业会计准则》或《小企业会计制度》。至于应如何选择与企业的规模等有直接关系。如果所在的单位公开发行了股票或债券，应选择执行《企业会计准则》。

任务二　餐饮业典型业务核算

餐饮业务销售货款结算方式主要有服务员开票收款、先就餐后结算、一手交钱一手交货三种方式。

服务员开票收款是指先由顾客点菜，再开票、收款，然后由服务员负责账台结算，收款员在小票上签章后，一联由服务员送至厨房领菜，另一联留存的结算方式。待营业结束后，服务员与收款员分别统计所收的金额，核对无误后，由服务员在收款员的“收款核对表”上签字证明。收款核对表的格式如表6－1所示。

表6－1　收款核对表

2020年4月　　单位：元

工号	服务员姓名	收到金额	服务员签字	备注
1	张春兰	2 200		
2	黄胜华	2 400		
3	王蜀新	1 800		
4	应眉眉	1 400		
5	毛春华	1 720		
6	曾大年	1 480		
7	张根丰	1 800		
合计		12 800		
实收金额（大写）壹万贰仟捌佰元整		长/短款	收款人：　王小萍	

先就餐后结算是指顾客入座点菜后，由服务员填写小票一式两联，顾客不立即付款；小票的第一联交厨房作为取菜凭证留存，顾客进餐后，服务员按小票算账，然后凭第二联向顾客收款；营业结束后，收款台、厨房、服务员分别结算销售额和发菜额，三方核对相符共同在汇总表上签字证明的结算方式。

一手交钱一手交货顾客直接以货币到柜台购买饮食制品。此法适用于经营品种简单且规格化的产品。这种方式手续简便，但必须进行数量登记，食品交服务员销售时，由产销双方登记数量，业务终了时，由服务员进行盘存核对。其计算公式如下：

销售数量＝上班结存＋本班生产或提货－班末结存

应收回的销售金额＝销售数量×单价

一、餐饮业原材料的核算

（一）原材料的种类

原材料的品种规格繁多，大体可以分以下三类。

1. 原料及主要材料

原料及主要材料是指经过加工后构成产品实体的各种原材料和材料。如宾馆餐饮业使用的大米、面粉、肉类、蔬菜、水产品和豆制品等。

2. 燃料

燃料是指生产加工过程中用来燃烧发热以产生热能的各种物资，如煤炭、焦炭、汽油、柴油、天然气和煤气等。

3. 物料用品

物料用品是指企业用于经营业务、日常维修、劳动保护方面的材料物资、零配件及日常用品、办公用品、包装物品等。

（二）原材料的计价

对外购的原材料，应以在采购过程中实际发生的成本为依据，其实际成本应由含税价格和采购费用两部分组成。

1. 含税价格

原材料的含税价格由买价和增值税税额两部分组成。企业购进材料取得的发票有两种：一种是增值税专用发票，简称专用发票；另一种是普通发票。买价是指购进材料时专用发票上列明的原材料款。同时增值税专用发票上还列明增值税的税率、税额和价税合计。餐饮业采购的直接材料种类很多，来源渠道不同，可以抵扣的进项税额也不同。纳税人购进原材料时不能只比较价格，还要考虑到进项税额的影响。材料的加工程度不同，增值税率不同，抵扣的进项税额也不同。

2. 采购费用

采购费用由运杂费、运输途中的合理损耗和相关税费组成。

（三）原料及主要材料购进的核算

购进原材料，通常有两种核算方法：一种是以生产部门（厨房、生产加工车间）提出的“原材料请购单”为依据，采购员应提供多家供应商的报价并报经同意后办理采购手续。购进后将原材料直接交生产部门，由其验收签字后，办理出入库手续后连同发票交财会部门入账；另一种是仓库保管员按照定额管理要求提出的“原材料请购单”为依据，采购员采购后交仓库验收，经填写“入库单”后交财会部门入账。企业支付原材料价款和采购费用时，借记“在途物资”科目；贷记“银行存款”科目。原材料运到验收入库时，借记“原材料”科目；贷记“在途物资”科目。如果有库房，米、面、油、调料等，可先计入“原材料”，领用时计入“主营业务成本”；如果没有库房，对方能提供正规发票也可直接计入“主营业务成本”。

【典型业务案例】

案例6-1 正大宾馆是一家提供餐饮、住宿服务的一般纳税企业。正大宾馆的餐厅向南方土产公司采购冬菇1 000千克，每千克30元，计货款 30 000元，增值税税额为1 800元，运杂费为150元，采用托收承付结算。

（1）银行转来南方土产公司托收凭证，并附来专用发票联及运杂费凭证，经审核无误后，当即承付，做分录如下：

借：在途物资——冬菇	30 150
应交税费——应交增值税（进项税额）	1 800
贷：银行存款	31 950

（2）上述材料运到，由仓库验收入库，根据仓库送来的入库单，经审核无误后，做分录如下：

	借方	贷方
借：原材料——原料及主要材料——干货类（冬菇）	35 150	
贷：在途物资——冬菇		35 150

【典型业务案例】

案例 6-2　正大宾馆餐厅发生以下业务：

（1）向丰收粮店购进面粉和大米取得普通发票，列明大米 1 000 千克，单价 2 元，金额 2 000 元；面粉 500 千克，单价 1.5 元，金额 750 元，货款尚未支付，已验收入库，另以现金支付运费 25 元。做分录如下：

	借方	贷方
借：原材料——原料及主要材料——粮食类	2 775	
贷：应付账款——庆丰粮店		2 750
库存现金		25

（2）购进河虾取得普通发票，列明河虾 20 千克，单价 15 元，金额 300 元；桂花鱼 15 千克，每千克 20 元，金额 300 元，均以现金支付。已由厨房直接领用，做分录如下：

	借方	贷方
借：原材料——原料及主要材料——水产	600	
贷：库存现金		600
借：主营业务成本——餐饮业务	600	
贷：原材料——原料及主要材料——水产		600

（四）原料及主要材料发出的核算

企业购进的原料及主要材料都是按取得时的实际成本计价入账的，但每一次新增原料及主要材料的单价往往有所不同，因此在发出原料及主要材料时，可根据经营管理的需要和企业的具体情况，在个别计价法、加权平均法、先进先出法方法中选择一种计价方法。计价方法一经确定，在同一会计年度内不得随意变更。这些方法也适用于同属于原材料的燃料和物料用品。

1. 个别计价法

它是以每一批原材料的实际进价作为该批原材料发出成本的一种方法。其成本计算公式如下：

原材料发出成本＝原材料发出数量×该批次原材料购进单位成本

采用个别计价法，在购进原材料时应分别存放。发出原材料时，应在发料单上注明进货批次，以便计算该批原材料的实际成本。

采用个别计价法计算原材料耗用成本最为准确，但计算起来工作量很大，适用于单价较高、收发次数较少的原材料。其成本结转可分散在平时进行。

2. 加权平均法

它是在会计期末，按原材料在计算期内的加权平均单价来计算原材料发出成本和期末结存成本的一种方法，也称全月一次加权平均法。其计算公式如下：

$$\text{加权平均单价}=\frac{\text{期初原材料结存金额}+\text{本期原材料收入金额}-\text{本期原材料盘亏金额}}{\text{期初原材料结存数量}+\text{本期原材料收入数量}-\text{本期原材料盘亏数量}}$$

本期原材料发出成本＝本期原材料发出数量×加权平均单价

在日常工作中，加权平均单价常常除不尽，计算的结果就会产生尾差。为了保证期末库存原材料金额的准确性，通常采用倒挤成本的方法，将尾差轧在耗用成本中。原材料盘亏金额通常按期初结存单价计算。

【典型业务案例】

案例 6-3 正大宾馆餐厅 8 月份有关“原材料——原料及主要材料——粮食类（面粉）”的收发业务资料如下：

期初结存数量 500 千克，单价 2 元。8 月 2 日购进 300 千克，单价 2.1 元；8 月 15 日购进 400 千克，单价 2.05 元；8 月 26 日购进 200 千克，单价 1.98 元。8 月 1 日、9 日、17 日、26 日分别发出 200 千克、300 千克、200 千克、200 千克。8 月 25 日盘亏 15 千克。

按加权平均法计算本期发出材料、结存材料成本。

$$\text{加权平均单价}=\frac{(500\times 2+300\times 2.1+400\times 2.05+200\times 1.98-15\times 2)}{(500+300+400+200-15)}$$

$$=2.033\ 2(\text{元/千克})$$

$$\text{期末原材料实际成本}=485\times 2.033\ 2=986.10(\text{元})$$

$$\text{本期发出原材料成本}=500\times 2+300\times 2.1+400\times 2.05+200\times 1.98-15\times 2-986.10$$

$$=1\ 929.9(\text{元})$$

采用加权平均法计算原材料发出成本较为均衡，也较准确，但计算工作量大，适用于收发次数少，前后进货成本相差幅度较大的原材料，其成本结转集中在月末进行。

企业无论采用哪一种方法来计算原料及主要材料发出成本，都要根据计算结果编制结转发出原材料成本的会计分录，即借记“主营业务成本”科目，贷记“原材料——原料及主要材料”科目。

生产部门（厨房、生产车间）根据生产需要领用原料及主要材料时，应填制领料单据以领料，如领料单数量较多，可由仓库定期编制填写“领料单汇总表”交财会部门，财会部门据以记账，借记“主营业务成本”科目，贷记“原材料”科目。

【典型业务案例】

案例 6-4 正大宾馆餐厅领用大米 150 千克，单价 2 元，金额 300 元，做分录如下：

借：主营业务成本——餐饮业务　　300

　贷：原材料——原料及主要材料——粮食类　　300

如发生原料及主要材料调拨业务，应以仓库保管员填写的“原材料调拨单”作为调出依据。

二、餐饮业包装物的核算

餐厅的包装物主要是顾客打包的饭盒或袋子。

（一）包装物购进的核算

企业单独购进包装物时，应按购进的实际成本和增值税，借记“周转材料”科目；按所支付的金额，贷记“银行存款”“应付票据”“应付账款”等科目。

【典型业务案例】

案例 6-5 正大宾馆餐厅从某商场购进包装用塑料袋一批共计 3 000 元，支付增值税 510 元，运费 20 元。包装物已验收，价款签发转账支票付讫。根据业务部门报来的有关凭证，做如下会计分录：

借：周转材料——包装物　　3 530

　贷：银行存款　　3 530

企业收到随货购进不单独计价的包装物时，无须单独核算。随货购进不单独计价，是指包装物的价格不在供货单位的发票单上单独列出，而将其包括在商品价格中。

（二）包装物回收的核算

回收已随商品出售的包装物，如纸箱、啤酒瓶等，再行复用以利于节约使用包装物。包装物回收有两种情况：一种是企业自行回收复用；另一种是代其他单位回收。自行复用包装物回收，视同包装物购进，其核算与包装物单独购进时相同。代其他单位回收的包装物，因不属于本企业所有，故不作包装物核算，但为了保护包装物的安全，应在“备查簿”中登记。企业代其他单位垫付的回收包装物款项，在“其他应收款”账户核算；将回收的包装物交给托收单位时，要将回收包装物所垫付的款项收回，并收取一定的手续费。

（三）包装物领用的核算

顾客用于打包饭菜不单独计价的包装物，可按期结转其成本，借记“销售费用”科目，贷记“周转材料——包装物”科目。随同饭菜、食品一同出售单独计价的包装物，在收到款项时，借记“银行存款”科目，贷记“其他业务收入”科目。结转该部分包装物成本时，借记“其他业务成本”科目贷记“周转材料——包装物”科目。

（四）低值易耗品的核算

餐饮服务业的低值易耗品主要是指一些餐具、厨具、桌椅等。如果有残料收入可冲减销售费用。企业不论采用哪种方法进行摊销，在购进低值易耗品时，都应全额记入“低值易耗品”或“周转材料——低值易耗品”账户，领用时再按选定的方法进行摊销，以全面反映企业购置低值易耗品的总额。在用低值易耗品以及使用部门退回仓库的低值易耗品应加强实物管理，并在备查簿上进行登记。

为了充分发挥低值易耗品的使用效能，延长其使用期限，节约费用开支，企业对使用中的低值易耗品应进行经常性的维修和保养。修理低值易耗品耗用的材料和支付的费用，应列入“管理费用——修理费”账户。

【典型业务案例】

案例 6-6 正大宾馆修理冰柜两台，耗用维修材料 140 元，以库存现金支付修理费 60 元，做分录如下：

借：管理费用——修理费　　200

　贷：原材料——物料用品　　140

　　　库存现金　　60

三、餐饮业营业收入的核算

（一）餐饮业一般销售收入的核算

餐饮业的收入应该按实际收款数确认收入，餐饮业务在当天营业结束后，由收款员根据“收款核对表”“收款登记表”和“产销核对表”等凭证，汇总编制“营业收入日报表”与所收库存现金一并交财会部门。营业收入日报表的格式如表6-2所示。或由收款人自行填写库存现金解款单存至银行，凭银行解款单回单向财会部门报账。销售收入的库存现金，不得用于列支其他开支，如有长短款，应在“营业收入日报表”中分别填列，不得以长补短。长短款的会计处理方法与其他行业相同。

表6-2　营业收入日报表

2020年3月28日　　单位：元

项目	应收金额	实收金额	溢款（+）缺款（-）	备注
餐厅收入	6 360.00	6 360.00	0	
外卖收入	1 144.00	1 142.00	-2	
合计	7 504.00	7 502.00	-2	

【典型业务案例】

案例6-7　正大宾馆财务部依据营业部门报送的“营业收入日报表”，列明应收金额7 504元，实收库存现金7 502元，库存现金已解存银行，短缺库存现金2元，原因待查。

（1）根据营业收入日报表，编制会计分录如下：

借：库存现金　7 502

　　待处理财产损溢——待处理流动资产损溢　2

　贷：主营业务收入　7 504

（2）根据解款单回单联，编制会计分录如下：

借：银行存款　7 502

　贷：库存现金　7 502

（3）经查明短缺2元系工作中差错，经批准由收款员赔偿，编制会计分录如下：

借：其他应收款——××　2

　贷：待处理财产损溢——待处理流动资产损溢　2

（4）若无长、短款情况发生，则直接确认收入，编制会计分录如下：

借：银行存款/库存现金　7 504

　贷：主营业务收入　7 504

（二）餐饮业宴会销售收入的核算

餐饮企业承办宴席，先要填制订单，注明时间、人数和桌数，并应附上菜单。订单一式两份，餐厅与顾客双方签字后各执一份。预订宴席一般要预先收取定金，以免顾客取消宴席时，遭受不必要的损失。宴席的销售价格以桌为计算单位，烟、酒、饮料等按实用数量另行收费。

【典型业务案例】

案例6-8　某餐馆接受客户预订宴席两桌，每桌2 000元，计4 000元。

（1）预收定金400元，收到转账支票，存入银行，编制会计分录如下：

借：银行存款　400

　贷：预收账款——宴席订金　400

（2）宴席结束，两桌宴席价款4 000元，外加烟、酒、饮料800元，共计4 800元，扣除定金后，收到库存现金 4 400 元，编制会计分录如下：

借：库存现金 4 400
　　预收账款 400
　贷：主营业务收入——宴席收入 4 000
　　　　　　　　——烟酒饮料收入 800

(三) 餐饮业其他业务收入的核算

其他业务收入包括：材料收入，让渡资产使用权收入、无形资产出租收入、固定资产出租收入等。具体核算同制造业企业，不作具体介绍。

四、餐饮业成本及主要费用的核算

餐饮业成本包括直接耗费的各种原材料、调料、配料成本，其实际成本应按照买价、运杂费、保管费及缴纳的税金等确定。耗用的实际成本通过“主营业务成本”账户核算。领用原材料等结转成本时，借记“主营业务成本”账户，贷记“原材料”账户。企业在月末，对于部分已领未用的原材料等，应从已结转的营业成本中扣除，以准确反映本月营业成本的真实数据。房租、水电费、煤气、天然气等费用计入“营业费用”，厨师及服务员的工资计入“营业费用”，其他管理人员的工资计入“管理费用”

【典型业务案例】

案例 6-9 某日，餐厅领用大米 200 千克，单价 2.5 元；面粉 300 千克，单价 3 元。编制会计分录如下：

借：主营业务成本 1 400
　贷：原材料——大米 500
　　　　　　——面粉 900

【典型业务案例】

案例 6-10 餐厅交房租、水电费共计 15 000 元，以银行存款支付。编制会计分录如下：

借：营业费用 15 000
　贷：银行存款 15 000

任务三 宾馆服务业典型业务核算

一、宾馆服务业收入的核算

宾馆服务业收入是通过出租客房而取得的收入，因此，客房一经出租，不论房租收到与否，都作为已销售处理，即客房销售入账时间以客房实际出租时间为入账时间。

由于客房的出租有旺季与淡季之分，因此客房的出租价格往往随着供求关系的变化而上下波动。通常客房的出租价格有：标准房价、旺季价、淡季价、团队价、合同价、优惠价等，而客房实际出租的价格才是客房出租收入的入账价格。

客房租金收入通常按天数分时段计算，自旅客入住客房之日起，至次日中午 12 时止，收取一天租金；至次日中午 12 时以后，傍晚 6 时以前止，加收半天租金；至次日早晨 6 时以后，则加收一天租金。宾馆的客房业务是由总台办理的。总台通常设在宾馆的大堂内，负责办理客房的预订、接待、入住登记、查询、退房、结账及营业日记簿的登记等工作。宾馆的收款方式有先收款后住店以及先住店、定期或离店时结算收款两种方式，无论采用哪种方式收款，旅客住店，首先应在总台登记“旅客住宿登记表”，第一联留存总台，第二联交服务员安排客房。

（一）先收款后住店结算方式的核算

采用先收款后住店的结算方式核算客房收入，可采取相应的“营业日记簿”和“营业收入日报表”对旅客住店、离店进行记录，以此提高客房利用率。

【典型业务案例】

案例 6－11 正大宾馆采用先收款后住宿的核算方式，收到总台交来库存现金等有关结算单据，并交来“营业收入日报表”（见表 6－3）。

表 6－3 营业收入日报表

项目	应收金额（元）	实收金额（元）	溢款（+）缺款（－）（元）	备注
1. 房金	22 000			
2. 饮料	300			
3. 食品	200			
合计	22 500			

（1）根据“营业收入日报表”中“营业收入”栏的数额，做分录如下：

借：预收账款——预收房金　　23 850

　贷：主营业务收入——房金　　22 000

　　应收税费——应交增值税（销项税额）　　1 350

　　其他业务收入——饮料　　300

　　　　——食品　　200

（2）根据进账单回单，编制会计分录如下：

借：库存现金/银行存款　　23 850

　贷：预收账款——预收房金　　23 850

（二）先住店后结算方式的核算

采用先住店后结算的方式核算客房收入，可采用相应的“营业收入日报表”，其格式如表 6－3 所示。

【典型业务案例】

案例 6－12 正大宾馆采用先住店后结算方式，2020 年 6 月 10 日总台交来有关结算单据，并报来“营业收入日报表”（见表 6－4）。

表 6－4 营业收入日报表

项目	应收金额（元）	实收金额（元）	溢款（+）缺款（－）（元）	备注
1. 房金	35 100			
2. 饮料	600			

续表

项目	应收金额（元）	实收金额（元）	溢款（＋）缺款（－）（元）	备注
3. 食品	400			
合计	36 100			

（1）根据“营业收入日报表”中“营业收入”栏的数额，做分录如下：

借：应收账款　　38 266
　贷：主营业务收入——房金　　35 100
　　其他业务收入——饮料　　600
　　　　——食品　　400
　　应交税费——应交增值税（销项税额）　　2 166

（2）根据“营业收入日报表”中旅客“结欠房金”栏的“本日交付”各项目中的数额和进账单回单，做分录如下：

借：库存现金/银行存款　　38 266
　贷：应收账款　　38 266

二、宾馆服务业成本、费用的核算

宾馆服务业的成本主要来源于固定资产及其折旧、服务人员的薪酬、物料用品及低值易耗品。

（一）固定资产及折旧的核算

宾馆中有大量的固定资产，主要包括建筑物、电梯、空调等设备和设施，应该按照经营用固定资产进行折旧核算。

固定资产取得的核算，不管是以何种方式取得的固定资产，如果需要安装均应先记入“在建工程”账户；如果不需要安装，均可直接记入“固定资产”账户。

1. 外购固定资产的核算

【典型业务案例】

案例 6－13　正大宾馆购置不需要安装的设备一台，发票价格 15 万元，增值税税额 9 000 万元，发生运杂费 2 000 元，款项已支付。

固定资产入账价值＝150 000＋9 000＋2 000＝161 000(元)

编制会计分录如下：

借：固定资产　　152 000
　　应交税费——应交增值税（进项税额）　　9 000
　贷：银行存款　　161 000

【典型业务案例】

案例 6－14　正大宾馆购入需要安装的收款设备一套，发票价格 200 000 元，增值税 12 000 元，支付运杂费 4 000 元，累计支付安装费 2 500 元，其中，领用工程材料 1 500 元（含增值税），应付工人工资 1 000 元。编制会计分录如下：

（1）支付设备价款、税金及运杂费时：

借：在建工程　　204 000

应交税费——应交增值税（进项税额）	12 000	
贷：银行存款		216 000

（2）发生安装费用时：

借：在建工程	2 500	
贷：工程物资		1 500
应付职工薪酬		1 000

（3）设备安装完成交付使用时：

借：固定资产	206 500	
贷：在建工程		206 500

2. 租入固定资产的核算

宾馆餐饮业的经营场所一般采用经营租赁方式取得。在经营租赁中，租赁资产的所有权不转移，租赁期满后，承租人只有退租或续租的选择权。因此在经营性租赁过程中，由于固定资产的所有权仍归出租人，在会计核算中，承租人在预付租金时一般借记“其他应收款”等科目，贷记“银行存款”科目；在固定资产使用期内进行摊销时，借记“管理费用”或“销售费用”等科目，贷记“其他应收款”等科目。如果预提，借记“管理费用”或“销售费用”等科目，贷记“其他应付款”科目。

3. 固定资产折旧的核算

固定资产折旧的方法，企业应当根据固定资产所含经济利益的预期实现方式，选择折旧方法。可选择的折旧方法包括平均年限法（直线法）、工作量法、年数总和法及双倍余额递减法。折旧方法一经选定，不得随意变更，如果企业在对折旧方法定期的复核中，发现固定资产包含经济利益的预期实现方式有重大改变，则应当相应改变固定资产折旧方法，变更时应报有关部门进行备案，并在财务报表附注中予以说明。一般宾馆餐饮业的固定资产主要采用平均年限法计提折旧。

固定资产计提折旧时，应以月初可计提折旧的固定资产账面原值为依据，但是，如果固定资产已提取固定资产减值，则应按固定资产原值减去提取的固定资产减值以后的余额计提折旧，连续经营的企业在各月计算提取折旧时，根据上月计提折旧额加上上月增加的固定资产应计提折旧额减去上月减少的固定资产应计提折旧额为本月固定资产应计提的折旧额。企业计提的固定资产折旧应按用途进行分配，计提时借记“管理费用”“销售费用”“其他业务成本”“在建工程”等科目，贷记“累计折旧”科目。

（二）物料用品的核算

1. 物料用品购进的核算

宾馆企业的物料用品数量较大，其采购的方法有两种：一种是直接采购，另一种是预先定制。从市场上直接采购物料用品的核算方法与原料及主要材料的核算方法相同，不再重述。宾馆企业对于有特殊要求的物料用品，如附属旅行社的小纪念品、印有企业名称的营业用具等，可采取预先订购的办法。预订物料用品的款项有两种结算办法：一种是预付订金或全部货款，按合同规定定期发货。企业在预付货款时，借记“预付账款”科目，贷记“银行存款”科目；在收到物料用品并验收入库后，再借记“原材料”科目，贷记“预付账款”科目，如是发货后还需补足货款的，还应贷记“银行存款”科目。另一种是预先订货，发货后采用托收承付等方式结算。企业根据合同规定验单或验货相符以后，承付货款，这时借记“原材料”科目，贷记“应付账款”或“银行存款”科目。

【典型业务案例】

案例 6-15　正大宾馆向南海工艺厂订购作为纪念品的绸布折扇 4 000 只，每只 1.5 元，共计 6 000 元，合同规定先付 40%订金，交货时再付其余 60%的货款。

（1）支付订金时，做分录如下：

借：预付账款——南海工艺厂　　2 400

　　贷：银行存款　　2 400

（2）收到绸布折扇，并收到专用发票，计货款 6 000 元（含税），当即签发转账支票支付其余 60%的货款。绸布折扇已验收入库，做分录如下：

借：原材料——物料用品——绸布折扇　　6 000

　　贷：预付账款——南海工艺厂　　2 400

　　　　银行存款　　3 600

2. 物料用品领用的核算

企业有关部门或人员在领用物料用品时，应填制领料单，办理领料手续，保管人员应将领料单定期汇总编制“耗用物料用品汇总表”送交财会部门据以入账，财会部门根据物料用品的不同用途，借记“销售费用”或“管理费用”科目等，贷记“原材料——物料用品”科目。

【典型业务案例】

案例 6-16　正大宾馆餐厅领用花瓶 20 只，单价 10 元；烟缸 30 个，单价 3.5 元；桌布 30 条，单价 20 元，共计 905 元。宾馆办公室领用信笺 10 刀，单价 5 元；信封 100 个，单价 0.2 元；圆珠笔 30 支，单价 1 元，共计 100 元。编制会计分录如下：

借：销售费用——物料消耗　　905

　　管理费用——办公费　　100

　　贷：原材料——物料用品　　1 005

企业发出的物料用品，可采用“个别计价法”“加权平均法”“先进先出法”等计价方法计算成本。

（三）低值易耗品购进的核算

企业购进低值易耗品，应以低值易耗品的买价，加上可以直接认定的运输费、装卸搬运费作为其成本，如购进多种低值易耗品而发生的运输费、装卸搬运费，不易按品种划分时，也可以直接列入“销售费用”账户下的“运输费”“包装费”二级明细账户。

【典型业务案例】

案例 6-17　正大宾馆旅业部本月 5 日购进木沙发椅 100 套，单价 580 元，计金额 58 000 元，增值税税率 6%，以支票付讫，同时以现金 460 元支付运杂费。木沙发已验收。编制会计分录如下：

借：低值易耗品——在库低值易耗品　　58 000

　　应交税费——应交增值税（进项税额）　　3 480

　　贷：银行存款　　61 480

借：低值易耗品——在库低值易耗品　　460

　　贷：库存现金　　460

企业也可以设置“周转材料——低值易耗品”科目进行核算。

（四）低值易耗品领用和摊销的核算

企业有关部门在领用低值易耗品时，应填制“领用单”办理领用手续，交财会部门据以转账。低值易耗品领用后，在使用过程中不断磨损，其价值也随之逐渐减少，这部分减少的价值作为企业的成本费用。营业部门领用的低值易耗品应列入“销售费用”账户，管理部门领用的则应列入“管理费用”账户。低值易耗品摊销的方法有一次摊销法、分次摊销法等，企业可根据低值易耗品的各种特点及管理的要求选用。

1. 一次摊销法

它是指低值易耗品在领用时将其全部价值一次摊入当期费用的方法。采用这种方法，在领用时将低值易耗品的全部价值借记“销售费用——低值易耗品摊销”或“管理费用——低值易耗品摊销”科目，贷记“低值易耗品”科目。采用一次摊销法，核算手续简便，但企业费用负担不均衡。低值易耗品一经领用，就注销了其账面价值，形成账面无价资产，这不利于实物管理。这种方法适用于价值低、使用期限短、一次领用不多的低值易耗品。

【典型业务案例】

案例 6-18 正大宾馆旅业部领用床上用品一批共计 3 200 元。根据领料单，编制会计分录如下：

借：销售费用——低值易耗品摊销——旅业部　　3 200
　贷：低值易耗品——库存低值易耗品　　3 200

2. 分次摊销法

它是指领用低值易耗品时摊销其价值的单次平均摊销额。采用这种方法需在低值易耗品账户下设置“库存低值易耗品”“在用低值易耗品”“低值易耗品摊销”三个明细账户。

【典型业务案例】

案例 6-19 正大宾馆购进行李车 4 部，每部 450 元。

（1）行李车已验收入库，价款以转账单支票付讫，编制会计分录如下：

借：低值易耗品——库存低值易耗品　　1 800
　贷：银行存款　　1 800

（2）旅业部领用行李车 4 部，采用分次摊销法，分两次摊销，予以转账，编制会计分录如下：

借：低值易耗品——在用低值易耗品　　1 800
　贷：低值易耗品——库存低值易耗品　　1 800

（3）领用时摊销其价值的 50%：

借：销售费用——低值易耗品摊销——旅业部　　900
　贷：低值易耗品——在用低值易耗品　　900

（4）旅业部 4 部行李车在使用 9 个月后，不能使用做报废处理时，再摊销 50%，编制会计分录如下：

借：销售费用——低值易耗品摊销——旅业部　　900
　贷：低值易耗品——在用低值易耗品　　900

任务四　餐饮及宾馆服务业其他业务核算

宾馆餐饮业应建立一个有效的收银系统，并能与消费清单等互相核对互相对照。其收款方式有收银机收款和人工收款。

收银机收款用于记录收到的营业收入款。主要功能是：当发生经营收入时（如有旅客登记交钱住店或餐馆消费者点菜吃饭），将登记单或点菜单上的数字键入收银机，收银机可以计算每张单据的合计数、应收数、找零数，同时自动将上述资料进行记录和保存。收银机同时设有钱柜，可保存收到的营业款现金。营业结束后，所记录的营业款收到数应等于实收的现金数，在公司负责人未做清盘归零前，收银机上的数字是不能消除掉的。这种收款方式的好处是：可避免营业款的流失，防止店员作弊；也能防止收银员和店员串联作弊，贪污营业款。收银机在安装相关软件后还可以打印发票等。

人工收款即不是靠收银机而是靠人工记录。以餐馆和旅店为例，餐馆设置点菜单和收银卡，旅店设置住店登记簿（单）和收银记录卡，当填写了点菜单或住宿单时，按实收到的钱数登记在收银记录卡上，这样，点菜单或住宿单每日汇总后收款记录卡上面记录的现金与实际收到数相等。

宾馆餐饮业收入的形式一般有现金收入和支票收入。一般每日发生的，绝大多数都是现金收入，包括顾客通过使用银行卡支付的款项。因而把每天收到的现金数，记录正确并清点无差错时，就可以汇总作为当天的营业收入记录。

现在的餐馆、宾馆收到支票的时候也越来越多，许多公司提取现金不方便就只能开支票结账。如果餐馆、宾馆等企业经营有特色，会有机关团体前来消费，会使用支票结账。所以，接受支票结账时，要对支票进行认真鉴定，以防差错。

在经济犯罪中，常有用变造支票、空头支票方式进行诈骗的。常见的方式是：与消费方从未打过交道，但消费方却显得特别大方，或者是声称要在该餐馆摆多少桌酒席，或是有多少人要来旅店住几天等，递上支票用以结账。收取支票后，应尽快将支票送到银行入账，这个行为称为进账，入账时需填写进账单（进账单在开户行购买）。

一、备用金的核算

备用金是财会部门拨付给所属有关部门或个人的用于日常零星开支、零星采购和找零等方面的现金。备用金的收付，属于现金收付的范围，在使用和管理上与现金业务相同。拨付备用金必须明确使用范围，建立领用、保管和报销制度，并由专人管理。备用金有定额管理和非定额管理两种方法。

备用金定额管理，是按用款部门实际需要，核定定额，并据以拨付现金。用款单位部门按规定开支范围支用备用金后，凭有关支出凭证向财会部门报销，补足备用金。这种方法适用于各有关职能部门的日常零星费用开支和营业部门找零的备用金管理。

备用金非定额管理，是用款部门单位根据实际需要向财会部门申请领取备用金，领取后凭有关支出凭证报销，财会部门作为减少其备用金处理。如再需要，则另行办理领款手续。这种方法适用于预支差旅费等备用金的管理。

【典型业务案例】

案例 6-20 经批准，为方便采购部的零星采购工作，给予采购部定额备用金 600 元，规定每年度清理一次。

(1) 年初拨付备用金时，编制会计分录：

借：其他应收款——备用金	600	
贷：库存现金		600

(2) 采购员陈明动用采购部备用金购买调料一批，金额 480 元。持已验收的发票到财务部办理报销手续。编制会计分录：

借：原材料	480	
贷：库存现金		480

(3) 年终清理收回时，编制会计分录：

借：库存现金	600	
贷：其他应收款——备用金		600

二、银行存款收付业务的核算

办理银行存款收付业务，首先应填制或取得证明款项已经收付的凭证，作为核算依据。比如，将现金送存银行时，应填制送款单、注明款项来源和金额。银行验收后，在送款的回单联加盖“收讫”字样，退回送款单位。从银行提取现金时，也应按银行规定，填写现金支票，注明用途。企业根据送款单的回单联和现金支票的存根，填制银行存款的记账凭证，进行银行存款的收付核算。

【典型业务案例】

案例 6-21 正大宾馆向某食品公司购入食品原料一批，价款合计 50 000 元，增值税税率为 6%，食品原料已验收入库，贷款以银行存款支付。编制会计分录如下：

借：原材料	50 000	
应交税费——应交增值税（进项税额）	3 000	
贷：银行存款		53 000

三、应收账款业务的核算

开店经营最不希望发生应收款业务，产生应收款，一方面现金被占用了，使原来本小利微的企业流动资金更加紧张，资金周转不灵容易导致危机；另一方面，应收款的催收费时费力，收回难度很大。所以，应收款发生后，一般会有一部分转为坏账收不回来。在经营过程中，对应收款的现象，要遵循两个原则：一是尽量避免签单结账，尽量采用现金结算，对采用现金结账的，可给予一定的优惠和折扣，以吸引消费者采用现金结算；二是实在不能避免签单结账时，一定要有保障手段，如了解签单方是否有结算能力，结算欠款是否守信誉，手续是否健全（如事先订立签单合同，每次消费由指定人签单）。对无交易记录的客户，一般拒绝签单，以保障企业的财产安全。

发生应收账款时，对签单结账的业务，按欠账金额和客户名记入“应收账款”账户，这样，“应收账款”账户既核算总和数字，也有各个欠款方的详细资料，可避免账目不清、无法催收的情形出现。

【典型业务案例】

案例 6-22　正大宾馆财务部门根据客房总台报送的签单显示：电子公司住宿消费 860 元，工商所住宿消费 1 200 元，防疫站住宿消费 920 元。增值税税率为 6%。编制会计分录如下：

（1）取得收入时：

借：应收账款——电子公司	911.60	
——工商所	1 272	
——防疫站	975.20	
贷：主营业务收入		2 980
应交税费——应交增值税（销项税额）		178.80

（2）收回应收账款时：

借：银行存款	3 158.80	
贷：应收账款——电子公司		911.60
——工商所		1 272
——防疫站		975.20

四、应付账款业务的核算

因为有些业务的特点，注定了采用现金结算不如用应付款结算形式更方便。和产生应收账款相比，应付账款产生的基础、风险的防范和结算方式都不同。产生应付账款是企业收到商品后未付款，风险不在货款上，而是在商品上，收到商品后签字便意味着承担了付款的义务。因此商品进入企业，关键就在于验收商品。如同发生应收货款一样，应付货款发生之前，也应以合同为依据，用合同来保障自身权益是十分必要的。赊购商品的经济合同一般都是由卖方提供的。宾馆餐饮服务企业应在仔细审阅经济合同的情况下，商定交送商品的日期、方式、验收方式等内容后，才能慎重签订合同。

【典型业务案例】

案例 6-23　正大宾馆收到金盛啤酒厂送来的啤酒共 5 箱，12 瓶/箱，30 元/箱，共计货款 150 元，验收无误签收，货款暂未支付。编制会计分录如下：

借：库存商品——啤酒	150	
贷：应付账款——金盛啤酒厂		150

五、餐饮及宾馆服务业税金调整

宾馆餐饮服务业需要缴纳的税费主要有：增值税、企业所得税、附加税、个税等。个体户、个人独资企业需要缴纳的税费有增值税、个人所得税、附加税等。

一般纳税人按适用税率，税率为 6%，实行抵扣计税；小规模纳税人适用 3%征收率，按简易办法征收。营改增后税负如何？小规模纳税人，从营业额来看，目前很多餐饮企业都属于小规模纳税人。这意味着，2018 年 5 月 1 日后，这部分餐饮企业缴税的综合征收率会降到 3%，相比之前的税率 5%，税负将明显降低。例如，一家餐馆月营业额万元，“营改增”前，需要缴纳 5 150（103 000×5%）元的营业税。但“营改增”后，在征收率为

3%的情况下，只需要缴纳 3 000 ［103 000/(1+3%)×3%］元的增值税。显然，相比以前的税负，“营改增”后小规模纳税人的税负有所降低。此外，餐饮业还有很多都是个体工商户，而我国营业税和增值税都存在起征点，对月销售（营业）收入不超过 3 万元的餐饮企业，原来免征营业税，营改增过渡期，延用之前的优惠政策，继续免征增值税。一般纳税人，服务业增值税税率已确定为 6%的情况下，相比之前适用的营业税税率 5%，上升了 1%，但这是否意味着税负增加了呢？首先需要明确的是营业税以营业额为征税对象，而增值税是基于商品或服务的增值部分征税。餐饮业通过加工食材向顾客提供餐饮成品，其特点是直接材料支出是成本中最主要的部分。从采购食材、加工食材、销售产品的角度看，餐饮业与其他主要借助人力资源完成的服务业不同，与制造业有相似之处。但是由于营业税不能抵扣进项税额，因此餐饮业纳税人在“营改增”之前存在较大的重复纳税，即购入直接材料时实际负担了材料的增值税，但提供服务时又要以包含材料增值税的营业额为计税依据缴纳营业税。“营改增”后，餐饮业纳税人可以通过取得增值税抵扣凭证而消除重复纳税。

六、餐饮及宾馆服务业应付职工薪酬的核算

职工薪酬包含的内容有：（1）职工工资、奖金、津贴和补贴；（2）职工福利费；（3）医疗保险费、养老保险费、失业保险费、工伤保险费和生育保险费等社会保险费；（4）住房公积金；（5）工会经费和职工教育经费；（6）非货币性福利；（7）因解除与职工的劳动关系给予的补偿；（8）其他与获得职工提供的服务相关的支出。

（一）职工工资、奖金、津贴和补贴的核算

宾馆餐饮服务企业主要采用计时工资。企业在按月计算职工应发工资时，应根据劳动部门、人事部门等或工资部门等转来的考勤记录及其他有关资料，按职工出、缺勤情况，计算职工应发工资。在实际工作中，企业是通过编制工资结算单来结算工资的。财务部门根据工资结算单进行账务处理。

【典型业务案例】

案例 6-24 2020 年 4 月 15 日，按照工资结算单实发金额 49 505 元，签发现金支票提取现金，根据现金支票存根，做分录如下：

（1）借：库存现金	49 505	
贷：银行存款		49 505

（2）15 日，发放工资后，根据工资结算单，做分录如下：

借：应付职工薪酬——经营人员工资	54 300	
——管理人员工资	6 200	
贷：库存现金		49 505
其他应付款——住房公积金		4 235
——养老保险费		4 840
——医疗保险费		1 210
——失业保险费		605
应交税费——应交个人所得税		105

（3）31 日，将本月份发放的职工薪酬及进行分配，做分录如下：

借：销售费用/营业费用——职工薪酬　　54 300
　　管理费用——职工薪酬　　6 200
　贷：应付职工薪酬——经营人员工资　　54 300
　　　　　　　　　——管理人员工资　　6 200

(二) 职工福利费、工会经费和职工教育经费的核算

职工福利费是指用于职工医疗卫生、生活困难补助、集体福利设施等支出。根据规定职工福利费按工资总额的一定比例提取。工资总额是指各企业在一定时期内直接支付给本企业全部职工的劳动报酬总额。它包括职工工资、奖金、津贴和补贴。

根据规定工会经费按工资总额的 2%提取。

职工教育经费是指企业用于职工学习先进技术和科学文化的经费。根据规定职工教育经费按工资总额的 2.5%提取。

企业在提取职工福利费、工会经费和职工教育经费时，按商品经营人员工资总额提取的，列入“销售费用”账户；按企业行政管理人员和长期病假人员工资总额提取的，列入“管理费用”账户。

【典型业务案例】

案例 6-25　正大宾馆 4 月份发放职工的工资总额为 60 500 元，其中：业务经营人员 54 300 元，管理人员 6 200 元，按本月工资总额的 14%、2%和 2.5%分别计提职工福利费、工会经费和职工教育经费，做分录如下：

借：销售费用/营业费用——职工薪酬　　10 045.5
　　管理费用——职工薪酬　　1 147
　贷：应付职工薪酬——职工福利（60 500×14%）　　8 470
　　　　　　　　　——工会经费（60 500×2%）　　1 210
　　　　　　　　　——职工教育经费（60 500×2.5%）　　1 512.5

职工福利费主要用途有：职工及其供养的直系亲属的医药费，企业内医务人员的工资、医务经费及职工因工负伤就医路费；职工生活困难补助费；企业福利机构，如浴室、托儿所等工作人员工资，以及这些项目支出与收入相抵后的差额；集体福利设施和文化体育设施；独生子女补助费及其他福利支出。

企业在支用职工福利费、职工教育经费和拨交工会组织工会经费时，再借记“应付职工薪酬”账户；贷记“银行存款”或“库存现金”账户。

(三) 医疗保险费、养老保险费、失业保险费等社会保险费和住房公积金的核算

下面以石家庄市规定的计提比例为例进行介绍。

医疗保险费是指由企业负担的用于职工医疗保险的费用。企业按工资总额的 8%交纳，职工按工资总额的 2%交纳。

养老保险费是指由企业负担的用于职工退休后支付职工退休金的费用。企业按工资总额的 20%交纳，职工按工资总额的 8%交纳。

失业保险费是指由企业负担的用于职工失业的保险费用。企业按照工资总额的 2%交纳，职工也按照工资总额的 1%交纳。

住房公积金是指企业为其在职职工缴存的长期住房储金。企业按工资总额的 11%交纳，职工按工资总额的 7%交纳。企业负担的医疗保险费已包含在职工福利费内，因此在计提时只需在“应付职工薪酬”的二级明细账户内进行划转。

企业负担的养老保险费、失业保险费等社会保险费和住房公积金在按月计提时，应根据不同的人员分别借记“销售费用”“管理费用”“在建工程”等账户；贷记“应付职工薪酬”账户。

职工负担的医疗保险费、养老保险费、失业保险费和住房公积金在发放职工薪酬予以代扣时，已经列入“其他应付款”账户。

企业按照规定将医疗保险费、养老保险费、失业保险费等社会保险费交纳给社会保险事业基金结算管理中心；将住房公积金交纳给公积金管理中心时，应借记“应付职工薪酬”“其他应付款”账户，贷记“银行存款”账户。

七、餐饮及宾馆服务业企业利润的核算

利润是衡量企业经营管理水平的一项综合性指标，有关经营业务的大小、费用水平的高低、资金使用效益等，都在一定程度上通过利润体现出来。宾馆餐饮企业的利润，是企业在一定时期内各项经济业务收入抵减各项支出后的净额。

（一）宾馆餐饮企业利润的构成

宾馆企业的利润总额，由营业利润、投资收益和营业外收支净额三个部分构成。

1. 营业利润

营业利润是指企业从经营业务活动中取得的利润。主营业务利润加上其他业务利润，减去期间费用构成了营业利润。营业利润的计算公式如下：

营业利润＝营业收入－营业成本－税金及附加－销售费用－管理费用
－财务费用－资产减值损失＋公允价值变动收益
－公允价值变动损失＋投资收益

2. 投资收益

投资收益是指企业对外投资（包括短期投资和长期投资）所取得的收入，这是一种非营业性质的收入。企业转让、出售股票、债券取得的收益计入投资收益。宾馆餐饮企业此类投资行为不多，此处不做过多讨论。

3. 营业外收支净额

营业外收支净额是指企业发生的与经营业务无直接关系的其他各项收入与支出的差额，即营业外收入减去营业外支出的净额。

（1）营业外收入。

营业外收入是指企业发生的与生产经营无直接关系的各项收入。它主要包括下列内容：

1）固定资产盘盈。它是指企业在财产清查中盘盈的固定资产，经批准核销的固定资产现有价值。

2）处置固定资产净收益。它是指处置固定资产所取得的收入大于处置固定资产的账面价值和处置费用的差额。

3）罚款净收入。它是指企业因供货单位不履行合同或协议而向其收取的赔款，因购货单位不履行合同、协议支付货款而向其收取的赔偿金、违约金等各种形式的罚款收入，

在扣除了因对方违反合同或协议而造成的经济损失后的净收入。

(2) 营业外支出。

营业外支出是指企业发生的与企业生产经营无直接关系的各项支出。它主要包括下列内容：

1) 固定资产盘亏。它是指企业在财产清查中盘亏的固定资产，经批准核销的固定资产账面价值。

2) 处置固定资产净损失。它是指处置固定资产所取得的收入小于处置固定资产的账面价值和处置费用之间的差额。

3) 罚款支出。它是指企业因为未履行经济合同、协议，而向其他单位支付的赔偿金、违约金、罚息等。

4) 捐赠支出。它是指企业对外捐赠的现金及财产物资的价值。

5) 非常损失。它是指自然灾害造成的各项资产净损失，并包括由此造成的停工损失和善后清理费用。综上所述，企业的利润总额和净利润的计算公式如下：

利润总额＝营业利润＋营业外收入－营业外支出

净利润＝利润总额－所得税费用

(二) 宾馆餐饮服务企业利润的核算

企业的利润是通过设置“本年利润”账户核算的。经过账目核对、财产清查和账项调整后，应将企业损益类账户所归集的数额全部转入“本年利润”账户，其借贷相抵后，余额一般在贷方，为企业的利润总额；反之，若余额在借方，则为亏损总额。

【典型业务案例】

案例 6-26 正大宾馆经营客房。餐饮、美容、洗染、娱乐等服务业务及商场经营业务。通过账项调整后，5 月 31 日损益类账户的余额如下（单位：元）：

收入类账户	金额	费用类账户	金额
主营业务收入	440 000	主营业务成本	74 320
其他业务收入	20 000	其他业务成本	12 000
投资收益	10 800	税金及附加	22 440
营业外收入	5 920	销售费用	197 200
管理费用	42 340		
财务费用	24 000		
营业外支出	4 420		

(1) 将收入类账户余额结转“本年利润”账户，编制会计分录如下：

借：主营业务收入	440 000	
其他业务收入	20 000	
投资收益	10 800	
营业外收入	5 920	
贷：本年利润		476 720

(2) 将费用类账户余额结转“本年利润”账户，编制会计分录如下：

借：本年利润		376 720
贷：主营业务成本		74 320
其他业务成本		12 000
税金及附加		22 440
销售费用		197 200
管理费用		42 340
财务费用		24 000
营业外支出		4 420

通过以上会计分录，将企业的损益类账户全部转入“本年利润”账户，因此，在“本年利润”账户内集中反映了企业全部损益的情况。

任务五 餐饮及宾馆服务业与工业企业典型业务核算比较

一、原材料的特殊核算

宾馆餐饮业在采购鲜活的原材料和干货等物资的时候，通常都会在本地区进行采购，所以采购的时候不必通过“材料采购”科目进行核算。发生采购业务时，可以直接在“主营业务成本”“原材料”等科目核算。这些原材料在入库之前管理需要经过仓库管理员验收，验收之后可以直接入库。

二、期间费用核算的差异

尽管在宾馆餐饮业务核算中设置有“主营业务成本”账户，但其核算内容一般不包含职工薪酬。因此，对于服务业的职工薪酬费用的核算一般采用直接计入期间费用的办法处理，发生时，可按部门、服务项目类别等直接列入“管理费用”“营业费用”等账户，计入损益。

知识拓展

营改增后对纳税人性质的界定

2016 年 3 月 5 日，在十二届全国人大四次会议开幕式上，国务院总理李克强做政府工作报告，宣布 2016 年全面实施营改增，从 5 月 1 日起，将试点范围扩大到建筑业、房地产业、金融业、生活服务业，并将所有企业新增不动产所含增值税纳入抵扣范围，确保所有行业税负只减不增。营改增后如何交税？增值税纳税人按照销售额大小和会计核算水平划分为两类，分别是一般纳税人和小规模纳税人。根据目前“营改增”政策，提供营改增应税服务年应税销售额 500 万元（含）以下的为增值税小规模纳税人，年应税销售额 500 万元以上的为一般纳税人。500 万元的计算标准为纳税人在连续不超过 12 个月的经营期限内提供服务累计取得的销售额，包括减、免税销售额。小规模纳税人会计核算健全，能够提供准确税务资料的，可以申请登记为一般纳税人。

思考题

1. 餐饮、宾馆服务业的特点及对会计核算的要求有哪些？
2. 备用金的用途是什么？
3. 固定资产取得的方式有哪些？
4. 客房收入的结算方式有哪些？
5. 宾馆餐饮企业利润的构成包括哪些内容？

业务实训

一、单项选择题

1. （　　）是财会部门拨付给所属有关部门或个人的用于日常零星开支、零星采购和找零等方面的现金。

A. 原材料　　B. 备用金　　C. 银行存款　　D. 应收账款

2. 清查银行存款，即由企业根据银行提供的（　　）与企业银行存款日记账进行的核对。

A. 银行存款对账单　　B. 支票

C. 现金日记账　　D. 发票

3. 固定资产取得的核算，不管是以何种方式取得的固定资产，如果需要安装均应先记入“在建工程”账户；如果不需要安装，均可直接计入（　　）账户。

A. “在建工程”　　B. “支票”　　C. “固定资产”　　D. “低值易耗品”

4. 固定资产转入清理。固定资产按其账面价值借记“固定资产清理”（　　）以及“固定资产减值准备”等科目。

A. “累计折旧”　　B. “周转材料”　　C. “固定资产”　　D. “低值易耗品”

5. 存货核算可按实际成本计价也可按计划成本计价。但餐饮宾馆业存货的核算一般都采用按（　　）计价。

A. 固定成本　　B. 计划成本　　C. 固定资产　　D. 实际成本

二、多项选择题

1. 原材料的品种规格繁多，宾馆企业内按饮食、商场等经济业务的作用不同，可以分为（　　）。

A. 原料及主要材料　　B. 物料用品

C. 燃料　　D. 低值易耗品

2. 低值易耗品摊销的方法有（　　），企业可根据低值易耗品的各种特点及管理的要求选用。

A. 一次摊销法　　B. 平均年限法

C. 分次摊销法　　D. 计划成本法

3. 客房业务收入的核算方式有（　　）。

A. 先进先出法　　B. 后进先出法

C. 先收款后住店结算方式的核算　　D. 先住店后结算方式的核算

4. 宾馆餐饮企业利润总额的构成有（　　）。

A. 营业利润　　B. 投资收益

C. 营业外收支净额　　D. 营业外支出

5. 宾馆餐饮企业具有（　　）职能。

A. 生产　　B. 销售　　C. 住宿　　D. 服务

三、判断题

1. 餐饮及宾馆服务业会计是会计学的一个分支，应用会计学的基本原理结合本行业的特点形成的一种行业会计科学。（　　）

2. 一般而言，属于固定资产的，按照可以使用的年限，按年、月提取折旧，把磨损的部分计入当期费用中。而对于用品用具，会计核算中应当将其记入“低值易耗品”账户中。（　　）

3. 宾馆企业的物料用品数量较大，其采购的方法有两种：一种是直接采购，另一种间接采购。（　　）

4. 宾馆餐饮服务企业主要采用计件工资。（　　）

5. 和应收货款相比，应付货款产生的基础、风险的防范和结算方式差不多。（　　）

四、典型业务实训题

好再来快餐店是一家小规模纳税企业，2020 年 3、4 月好再来快餐店发生下列经济业务：

业务 1　3 月 18 日，马先生拿出积蓄 60 000 元作为快餐店的启动资金。

业务 2　3 月 21 日，向工商局递交申办“好再来”快餐店手续。同日，将 10 万元库存现金存入银行作为验资的准备。

业务 3　4 月 2 日，交工商局 30 元工本费，领到营业执照。同日，支付 150 元库存现金办理刻章。

业务 4　4 月 5 日，购置快餐店桌椅及用品等共计 2 800 元，用库存现金支付。

业务 5　4 月 6 日，雇请两位面点师傅和 6 位员工，安排体检，制作员工服等共计开支库存现金 480 元。

业务 6　4 月 7 日，用支票购置冰柜一台，价值 2 400 元，冷冻柜 1 台 4 000 元，运费 120 元，用库存现金支付。

业务 7　4 月 8 日，从银行提现 3 000 元，备用。购回面粉 10 袋，25 千克/袋，90 元/袋，计 900 元，库存现金支付，同时购肉菜、调料及调味品等共计 280 元，全部用库存现金支付。

业务 8　4 月 9 日，与饮料厂签订合同，长期销售该厂的饮料，每月结账一次，支付保证金及周转箱押金 500 元，用支票支付。

业务 9　4 月 10 日，收到饮料厂送来饮料 5 箱，共计 180 元。

业务 10　4 月 11 日，购进碗筷杯碟等就餐用品，共计 300 元，用库存现金支付。

业务 11　4 月 11 日，购置收银机一台，价值 2 460 元，用银行存款付账。

业务12　4月13日，购置零星用品计支付库存现金280元；当日收银机收入数记录为388元，与库存现金数相符。

业务13　4月14日，通知饮料厂送来饮料3箱，共计108元，已签收。购买调味品、肉菜等236元，库存现金支付。当日收入库存现金数为465元。

业务14　4月15日，有5位家长安排学生来长期就餐，一次性支付到月末的午餐费计375元，另当日收银机记录库存现金收入547元。

业务15　4月16日，购肉、菜、调味品等210元，库存现金支付。当日收入记录为680元。

业务16　4月17日，当日收银机记录收入数675元，库存现金实收数656元，差19元，按实收数入账。当日库存现金支付门前三包费、垃圾清运费（4月份）计350元。

业务17　4月18日，用库存现金支付购进肉、菜、禽、蛋，共计355元。当日收银机记录与库存现金实收数无误，为681元。

业务18　4月24日，库存现金采购食用油100千克，单价3.6元/千克，共付360元。当日收银机记录收入671元。

业务19　4月26日，采购面粉8袋，共计720元，库存现金支付。当日收入数631元。

业务20　4月27日，当日收银机记录收入数为651元。

要求：请根据以上经济业务编制会计分录。

综合练习（一）

一、单项选择题

1. 房地产开发企业商品房售后服务收入应作为（　　）核算。

A. 主营业务收入　　B. 其他业务收入

C. 营业外收入　　D. 递延收益

2. 施工机械作业人员的工资计入（　　）账户。

A. 工程施工　　B. 机械作业

C. 辅助生产成本　　D. 管理费用

3. 出租期间对所出租的房屋加装了电梯发生的支出，应先通过（　　）账户进行归集。

A. 开发成本　　B. 主营业务成本

C. 销售费用　　D. 出租开发产品

4. 以下（　　）不是交通运输企业的存货。

A. 燃料　　B. 轮胎

C. 低值易耗品　　D. 运输的货物

5. 企业因售出商品的质量不合格等原因而在售价上给予买方的打折是指（　　）。

A. 销售折扣　　B. 销售折让

C. 商业折扣　　D. 现金折扣

6. 在商品流通企业会计核算中，介于总账与明细账之间的二级账户是（　　）。

A. 库存商品明细账　　B. 库存商品类目账

C. 库存商品分类账　　D. 库存商品登记簿

7. 我国批发企业商品销售在发生现金折扣的情况下，销货方应收账款的入账确认方法是（　　）。

A. 净价法　　B. 总价法

C. 应收账款百分比法　　D. 不确定

8. 批发企业为了促进商品销售而在商品标价上给予的价格扣除是指（　　）。
A. 销售折扣　　B. 销售折让
C. 商业折扣　　D. 现金折扣
9. 以下不是旅游服务业会计核算特点的是（　　）。
A. 核算对象的多样性　　B. 核算方法的特殊性
C. 货币核算的涉外性　　D. 计量单位的特殊性
10. 餐饮服务企业的营业成本核算内容不包括（　　）。
A. 原材料　　B. 配料　　C. 员工薪酬　　D. 调料

二、多选题

1. 集中收款方式的特点有（　　）。
A. 钱货分管　　B. 职责分明
C. 不易发生差错　　D. 手续比较烦琐
2. 交通运输企业堆存成本的内容包括（　　）。
A. 直接材料　　B. 直接人工
C. 动力及照明费　　D. 营运间接费用
3. 旅游经营业务的营业成本主要包括（　　）。
A. 旅游者的膳食费　　B. 旅游者的住宿费
C. 行李托运费　　D. 导游费
4. 餐饮业成本主要包括（　　）。
A. 直接耗费的各种原材料　　B. 调料
C. 配料　　D. 增值税
5. 施工企业建造合同的合同费用由（　　）项目组成。
A. 材料费和人工费　　B. 机械使用费
C. 其他直接费　　D. 间接费用
6. 下列属于工程成本中直接费用的项目是（　　）。
A. 人工费　　B. 材料费
C. 机械使用费　　D. 间接费用
7. 下列属于"工程施工——间接费用"账户核算的项目有（　　）。
A. 施工现场管理人员的工资薪酬
B. 现场施工生产人员的工资薪酬
B. 公司管理部门设备的修理费
D. 施工现场办公室水电费
8. 开发成本中的前期工程费包括（　　）。
A. 土地征用费　　B. 勘察测绘费
C. 规划设计费　　D. 项目可行性研究费
9. 交通运输企业装卸成本的内容包括（　　）。
A. 直接材料　　B. 直接人工
C. 其他直接费用　　D. 营运间接费用
10. 商品零售企业采用返券销售方式销售商品时，当顾客使用购物券时，应借记（　　）账户，贷记（　　）账户。

A. 预计负债　　B. 销售费用

C. 主营业务收入　　D. 应交税费

三、判断题

1. 宾馆服务业收入是通过出租客房而取得的收入，因此，客房一经出租，不论房租收到与否，都作为已销售处理，即客房销售入账时间以客房实际出租时间为入账时间。（　　）

2. 旅游服务业在核算成本时，尽管在业务核算中设置有“主营业务成本”账户，但其核算内容一般不包含职工薪酬。（　　）

3. 出租开发产品改变用途对外销售时，应作为固定资产的清理进行核算。（　　）

4. 售价金额核算法核算工作量较大，这种方法缺乏商品实物数量的记载，不能及时反映商品进、销、存的数量，不易发现企业经营管理中存在的问题。（　　）

5. 配套设施与房屋非同步开发时，应将配套设施开发成本采用预提方法计入开发产品成本。（　　）

6. 运输企业在一定期间的运输生产成本可视为产品销售成本，直接在“运输成本”等账户中核算。（　　）

7. 施工企业材料供应部门及仓库为验收、保管和发放材料物资所发生的采购保管费，一般是采用先归集后分配的核算方法。（　　）

8. 商品零售企业如果采用买一赠一等方式组合销售本企业商品的，不属于捐赠，应将总的销售金额全部计入正品的销售收入中。（　　）

9. 施工企业的库存材料日常收发核算只能采用实际成本核算。（　　）

10. 宾馆餐饮服务业的税金主要有：增值税、城市维护建设税、教育费附加、房产税、城镇土地使用税、车船税、印花税的核算等。（　　）

四、业务实训题

要求：根据下列各行业企业发生的经济业务做出对应的会计处理。

会计分录写出对应科目的明细科目。

业务 1

益达烟糖公司向上海烟糖公司购进白砂糖 12 000 千克，每千克 3 元，计货款 36 000 元，增值税税额 4 680 元，运费 800 元（不考虑增值税），采用托收承付结算方式。

(1) 接到银行转来的托收凭证及附来专用发票（发票联）和运费凭证，经审核无误后，予以承付，作会计分录。

(2) 商品到达后，验收时实收 12 110 千克，溢余 110 千克，计货款 330 元，财会部门根据储运部门转来的“收货单”及“商品购进短缺溢余报告单”，经复核无误后，结转入库商品采购成本，并对溢余商品进行核算，作会计分录。

(3) 经联系后查明溢余的白砂糖中有 100 千克是对方多发商品，已补来专用发票，开列货款 300 元，增值税税额 39 元，现作为商品购进，汇付上海烟糖公司价税合计 339 元，其余 10 千克系自然升溢，作会计分录。

业务 2

万顺百货公司日前向广州保暖桶厂购进蓝天牌保暖桶 500 只，每只 100 元，货款已付讫。今复验发现其中 50 只质量不符合要求，经联系后同意退货。

（1）12 月 5 日，收到广州保暖桶厂退货的红字专用发票，开列退货款 5 000 元，退增值税税额 650 元，并收到业务部门转来的“进货退出单”，编制会计分录。

（2）12 月 6 日，收到对方退来货款及增值税税额的转账支票 5 650 元，存入银行，编制会计分录。

业务 3

万胜五金公司向广州刀剪厂订购剪刀 1 000 把，每把 18.80 元，直运给福州五金公司，供应价每把 20 元，购进、销售的增值税率均为 13%，广州刀剪厂代垫由广州到福州的运费 200 元，购销合同规定运费由福州五金公司负担。

（1）根据银行转来广州刀剪厂的托收凭证，内附专用发票，开列剪刀货款 18 800 元，增值税税额 2 444 元，运费凭证 200 元，经审核无误，当即承付，编制会计分录。

（2）直运销售剪刀 1 000 把，每把 20 元，货款 20 000 元，增值税税额 2 600 元，连同代垫运费 200 元，一并向福州五金公司托收，根据专用发票（记账联）及托收凭证（回单联），编制会计分录。

在以上直运商品销售核算中，商品的运费是全部由购货单位负担的。

业务 4

长城商厦 2020 年 11 月 1 日从南京五金公司购进钢丝钳 1 000 把，每把购进单价 9.60 元，零售单价 12.50 元，商品已由五金柜验收入库，11 月 10 日收到供货单位更正专用发票，钢丝钳每把批发单价应为 9.40 元，应退货款 200 元，增值税税额 26 元。

（1）11 月 1 日，长城商厦根据增值税专用发票以及银行付款凭证，编制会计分录。

（2）11 月 1 日，商品运到，根据商品入库单，编制会计分录。

（3）11 月 10 日，根据南京五金公司开具的红字增值税专用发票，编制会计分录。

业务 5

甲商场促销，购物每满 100 元积 10 分，不足 100 元部分不积分，积分可在 1 年内兑换商品，1 个积分可抵付 2 元，积分可用于兑换甲商场所有商品。某顾客于 2020 年 10 月 3 日购买了售价 1 000 元（含增值税）的皮包，并办理了积分。11 月 1 日该顾客将全部积分兑换为一件衬衫。假定不考虑相关税费（下同），相关会计核算如下：

（1）10 月 3 日，根据货物销售单编制会计分录。

（2）10 月 3 日，同时结转销售成本，编制会计分录。

（3）11 月 1 日，根据货物销售单编制会计分录。

（4）11 月 1 日，同时结转销售成本，编制会计分录。

业务 6

全心超市在 2020 年 12 月 21 至 27 日举行圣诞节大型促销活动，促销期间，凡在该超市购物满 100 元的顾客，将获得 50 元购物返券。购物券只可在促销期间使用，逾期作废。

（1）促销当天（12 月 21 日）实现现金销售收入 300 万，当日发出购物券 100 万元。

（2）22 日，某顾客购买了价值 348 元（含增值税）的皮鞋，用购物券抵扣 230 元，余额以现金支付。

业务 7

融创房地产开发公司开发融创中心小区，开发规划建造商品住宅 31 200 平方米，邮局

30平方米、银行90平方米，其中邮局建好后将有偿转让给市邮政局，银行建好后将有偿转让给中国建设银行。该小区发生的土地征用及拆迁补偿费、前期工程费、基础设施费按各项开发产品的建筑面积进行分配。

融创中心小区在开发过程中，发生了下列有关开发业务：

（1）用银行存款支付土地征用及拆迁补偿费13 400 000元、前期工程费420 000元、基础设施费6 740 000元。

（2）土地开发完工，结转其开发成本，如下表所示。

分配对象	占地面积	分配比率	土地征用及拆迁补偿费	前期工程费	基础设施费	合计
商品住宅	31 200	99.60%	13 346 400	418 320	6 713 040	20 477 760
邮电局	30	0.10%	13 400	420	6 740	20 560
银行	90	0.30%	40 200	1 260	20 220	61 680
合计	31 320	100%	13 400 000	420 000	6 740 000	20 560 000

（3）将建筑面积3 120平方米的1号楼商品住宅的建筑安装工程发包给恒大建筑公司施工，工程标价为2 560 000元，已预付工程款2 000 000元，工程完工验收后用银行存款支付余款。

（4）用银行存款支付各项开发间接费用501 200元。

（5）经分配，1号楼应负担开发间接费用8 000元。

（6）银行工程完工，结算工程价款350 000元。

（7）邮局工程完工，支付工程价款249 600元，并结转其成本。

业务8

融创房地产开发公司发生下列业务：

（1）出售商品房住宅一栋，取得价款收入9 800 000元并存入银行，该住宅的实际开发成本为7 500 000元。

（2）出租写字楼一栋，收到本月租金收入80 000元并存入银行，同时计提月摊销额8 000元。

（3）为某公司代建办公楼一幢，按照代建合同规定，竣工后一次结算。该工程本月已全部竣工验收合格，同委托方结算工程价款670 000元，其代建工程开发成本为580 000元。

（4）出售剩余材料，收到价款10 000元并存入银行，该材料的成本为7 000元。

要求：对融创房地产开发公司的上述业务进行会计处理。

业务9

绿城房地产开发公司接受市电信公司的委托，代为建设办公楼；发生下列经济业务：用银行存款支付土地征用及拆迁补偿费1 500 000元、前期工程费1 500 000元，结转应付建筑安装工程费3 600 000元，应负担开发间接费用30 000元。工程完工验收合格；结转其开发成本。

根据相关信息，编制会计分录。

业务10

恒顺施工企业承包一项工程，该工程的月初未完工程成本为420万元，本月发生人工费 92 万元、材料费 480 万元、机械使用费 80 万元、其他直接费用 63 万元，本月应负担的间接费用是本月发生的直接费用的 20%，月末尚有部分未完工程，其未完工程成本占本月发生的施工生产费用的 12%，本月合同收入为 1 350 万元。要求完成下列指标的计算。

（1）本期该工程发生的直接费用。

（2）本期该工程应负担的间接费用。

（3）期末未完工程成本。

（4）本期完工工程的合同成本。

（5）本期该承包工程实现的合同毛利。

业务 11

甲施工企业购买板材 20 立方米，每立方米单价 1 500 元，税款 3 900 元。价款和税款通过银行转账付讫，板材已入库。

业务 12

A 施工企业仓库发出库存乙材料共计 805 000 元，其中用于：仓库工程 300 000 元、住宅工程 500 000 元、辅助生产部门 3 000 元、公司办公楼维修用 2 000 元。

业务 13

顺驰交通运输公司对燃料采用满油箱制管理制度，2020 年 12 月客车队领柴油 96 000 升，货车领用柴油 85 800 升，公司管理部门领用汽油 1 000 升，当月柴油价格 5 元/升，汽油价格 7 元。

业务 14

飞速交通运输公司以现金支付公司办公费 2 100 元，其中公司管理部门 1 000 元，车站 500 元，车队 600 元。

业务 15

立华交通运输企业以银行存款支付公司水电费 7 000 元，其中：公司管理部门 2 500 元，车站 1 500 元，车队 1 000 元，堆场 2 000 元。

业务 16

白云宾馆服务企业月末计提固定资产折旧 12 000 元，其中客房部折旧 9 000 元，管理部折旧 3 000 元。

业务 17

如家宾馆进行客房装修，应付消耗各建筑材料计价 150 000 元，支付施工费 87 000 元，其中转账支付 45 000 元，现金支付 42 000 元。

业务 18

驿站宾馆购入一次性洗漱用品一批，增值税普通发票注明为 2 340 元，开出转账支票。

业务 19

2020 年 11 月 5 日，莱茵酒店旅行部组织一个旅游团去法国 5 日游，预收旅行团旅游费 80 000 元。

业务 20

承案例 19，11 月 11 日，该旅游团返回，由于天气原因，减少了一个行程点，向游客退款 5 000 元。

业务 21

2020 年 11 月 28 日为某组团社约定结算日，仍没收到快乐旅游接团社报来的旅游费用结算通知单，可预计成本 35 400 元，其中，综合服务成本 24 500 元，劳务成本 6 600 元，地游及加项成本 3 100 元，其他成本 1 200 元。

综合练习（二）

一、单项选择题

1. 批发企业处于整个商品流通过程的（　　）。

A. 起点　　B. 中间环节

C. 起点和中间环节　　D. 最终环节

2. 在送货制情况下，收到供货单位发来货物，经核实后，一般由（　　）填制收货单。

A. 业务部门　　B. 财会部门

C. 仓库部门　　D. 人事部门

3. 当企业单未到，至月末尚未收到结算单证时，应对所到货物（　　）。

A. 暂不作账务处理　　B. 按暂估价入账

C. 等收到结其单证时入账　　D. 可作也可不作处理

4. 企业购进商品支付货款时，实际发生现金折扣，应计入（　　）账户。

A. “销售费用”　　B. “财务费用”

C. “主营业务收入”　　D. “在途物资”

5. 在“数量进价金额核算法”下，“库存商品”的总分类账和明细分类账均按（　　）记账。

A. 售价　　B. 进价　　C. 数量　　D. 可变现净值

6. “商品进销差价”账户是资产类账户，它抵减的账户是（　　）。

A. “商品采购”　　B. “库存商品”

C. “主营业务收入”　　D. “受托代销商品”

7. 为汇总本期发生的各项间接费用，施工企业应设置科目（　　）。

A. 工程成本　　B. 工程施工——间接费用

C. 辅助生产　　D. 在建工程

8. 房屋开发前的勘察设计费用应列为（　　）。
A. 土地征用及拆迁补偿费或批租地价
B. 前期工程费
C. 基础设施费
D. 开发间接费用
9. 铁路运输出现的时间是（　　）。
A. 19 世纪初　　B. 19 世纪中期
C. 17 世纪　　D. 19 世纪末期
10. 组团社在收费方式上通常采用（　　）。
A. 包价形式　　B. 定价形式
C. 对内结算形式　　D. 对外结算形式

二、多项选择题

1. 销售成本的结转方式按其结转方式的不同可分为（　　）。
A. 随时结转　　B. 定期结转
C. 分散结转　　D. 集中结转
2. 对批发商品购进的核算，应设置的账户有（　　）。
A. 在途物资
B. 库存商品
C. 应交税费——应交增值税（销项税额）
D. 应交税费——应交增值税（进项税额）
3. 购进商品发生拒付货款和拒收商品一般会出现下列情况：（　　）。
A. 先拒收商品，后拒付货款
B. 先拒付货款，后拒收商品
C. 先商品验收入库，后拒付货款
D. 先支付货款，后拒收商品
4. 对批发商品销售的核算，应设置的账户有（　　）。
A. 主营业务收入
B. 主营业务成本
C. 应交税费——应交增值税（进项税额）
D. 应交税费——应交增值税（销项税额）
5. 规模较大的施工企业一般采用三级核算体制（　　）。
A. 公司　　B. 工区　　C. 施工队　　D. 办公室
6. 小区内营业性配套设施有（　　）。
A. 中小学　　B. 商店　　C. 银行　　D. 文化站
7. 房地产开发企业开发成本中前期工程费的“三通一平”包括（　　）。
A. 通水　　B. 通电
C. 通路　　D. 清理平整建设场地
8. 房地产开发企业的其他业务收入包括（　　）。
A. 商品房售后服务收入　　B. 材料销售收入

C. 无形资产转让收入　　D. 固定资产出租收入

9. 餐饮业销售货款结算方式主要有（　　）。

A. 服务员开票收款　　B. 先就餐后结算

C. 一手交钱一手交货　　D. 赊账

10. 交通运输企业营运成本包括（　　）。

A. 运输成本　　B. 装卸成本

C. 堆存成本　　D. 代理业务成本

三、判断题

1. 交通运输企业中燃料和轮胎占存货比重较大。（　　）

2. 仓库商品销售和直运商品销售都属于商品销售，因此在核算上没有什么不同。（　　）

3. 库存商品发生短缺，不论是自然损耗还是责任事故，经领导批准由企业列支时，均列入“销售费用”。（　　）

4. 批发商品异地销售一般采用提货制和送货制。（　　）

5. 商品流通企业的业务主要包括商品生产、商品销售、商品储存三个环节。（　　）

6. 房地产开发企业开发的土地，按其用途可分为两种，一种是自用土地，另一种是商品性土地。（　　）

7. 管道运输主要包括是从事石油、自来水、天然气等运输。（　　）

8. 旅游服务企业中，接团社和组团社在会计核算方法和程序上完全一致。（　　）

9. 房地产开发企业用于安置拆迁居民、产权归企业所有的房屋称为“周转房”。（　　）

10. 宾馆服务行业的固定资产主要包括建筑物、电梯及空调等。（　　）

四、业务实训题

要求：根据下列各行业企业发生的经济业务做出对应的会计处理。

会计分录写出对应科目的明细科目。

业务 1

大连鞋帽公司 12 月发生如下经济业务：

1 日，业务部门转来大连制帽厂开来的增值税专用发票，开列童帽 375 箱。每箱 3 元，审核无误后，签发转账支票付款。4 日，储运部门收到收货单（入库联），375 箱童帽全部入库，结转其采购成本。

业务 2

大连交电公司 4 月份发生如下经济业务：

7 日，开箱复验商品，发现已入库的华生牌台扇中有 30 台不符合质量要求，每台 160 元，与大连电扇厂联系后同意退货，收到其退货的红字增值税专用发票，并收到业务部门转来的进货退出单。8 日，收到退货款存入银行。

业务 3

大连商贸公司 4 月份发生如下业务：

8 日，银行转来杭州造纸厂托收凭证，附增值税专用发票，开列白板纸 200 张，每张 250 元，该商品直运销售给广州百货公司，杭州至广州的运费 250 元，运费由广州百货公司承担，该白板纸售价 280 元，连同运费一并向银行办理托收手续。

业务 4

华联商厦 2 月份发生如下业务：

8 日，银行转来盐城无线电厂托收凭证，附增值税专用发票，开列海华牌收音机 150 台，每台 420 元，运费 120 元，审核无误后当即承付。12 日，商品到货，由电器柜组验收。零售价每台 600 元。

业务 5

筑新建筑公司承建 A 工程领用一批钢管材料，实际成本 80 000 元，预计可使用 10 次，预计净残值率 5%，本月使用 2 次，计算本月摊销额。

业务 6

兴业房地产开发公司接受市电信公司的委托，代为建设办公楼，发生下列经济业务：

用银行存款支付土地征用及拆迁补偿费，前期工程费等共计 320 000 元，结转应付建筑安装工程费 4 600 000 元，应负担开发间接费用 20 000 元。工程完工验收合格，结转其开发成本。根据相关信息，编制会计分录。

业务 7

宏利房地产开发企业发生下列出租开发产品的经济业务：

（1）企业开发的一栋商品房 4 月份完工，实际开发成本 3 500 000 元，5 月份签订合同将其出租。

（2）每月计提摊销额，预计使用年限 60 年，预计净残值率 4%。

（3）10 月份退租，企业对其进行装修，共支付装修费用 300 000 元。

（4）12 月份改变其用途对外出售，收入 20 000 000 存入银行。

业务 8

千里交通运输公司对燃料采用满油箱制管理制度，2020 年 12 月客车队领柴油 8 000 升，货车领用柴油 5 800 升，公司管理部门领用汽油 1 000 升，当月柴油价格 5 元/升，汽油价格 7 元。

业务 9

富驿宾馆进行客房装修，应付消耗各建筑材料计价 50 000 元，支付施工费 7 000 元，其中转账支付 50 000 元，现金支付 7 000 元。

业务 10

2020 年 11 月 28 日为某组团社约定结算日，仍没接到游天下团社报来的旅游费用结算通知单，可预计成本 36 000 元，其中综合服务成本 24 500 元，劳务成本 6 600 元，地游及加项成本 3 100 元，其他成本 1 800 元。

业务 11

兴达建筑施工企业承包甲工程，本月领用 A 材料 126 000 元，结构件 60 000 元。

业务 12

茂华交通运输公司本月货车领用外胎 4 000 元，客车领用外胎 8 000 元。

主要参考文献

[1] 冼永光，万俊敏. 行业会计比较. 大连：大连理工大学出版社，2012.
[2] 傅胜. 行业会计比较. 7版. 大连：东北财经大学出版社，2019.
[3] 马昊光. 行业会计比较. 2版. 北京：电子工业出版社，2012.
[4] 黄启国. 行业会计比较. 5版. 北京：高等教育出版社，2014.
[5] 韩兴国，姬晓慧. 行业会计比较. 北京：清华大学出版社，2017.
[6] 丁元霖. 商品流通企业会计. 11版. 上海：立信会计出版社，2017.
[7] 陈玲霞. 商品流通企业会计. 8版. 北京：中国财政经济出版社，2017.
[8] 中华人民共和国财政部. 企业会计准则应用指南（2021年版）. 上海：立信会计出版社，2021.
[9] 申屠新飞，项玉华. 行业成本会计比较. 大连：大连理工大学出版社，2016.
[10] 廖海燕. 施工企业会计基础. 4版. 大连：大连理工大学出版社，2018.
[11] 万新鹏，李桓. 建筑施工企业会计. 大连：大连理工大学出版社，2013.
[12] 王翊覃，王彦，杨贵凌. 行业会计比较. 镇江：江苏大学出版社，2017.
[13] 张流柱. 行业会计比较. 3版. 北京：高等教育出版社，2017.
[14] 姜艳玲. 建筑施工企业会计实操. 北京：中国铁道出版社，2014.
[15] 蒋晓凤. 行业会计比较. 2版. 北京：人民邮电出版社，2017.
[16] 廖海燕. 行业会计比较. 北京：北京邮电大学出版社，2014.
[17] 周龙腾. 房地产会计全流程演练. 北京：中国宇航出版社，2012.